Printed in the United States
By Bookmasters

التغير الإجتماعي
والثقافي

بسم الله الرحمن الرحيم

التغير الاجتماعي والثقافي

الأستاذة الدكتورة

دلال ملحس استيتية

قسم الإدارة التربوية والأصول

كلية العلوم التربوية

الجامعة الأردنية

انجز هذا الكتاب خلال اجازة التفرغ العلمي لعام 2003

دار وائــل للنشر

الطبعة الثانية

2008

رقم الايداع لدى دائرة المكتبة الوطنية **(2004/5/1179)**
303.4
استيتية دلال، التغير الإجتماعي والثقافي /دلال استيتية
عمان ، دار وائل، 2004.
(304) ص
ر.إ. **(2004/5/1179)**
الواصفات : التغير الإجتماعي // التاريخ الإجتماعي //التخطيط الإجتماعي
تم إعداد بيانات الفهرسة والتصنيف الأولية من قبل دائرة المكتبة الوطنية
ISBN 9957-11-501- 4 (ردمك)

*التغير الإجتماعي والثقافي
*الأستاذة الدكتورة دلال ملحس استيتية
*الطبعة الثانية 2008 م

دار وائل للنشر والتوزيع
*الأردن – عمان – شارع الجمعية العلمية الملكية – مبنى الجامعة الاردنية الاستثماري
رقم (٢) الطابق الثاني هاتف : ٥٣٣٨٤١٠ -٦ - ٠٠٩٦٢ – فاكس : ٥٣٣١٦٦١ -٦ - ٠٠٩٦٢ –
ص. ب (١٦١٥ – الجبيهة *) الأردن – عمان – وسط البلد – مجمع الفحيص التجاري
-هاتف : ٤٦٢٧٦٢٧- ٦ -٠٠٩٦٢
www.darwael.com
E-Mail: Wael@Darwael.Com

الإهـــداء

إلى روح زوجي الطاهرة الدكتور اكرم مصطفى استيتيه رحمه الله

إلى امي لحبها ودعمها

إلى ابني سائد وابنتي ديمة

إلى احفادي زينة وزيد وليان وكرمه

الفهرس

فهرس المحتويات

الموضوع	الصفحة

الفصل الأول : المدخل النظري

الفصل الثاني : اشكالية التغير الثقافي

الفصل الثالث : النظريات المعاصرة والمفسرة للتغير الاجتماعي والثقافي

الفصل الرابع : عوائق التغير الاجتماعي والثقافي

الفصل الخامس : دور التربية وعلاقتها بالتغير الاجتماعي والثقافي

الفصل السادس: رؤى وتصورات ودراسات عربية مستقبلية في التغير الاجتماعي والثقافي

مقدمـة

يهتم علماء المجتمع بدراسة التغير الاجتماعي اهتماماً كبيراً . ويرجع ذلك إلى عدة أسباب : الأول أن موضوع التغير الاجتماعي من الموضوعات المحورية التي تلتقي عندها معظم فروع علم الاجتماع إن لم تكن جميعها. فدراسة التغير الاجتماعي تأخذ الباحث إلى ميادين عديدة مثل دراسات الريف والحضر، ودراسات الطبقات ودراسات التنمية الاجتماعية، بل قد تأخذه إلى ميادين أكثر تجريداً مثل ميدان النظرية الاجتماعية، والثاني أن علم الاجتماع قد انشغل منذ نشأته بقضية التغير الاجتماعي. وكانت نظريات علم الاجتماع هي النتاج المعرفي الذي أفرزه تاريخ العلم لرصد حركة تغير المجتمعات وتحولها. إن كل نظرية من نظريات علم الاجتماع تمس قضية التغير حتى وان لم تكن موجهة أساساً، والثالث أن التغير في عالمنا المعاصر قد اتخذ اتجاهاً سريعاً، وأصبحنا نعيش في عالم لا يستطيع فيه أي شخص أن يلاحق التغيرات التي تحدث فيه يوماً بعد يوم، ومن الطبيعي أن يواجه علم الاجتماع هذه التغيرات المتلاحقة باهتمام علمي لموضوع التغير الاجتماعي.

ولعل ابرز سمة يتميز بها مجتمعنا العربي في المرحلة الراهنة انه مجتمع متغير، بل أن التغير الذي يحدث فيه يفوق في معدلاته، وفي آثاره ونتائجه، كل ما عرفته البشرية من تغير في مراحل تطورها الاجتماعي السابقة. وليس هذا قاصراً على مجتمعنا العربي السعودي الناهض فحسب، وانما هي سمة مميزة لكافة المجتمعات العربية والنامية، فهي جميعاً مجتمعات في حالة تغير سريع قوي.

ومن هنا تأتي أهمية الدراسة العلمية المتخصصة لموضوع التغير الاجتماعي والثقافي، فنحن بذلك نقدم اساساً اسهاماً في فهم مجتمعنا وفهم حركته الاجتماعية. والغريب حقيقة أن المؤلفات العربية في ميدان التغير قليلة متفرقة، وأغلب حقائق هذا الموضوع الهام متفرقة في الكتب والدراسات الاجتماعية المختلفة. ولذلك رأيت لزاماً علي أن أقوم في القاء الضوء على هذه العملية الاجتماعية من خلال هذا الكتاب.

وقد قسمت الكتاب إلى خمسة أبواب يتناول الأول منها الرؤية النظرية لموضوع التغير، أي الإطار النظري الذي يمكن أن تتناوله منه على مستوى النظرية السوسيولوجية وقد قدمت في هذا الصدد رؤية تكاملية لدراسة التغير الاجتماعي والثقافي.

ويدور الباب الثاني من الكتاب حول إشكالية التغير الثقافي من حيث مفهومه وأصوله وعوامله وأنماطه وعلاقته بالتغير الاجتماعي.

ويعرض الباب الثالث النظريات المعاصرة والمختلفة التي استخدمت في تفسير التغير الاجتماعي والثقافي في العالم الثالث ودور الفرد في هذين التغيرين.

ويناقش الباب الرابع العوائق الاجتماعية والثقافية والاقتصادية والايكولوجية والسياسية والسيكولوجية للتغير.

يقع الباب الخامس تحت عنوان دور التربية وعلاقتها بالتغير الاجتماعي والثقافي، وضح هذا الباب علاقة التربية بالثقافة وعالج أهمية الثقافة في تزويد الفرد بالمعرفة وطرق التفكير وأساليب العمل وانماط السلوك المختلفة، كما سهلت الثقافة عملية التفاعل الاجتماعي بين الأفراد في المجتمعات الانسانية، كما زود هذا الباب بأشكال توضح المستويات التركيبية للثقافة.

وأما الباب السادس والأخير تناول رؤى وتصورات ودراسات مستقبلية للتغير الاجتماعي والثقافي في الوطن العربي.

وأخيراً فأني لأرجو الله العلي العظيم أن اكون قد وفقت في عرض هذا الانتاج العلمي عرضاً واضحاً جلياً، والله ولي التوفيق.

الأستاذة الدكتورة

دلال ملحس استيتية

2004

عمان - الأردن

الفصل الأول

المدخل النظري

التغير في ذاته ظاهرة طبيعية تخضع لها جميع مظاهر الكون وشؤون الحياة المختلفة، وقديماً قال الفيلسوف اليوناني "هيرقليطس Hericalitus: "ان التغير قانون الوجود ، والاستقرار موت وعدم". كما عبر عن التغير في قوله الشهير: "انك لا تنزل البحر مرتين فان مياهً جديدة تجري من حولك أبدا" [1].

وظاهرة التغير أوضح ما تكون في كل مناحي الحياة الاجتماعية، وهذا ما أدى ببعض المفكرين الى القول بأنه ليس هناك مجتمعات ولكن الموجود تفاعلات وعمليات اجتماعية في تغير دائم وتفاعل مستمر.

مفهوم التغير الاجتماعي :

نعرّف التغير الاجتماعي بأنه كل "تحول يحدث في النظم والأنساق والأجهزة الاجتماعية، سواء كان ذلك في البناء أو الوظيفة خلال فترة زمنية محددة". ولما كانت النظم في المجتمع مترابطة ومتداخلة ومتكاملة بنائياً ووظيفياً فإن أي تغير يحدث في ظاهرة لا بد وأن يؤدي الى سلسلة من التغيرات الفرعية التي تصيب معظم جوانب الحياة بدرجات متفاوتة.

(1) عبد الباسط محمد حسن، **التنمية الاجتماعية**، مكتبة وهبة، القاهرة، 1982، ص : 205.

ويتطلب التغير في ميدان الحياة الاجتماعية ضرورة تكيف الأفراد لمقتضياته ووفقاً لما يتطلبه من مستحدثات، لأنهم اذا وقفوا جامدين غلبوا على أمرهم والتمسوا الفرار من ضغوط البيئة، ومعنى هذا أن الأفراد يجب أن يكونوا أدوات حية في مرونة لدواعي التغير حتى يمكنهم مسايرة ركب الحضارة وعجلة التقدم .

والتغير الاجتماعي- كمفهوم متعارف عليه في علم الاجتماع خصوصاً في الدراسة الديناميكية- يعتبر سمة من السمات التي لازمت الإنسانية منذ فجر نشأتها حتى عصرنا الحاضر. لدرجة أصبح التغير لازما لبقاء الجنس البشري، وتفاعل أنماط الحياة على اختلافها، لتحقق لنا باستمرار أنماطا وقيماً اجتماعية جديدة يشعر في ظلها الأفراد بأن حياتهم متحركة ومتجددة، وأنها في حركتها تتطلب منهم الحركة الدائبة والمسايرة الكاملة دون تخلف أو تشبث بالقديم(1) .

والتغير في أبسط صوره ينحصر في أن عدداً كبيرا من الأشخاص يؤدون جهوداً تختلف عن تلك التي كان آباؤهم يؤدونها في وقت معين، وما هو في حد ذاته عملية مكملة لواحدة أو أكثر من العمليات الاجتماعية السائدة في المجتمع(2) .

ويدل التغير على أنماط من العلاقات الاجتماعية في تنظيم اجتماعي معين، والتي تفرض التغير في فترة زمنية معينة دون التعرض للوضع الاجتماعي العام، كما أن الملاحظين الذين قاموا بجمع المعلومات كان معظمهم يحمل الفكرة والثقافة الأوروبية.

وظاهرة التغير الاجتماعي قد تحصل في فترة زمنية قصيرة وبشكل سريع أو قد تستغرق كل التاريخ الحضاري للإنسان، فعامل الزمن هذا جدير بالاهتمام. ويعني التغير الاجتماعي كذلك القدرة على فصل العلاقات المتغيرة عن تلك التي تتغير

---

(1) موسى أبو حوسه، **التغير الاجتماعي في الريف الأردني**، جامعة الإسكندرية، الأسكندرية، 1981، ص : 81.

(2) أحمد النكلاوي، **التغير والبناء الاجتماعي**، مكتبة القاهرة الحديثة، القاهرة،1968، ص: 6.

ببطء شديد أو ثابت تماماً، فالاختلاف بين المجتمعات يكشف عن اختلافات محددة لكن التركيز على الأشياء المتشابهة والثابتة في حضارة معينة يبرز كصفة رئيسية[1].

ونظراً لأن علم الاجتماع يحصر اهتمامه في العلاقات الاجتماعية فان التغير الاجتماعي ما هو إلا تغير في العلاقات والبناء الاجتماعي ، كذلك ما هو إلا رابطة من العلاقات الحاضرة، ومن ثم فإن أي تغير في هذه العلاقات ينعكس على البناء الاجتماعي في جملته.

والواقع أن التغير الاجتماعي ظاهرة طبيعية تخضع لها جميع مظاهر الكون، والمجتمعات الإنسانية بجميع ظواهرها خاضعة للتغير المستمر، إلا أن هناك ظواهر أسرع في تغيرها وتطورها من الأخرى أما الجمود نفسه في أية ناحية من نواحي الحياة الإنسانية فأمر لا يمكن التسليم به أو الموافقة عليه، إذ يكفي أن ننظر إلى المجتمعات الإنسانية المختلفة لنرى مدى التغير الذي أصابها عبر حقب التاريخ.[2]

ويتعرض كل من جيرث (Gerth) وملز(Mills) الى ماهية التغير الاجتماعي، ويعتبران أن التغير الاجتماعي: هو التحول الذي يطرأ على الأدوار الاجتماعية التي يقوم بها الأفراد، وكل ما يطرأ على النظم الاجتماعية، وقواعد الضبط الاجتماعي التي يتضمنها البناء الاجتماعي في مدة معينة من الزمن[3].

ويذهب جنزبرج (Ginsberg, 1972) إلى أن التغير الاجتماعي: هو كل تغير يطرأ على البناء الاجتماعي في الكل والجزء وفي شكل النظام الاجتماعي، ولهذا فان الأفراد يمارسون أدواراً اجتماعية مختلفة عن تلك التي كانوا يمارسونها خلال

---

(1) Allen, Hart & Others , **Technology of Social Change**, Applenton Century, New York: 1960, P: 72.

(2) عبد الباسط محمد حسن، المرجع السابق، ص: 206.

(3) أحمد النكلاوي، المرجع السابق، ص: 8.

حقبة من الزمن، أي أننا اذا حاولنا تحليل مجتمع في ضوء بنائه القـائم، وجـب أن ننظر اليه من خلال لحظة معينة من الزمن، أي ملاحظة اختلاف التفاعل الاجتماعـي الذي حدث له . هذا هو التغير الأجتماعي.

كما أضاف جنزبرج يقول "أنى لا أفهم تغيراً يتم ، إلا في بناء المجتمع، أي في حجمه وتركيب أجزائه وشكل تنظيمه الاجتماعي، وحينما يحدث هذا التغير في المجتمع يمارس أفراده مراكز وأدواراً اجتماعية مغايرة لتلك التي كانوا يمارسونها خلال فترة زمنية سابقة". والتغير الاجتماعي في نظره هو الذي يتيح للأفراد أوضاعاً اجتماعية مغايرة لأوضاعهم السابقة في بنائهم الاجتماعي، وتكون هذه الأوضاع بذاتها عرضة للتغير، وإن الزمان هو العامل الرئيس في احداث التغير، ولذا فهو يعرف التغير الاجتماعي بأنه "ذلك التغير الذي يحدث في طبيعة البناء الاجتماعي مثل الزيادة أو النقص في حجم المجتمع أو في النظم والأجهزة الاجتماعية، كما يشمل التغيرات في المعتقدات (Bliefs) والمواقف (Situations)[(1)].

وفي ضوء التعريفات السابقة للتغير الاجتماعي، يمكن تعريف التغير الاجتماعـي بأنه "كل تحـول يحـدث في البنـاء الاجتماعـي والمراكـز والأدوار الاجتماعيـة، وفي الـنظم والأنساق والأجهزة الاجتماعية خلال فترة معينة من الزمن" ولما كانت ظـواهر المجتمـع مترابطة ومتساندة، فان أي تغير يحدث في جانب من جوانب الحياة الاجتماعية، يقابلـه تغـيرات أخـرى في كافـة الجوانـب وبـدرجات متفاوتـة، وبنـاء عـلى ذلـك فـان التغـير الاجتماعي لا يقتصر على جانب واحد دون آخر من جوانب الحياة الاجتماعيـة. وحيـنما يبدأ التغير فمن الصعب إيقافه لما بين النظم الاجتماعية والتنظيم الاجتماعي من ترابط وتساند وظيفي

(1) نضال حميد الموسوي، **علم الاجتماع وقضايا اجتماعية**، منشورات ذات السلاسل، الكويـت، 1998، ص: 143.

وأوضح أرنولد (Arnold, 1967) أن التعريف فرض عادي لتقديم التفكير الواضح، وأن "التغير الاجتماعي يشير الى نمط من العلاقات الاجتماعية والأشكال الثقافية في وضع معين يطرأ عليها ، أو يظهر عليها التغير أو الاختلاف خلال فترة محددة من الزمن وأن التغير هذا يخضع لعوامل موضوعية بمعنى أنه لا يحدث بطريقة عشوائية ولا ارادية ولكن وفقاً لضوابط وقواعد معينة.

يُعد التغير الاجتماعي ظاهرة موجودة في كل المجتمعات، ولهذا يجب تحديد معنى التغير الأجتماعي تحديداً علمياً، وفي هذا الصدد يمكن الاكتفاء بالتعريف الذي صاغه "جي روشي" (Guy Rocher , 1968) الذي أفرد جزءاً من كتابه **"التغير الأجتماعي"** الى أن التغير الاجتماعي يعني كل تحول(Transformation) في البناء الاجتماعي يلاحظ في الزمن ولا يكون مؤقتاً سريع الزوال لدى فئات واسعة من المجتمع ويغير مسار حياتها[1].

وللتغير الاجتماعي عند "جي روشي (Guy Rocher, 1968)، صفات هي:

1- التغير الاجتماعي ظاهرة عامة، توجد عند أفراد عديدين، وتؤثر في اسلوب حياتهم وأفكارهم

2- التغير الاجتماعي يصيب البناء الاجتماعي، أي يؤثر في هيكل النظام الاجتماعي في الكل أو الجزء، فالتغير الاجتماعي المقصود هنا، هو التغير الذي يحدث أثراً عميقاً في المجتمع، وهو الذي يطرأ على المؤسسات الاجتماعية كالتغير الذي يطرأ على بناء الأسرة، أو على النظام الاقتصادي أو السياسي وما الى ذلك. هذا التغيير هو الذي يمكن تسميته بالتغير الاجتماعي

3- يكون التغير الاجتماعي محدداً بالزمن أي يبدأ بفترة زمنية وينتهي بفترة زمنية معينة، من أجل مقارنة الحالة الماضية بالحالة الراهنة، ومن أجل

الوقوف على مدى التغير، ولا يتأتى ادراك ذلك الا بالوقوف على الحالة السابقة، أي أن قياس التغير يكون انطلاقاً من نقطة مرجعية في الماضي.

4- يتصف التغير الاجتماعي بالديمومة والاستمرارية، وذلك من أجل ادراك التغير والوقوف على أبعاده، أما التغير الذي ينتهي بسرعة، فلا يمكن فهمه، ولهذا فالتغير الاجتماعي يتضح من خلال ديمومته.

وبناء على ذلك فان التغير الاجتماعي عند جي روشي كل تحول في البناء الاجتماعي يلاحظ في الزمن ولا يكون مؤقتاً سريع الزوال ، لدى فئات واسعة من المجتمع ويغير مسار حياتها.

ويشير عاطف غيث الى التغير الاجتماعي بأنه "التغيرات التي تحدث في التنظيم الاجتماعي، أي في بناء المجتمع ووظائف هذا البناء المتعددة والمختلفة".

ويرى أن التغيرات الاجتماعية في صور شتى : [2]

1- التغير في القيم الاجتماعية، تلك القيم التي تؤثر بطريقة مباشرة في مضمون الأدوار الاجتماعية والتفاعل الاجتماعي، كالانتقال من النمط الإقطاعي للمجتمع إلى النمط التجاري الصناعي، الذي يصحبه تغير في القيم التي ترتبط بأخلاقيات هاتين الطبقتين في النظرة الى العمل وقيمة القائمين عليه .

2- التغير في النظام الاجتماعي أي في البناءات المحددة مثل صور التنظيم ومضمون الأدوار، أي في المراكز والأدوار الاجتماعية، كالانتقال من نظام تعدد الزوجات الى نظام وحدانية الزوج والزوجة، ومن الملكية المطلقة الى الديمقراطية، ومن النظام الذي يقوم على المشروعات الخاصة الى الاشتراكية.

3- التغير في مراكز الأشخاص، ويحدث ذلك بحكم التقدم في السن أو نتيجة

---

(1) ولبرت مور، **التغير الاجتماعي** ترجمة: "عمر القباني"، دار الكرنك، القاهرة: 1970، ص: 69.

(2) محمد عاطف غيث، **التغير الاجتماعي والتخطيط**، دار المعارف، القاهرة: 1966، ص: 25.

الموت، ومن المهم ان ندرك الأهمية الدائمة التي تكون للأشخاص الذين يشغلون مراكز اجتماعية معينة، لأنهم بحكم مراكزهم يستطيعون التأثير في مجريات الأحداث الاجتماعية.

ويرى جونسون Johnson، أن التغير الاجتماعي ما هو الا تغير في بناء النظام الاجتماعي من حالة كان فيها ثابتاً نسبياً، كما أن هذه التغيرات البنائية ناتجة في الأساس عن تغييرات وظيفية في البناء الاجتماعي وصولاً إلى بناء أكثر كفاءه وأكثر مقدرة على أداء الإنجازات [1].

وأما ماكيفر وبيج (Mac Iver & Page, 1952) فقد أوضحا أن التغير هو تغير في العلاقات الأجتماعية، أو هو تغير في شكل وطبيعة العلاقات الأجتماعية بحيث يشمل هذا التغير بناء ووظيفة هذه العلاقات [2].

كما أشار (عبد الله الرشدان، 1999)، في كتابه **علم اجتماع التربية إلى** أن التغير الأجتماعي يعني الآتي:

- التحول الذي يحدث في النظم والأنساق والأجهزة الاجتماعية، سواء كان ذلك في البناء أو الوظيفة خلال فترة زمنية معينة [3].
- الاختلاف عن أنماط الحياة المقبولة سواء أكان هذا الاختلاف راجعاً الى التغير في الظروف الجغرافية أو في الأمكانيات الثقافية أو التكوين السكاني أو في الأيديولوجية أو نتيجة الانتشار أو الاختراع داخل الجماعة [4].

---

(1) H., Johnson, **Sociology Asystematic Introduction**, The Indian edition, Bombay: 1970, P:3.

(2) ما كيفر وبيج ، **المجتمع**، ترجمة: علي أحمد عيسى، مكتبة النهضة المصرية، القاهرة، 1952، ص: 210.

(3) مصطفى الخشاب، **دراسة المجتمع**، مكتبة الأنجلو المصرية، القاهرة: 1977، ص: 188.

(4) محمد لبيب النجيحي، **الأسس الاجتماعية للتربية**، مكتبة الأنجلو المصرية، القاهرة: 1976، ص:238.

-هو التحول الذي يقع في التنظيم الاجتماعي (Social Organization)، سواء في تركيبه (Structure) وبنيانـه، او في وظائفـه (Functions) كـما رآه كنجلسي- ديفـز (Kingsley Davis, 195.)[1].

ولاشك أن التعريف العملي للتغير الاجتماعي يحتـوي عـلى سـتة أجـزاء متصـلة مرتبطة مع بعضـها بعلاقـات تبادليـة ، وهـذه العوامـل هـي: كيفيـة تعريـف الحقيقـة (identity) والمسـتوى (level) وتـأثير عنصر- الـزمن مـن حيـث البقـاء أو الـدوام (duration)، الاتجـاه (direction) والأهميـة (magnitude) وأخـيراً معـدل التغـير (average). والشكل رقم (1) يوضح ذلك .

ويلاحـظ مـما سـبق، أن المفكـرين متفقـون في النظـرة العامـة لماهيـة التغـير الاجتماعي ، وهو: كل تغـير يطـرأ عـلى البنـاء الأجتماعـي في الوظـائف والقـيم والأدوار الأجتماعية خلال فترة محدودة من الزمن، وقد يكون هذا التغير ايجابياً فهو تقدم، وقـد يكون سلبياً فهو تخلف ، فالتغير إذاً ليس له اتجاه محدد.

ويحتوي المجتمع على عمليات اجتماعية، تحاول أن تدعم البناء وتحـافظ عليـه من خلال عملية التنشئة الأجتماعية، وبعـض مـن هـذه العمليـات تحـاول تغيـير شـكل البناء ووظيفته ، من أجل مستقبل أفضل، فالتغير في بناء الأسرة يتبعـه تغـير في وظـائف أعضائها، فالأنتقال من نظـام الأسرة الأمويـة (Matriarchal Family) الى نظـام الأسرة الأبويـة (Patriarchal Family) تبعـه تغـير في وظيفـة الأم في الأسرة، وكـذلك وجـدت وظائف وانقرضت أخرى.

آليات التغير الاجتماعي :

تختلف مصادر التغير الاجتماعي، وتتعدد نظرة المفكرين على نحو سنشير اليه فيما بعد، ولكن يمكن القول في البداية إن هناك مصدرين للتغير هما:

(1) Davis, Kingsley, **Human Society**, Macmillan Co., N.Y.: 1950, p. 268.

1- المصدر الداخلي: أي أن يكون قائماً في داخل النسق الأجتماعي، وإطاره المجتمع نفسه، أي أنه نتيجة لتفاعلات تقسم داخل المجتمع.

2- المصدر الخارجي: الذي يأتي من خارج المجتمع نتيجة اتصال المجتمع بغيره من المجتمعات الأخرى.

وعلى أية حال ، فسواء أكان المصدر داخلياً أم خارجياً فإن ذلك يقوم على آليات محددة هي:

1- **الاختراع والاكتشاف:** ويبدو ذلك في ابتكار أشياء جديدة لم تكن موجودة من قبل، ومن أمثلة ذلك، اختراع الكهرباء والسيارة ، أو اعادة تحسين كفاءة مخترعات قديمة، كتحسين الألة البخارية، وتحسين صناعة القطارات والطائرات ، وكل ذلك يؤدي بطبيعة الحال الى تغيرات ثقافية قد تتراكم وتؤدي الى تغيرات اجتماعية وكذلك الأمر نفسه بالنسبة **للأكتشافات** التي تعني معرفة أشياء كانت موجودة أصلاً، كاكتشاف القارة الأمريكية ورأس الرجاء الصالح، أو اكتشاف عناصر جديدة في الطبيعة، واكتشاف القوانين المختلفة وغيرها، وهذه بدورها تؤدي في النهاية الى تغيرات اجتماعية، أي تشكل ميكانزمات للتغير الأجتماعي. وبطبيعة الحال، فان الحاجات هي التي تدعو الى الاكتشاف والاختراع ، والحاجة- كما نعلم قضية اجتماعية في المقام الأول .

2- **الذكاء والبيئة الثقافية:** ليس بمقدور أي فرد الأختراع أو الأكتشاف ، لأن ذلك يتطلب مستوى مرتفعاً من الذكاء. أي أن الذكاء يؤدي الى الأختراع. ويرى علماء النفس أن الذكاء يكون موروثاً ومكتسباً، ولهذا لن يكتب النجاح للفرد الذكي ما لم تتوافر لديه البيئة الثقافية التي تساعده على الاكتشاف أو الأختراع.

3- **الانتشار:** ان المخترعات لن يكتب لها النجاح ما لم تنتشر بين أفراد كثيرين في المجتمع حتى تشيع وتعم، وتؤدي الى عملية التغير. والأنتشار يعني قبول التجديد من قبل أفراد المجتمع، ولهذا لن تقبل الأختراعات والأكتشافات اذا لم تصادف هوى وقبولاً لدى أفراد المجتمع، أو لدى مجموعة كبيرة منهم، وطبيعي أن عملية القبول لا تأتي فجأة وانما عبر مراحل معينة تتنوع حسب ثقافة المجتمعات، وقد تكون ارادية أو مفروضة، ولهذا فان القبول يؤدي الى سعة الأنتشار[(1)].

مصطلحات التغير الاجتماعي :

يعتبر مصطلح التغير الاجتماعي مصطلحاً حديثاً نسبياً بوصفه دراسة علمية، ولكنه قديم من حيث الأهتمام به وملاحظته ، وقد كان يحمل معاني عدة، ويدنو في معناه من بعض المصطلحات الأخرى مثل التقدم، والتطور والنمو... تلك المصطلحات التي بدأ التمييز بينها وبين التغير في الدراسات الراهنة مع بداية هذا القرن، واذا كان الخلط جائزاً في عصور سابقة نظراً لعدم وجود دراسات علمية تبحث في ماهيته وعوامله واتجاهاته، فانه اصبح من غير الممكن الأستمرار في هذا المنهج أمام التقدم في الدراسات الاجتماعية عموماً.

لقد كانت الدراسات القديمة قائمة على التفكير المجرد الفلسفي، ولكنها تشكل اطاراً مرجعياً للدراسات العلمية الراهنة.

وإذا القينا نظرة تأملية في تاريخ دراسات التغير لدى بعض المفكرين، أمكننا القول أن نظرتهم اختلفت عبر العصور، فقد كانت النظرة في القديم تقوم على الملاحظة الخارجية للتغير، ومقارنة أجزاء الثقافة التي تتغير ببطء، والسريعة التغير.

(1) محمد عبد المولى الدقس، **التغير الاجتماعي بين النظرية والتطبيق**، دار مجدلاوي، عمان: 1987، ص: 21.

وقد أخذت الدراسات الأجتماعية في التغير مساراً علمياً بعد أن وضع (وليم أوجبيرن William Ogburn) كتابه المعروف **بالتغير الاجتماعي** (Social Change) عام 1922، وبعد ذلك تتابعت الدراسات التغيرية في ضوء التقدم الذي حدث في مناهج الدراسات الاجتماعية.

لقد كانت نظرة العلماء للتغير حتى القرن الثامن عشر نظرة تشاؤمية (Pessimism)، مبنية على الخوف من المستقبل، واعتبار أن حالة المجتمعات في القديم أفضل من الحالة الراهنة والمستقبلية، لكن العلماء أخذوا ينظرون بعد ذلك التاريخ نظرة تفاؤلية (Optimism) معتبرين حالة المجتمعات الراهنة أفضل من سابقتها، وأن العصر الذهبي أمامنا وليس خلفنا على حد تعبير "سان سيمون" (Saint Simon). وقد صاغ فلاسفة التاريخ نظريات عامة كان الخلط فيها واضحاً بين مصطلح التغير وغيره من المصطلحات الأخرى.

وسنقوم بتوضيح تلك المصطلحات المشابهة لمصطلح التغير الأجتماعي، الذي يعني كل تحول يطرأ على البناء الأجتماعي، في النظام، والقيم، والأدوار، وما يمكن مشاهدته خلال فترة معينة من الزمن.

وهذه المصطلحات هي:

أولاً : التقدم الاجتماعي (Social Progress): يشير هذا المفهوم الى حالة التغير التقدمي الذي يرتبط بتحسن دائم في ظروف المجتمع المادية واللامادية. ويسير التقدم نحو هدف محدد أو نقطة نهائية، ويرتبط هذا الهدف دائماً بنوع من الغائية. بمعنى أنه يرتبط برؤية تنظر الى عملية التحول الأجتماعي بوصفها عملية تقدمية ترمي الى غاية يتحقق فيها "المثل الأعلى، أو "المجتمع المثالي". وغالباً ما يكون هذا المثل الأعلى أو المجتمع المثالي أفضل من كل الصور السابقة له، فالتقدم يعني أن كل صورة من صور المجتمعات أفضل بالضرورة من سابقتها.

وبناء على ذلك فان مفهوم التقدم يرتبط بحكم قيمي، فالتغير لا بد أن يحدث في الطريق المرغوب فيه والذي يحقق مزيداً من الأشباع ومزيداً من الرضا[1].

ولقد ظهر مفهوم التقدم في سياق خاص، حيث ارتبط ببعض النظريات في القرن التاسع عشر- سواء في مجال فلسفة التاريخ (كما في نظرية كوندرسيه (Condoercet) أو في مجال علم الأجتماع (كما في نظرية أوجست كونت Auguste (Conte). وقد أكدت هذه النظريات على أن التاريخ يسير في خط تقدمي ، كما افترضت النظريات أن التاريخ قد أوشك أن يبلغ ذروته بعد أن قامت الثورة الصناعية والثورة الديمقراطية. ومما يجدر ذكره أن هذا المفهوم لم يعد يستخدم الا للأشارة الى وجهة التغير الأجتماعي عندما يكون هذا التغير سائراً في خط تقدمي. ومن اجراء التطورات في العلوم الأجتماعية تم هجر هذا المفهوم، بل أن هذا المفهوم - كما يذهب بوتومور (Botomore , 1981) - قد تعرض للنقد منذ نهاية القرن التاسع عشر[2] ولعل هذا قد نتج عن ادراك لأوجه القصور التي يعاني منها هذا المفهوم والتي يمكن حصرها فيما يلي :

1- أنه يعاني من التحيز القيمي، ان المفهوم غائي ويتصف بالتحيز القيمي.

2- عدم استيعاب المفهوم كل جوانب التغير، بل جانب واحد منه وهو التغير التقدمي.

3- أن المفهوم يقوم على افتراض لا يمكن التحقق من صدقه ويتمثل هذا في القول بإن الحياة الأجتماعية تميل الى أن تتغير بشكل أفضل. وأن هذا افتراض يصعب تحقيقه طالما أننا لا نستطيع أن نحدد ما الأفضل ومن وجهة نظر من ؟ لا سيما وأن هذه امور نسبية لا يمكن التوصل بشأنها الى حكم يقينى.

---

(1) S., Vago, **Social Change**, Holt, Rine Hart Winston, N.Y., 1980, P: 5.

(2) بوتومور، ت. ب. ، **تمهيد في علم الاجتماع** ترجمة: محمد الجوهري، دار المعارف، القاهرة، 1980، ص: 339.

استعمل مصطلح التقدم الأجتماعي (Social Progress) في البداية باعتباره مرادفاً لمصطلح التغيرالأجتماعي، وقد جاء ذلك واضحاً في كتابات أوجست كونت (Auguste Conte) وكوندرسه (Condoercet) وتيرجو (Turgot) وغيرهم.

والتقدم وفق ما رآه محمد الدقس في كتابه **التغير الاجتماعي بين النظرية والتطبيق:** يعني حركة تسير نحو الأهداف المنشودة والمقبولة، أو الأهداف الموضوعية التي تنشد خيراً أو تنتهي الى نفع، وأنه العملية التي تأخذ شكلاً محدداً أو اتجاهاً واحداً، ويتضمن توجيهاً واعياً مقصوداً لعملية التغير[1].

وينطوي التقدم على مراحل ارتقائية، أي أن كل مرحلة تكون أفضل من سابقتها، وهو يشير إلى انتقال المجتمع الى مرحلة أفضل من حيث الثقافة والقدرة الأنتاجية والسيطرة على الطبيعة[2].

ولذلك فإن التقدم الاجتماعي يعني العملية التي تأخذ اتجاهاً واحداً نحو الأمام ومتجهة نحو تحقيق الأهداف المرسومة، أي فعل واع مخطط.

كما أن مفهوم التقدم يختلف من مجتمع لآخر حسب ثقافة المجتمع، والظروف المحيطة به. فقد كان يعني في القرن الثامن عشر بالنسبة للمجتمعات الأوروبية التحرر من تقاليد العصور الوسطى، ومن الأنظمة الأستبدادية، ويعني في القرن التاسع عشر بالنسبة للولايات المتحدة الامريكية الأنطلاق نحو تعمير الأجزاء الوسطى والغربية من القارة ، والأستغلال الأمثل للموارد الطبيعية. وهو يعني اليوم بالنسبة للعالم العربي الحرية وانهاء التبعية، ومحاربة التخلف بكل أشكاله من أجل حياة كريمة للمواطن العربي.

ان فكرة التقدم، قد تتبدل بتبدل الأحوال والأزمنة، وهي تحمل معنى قيمياً،

(1) محمد عبد المولى الدقس، المرجع السابق، ص: 24.

(2) محمد عبد الهادي عفيفي، **التربية والتغير الثقافي**، مكتبة الأنجلو المصرية، القاهرة: 1970، ص: 108.

حيث يعتقد معظم مفكري كل عصرأن التقدم الذي وصلت اليه مجتمعاتهم الراهنة أفضل مما كانت عليه في السابق، ومع بداية العصور الحديثة ظهرت حركة فكرية تدعو الى التفاؤل في المستقبل[1].

وقد بين ويل ديورنت (Will Durant) أن الإنسانية خلال تقدمها الأجتماعي الأرتقائي قد مرت بعدة مراحل[2]:

1- النطق.

2- النار.

3- استئناس الحيوان.

4- الزراعة.

5- التنظيم الأجتماعي.

6- الأخلاق.

7- الآلات – الصناعة.

8- العلوم.

9- التربية.

1.- الكتابة.

والنظرة إلى التقدم هي نظرة نسبية، فالتقدم في مجتمع قد يكون تخلفاً بمفهوم مجتمع آخر، حيث يدخل الجانب الخلقي، ونظراً لأن التقدم يحمل جوانب متعددة يصعب تقييمها من جهة واحدة، فالأهداف المتحققة نتيجة للتقدم تختلف النظرة إليها، نظراً لصعوبة قياس الأهداف، ناهيك عن صعوبة حصر الوسائل المؤدية إليها، فعلى سبيل المثال هل هو التقدم الاقتصادي؟ أو التقدم الأجتماعي أو كلاهما معاً؟

---

(1) John Eric Nordskog and others: **Social change : The Idea of Progress**. Mc Graw-hill .N.Y. 1960. p: 129.

(2) **Ibid**. p: 130

وإذا نظرنا إليه مرحلياً أمكننا القول بهذا الصدد، أن كل مرحلة أفضل من سابقتها، أي أنه في نهاية المطاف يعني التحسن المستمر الدائم.

ويقول جون بوري (John Bury)، حينما تسعى الانسانية الى تحقيق أهداف كالحرية، والتسامح، والمساواة، والاشتراكية، فإننا نلاحظ أن قسماً منها قد تحقق اليوم، وليس هناك من سبب يدعو الى عدم تحقيق القسم الآخر سواء في المجتمع أم في المجتمعات كافة، لا بسبب وجود صواب أو خطأ فيها، وانما يعود الى نظرة المجتمع المتباينة في مدى تحقيق تلك الأهداف [1].هذا من ناحية المفهوم الذي يتضمن عدة جوانب منها أنه نسبي وقيمي وارتقائي ومستمر.

أما من الناحية التاريخية ، فان فكرة التقدم تعود إلى عصور قديمة، وأول من استعمل هذا المصطلح هو لوكريتس (Lucretius) عام 6. ق.م، إلا أن نظريات التقدم الاجتماعي لم تصبح موضوعاً من موضوعات البحث الأجتماعي الا منذ بداية القرن السابع عشر، فقد ذهب كل من فرنسيس بيكون (Francis Bacon) ورينه ديكارت (R.Descartes) الى أن الإنسان يستطيع أن يحقق تقدماً لا حدود له عن طريق مجهوداته واراداته[2].

ويرى فونتينل (Fontenelle) (1657- 1757) أن تجمع المعرفة الإنسانية يساعد في التقدم المستمر للإنسان، ويتفق معه في ذلك، كل من بودان (Bodin) وكوندرسه (Condercet) وكانت (Kant).[1]

ولهذا بدأت تظهر نظريات التقدم الاجتماعي مع ظهور الثورة الصناعية التي أدت الى ظهور فلسفة التقدم بوجه عام، وقد وضعت السيدة جون مارتن Mrs. John Martin كتاباً بعنوان "**هل البشرية تتقدم؟ Is Mankind Advancing?** بينت فيه مدى تقدم الإنسانية. وقد اتجهت جهود

---

(1) **Ibid** .p:126.

(2) **Ibid** .p:128.

المفكرين في بحث مشكلة التقدم نحو التركيزعلى عوامل التقدم، وقد أشار مونتسكيو (Montesquieu) الى أهمية البيئة في هذا المجال، وهناك آخرون تعرضوا لهذه العوامل الا أن أفكارهم كانت ناقصة في الغالب[2].

ويعرف هوبهاوس (Hobhouse) التقدم "بأنه نمو اجتماعي للجوانب الكمية والكيفية في حياة الإنسان"، ويعد هوبهاوس تصوراً قيمياً أو ذاتياً ينبع من الملاحظة، وأن التصور يمكن أن يكون في بعض الأحوال تقدماً، وفي بعضها الآخر تخلفاً، ويتمثل في الأنتقال التدريجي من وضعية اجتماعية معينة إلى أخرى أفضل بفعل توفر الأمكانيات المادية والبشرية والمثابرة في العمل والاجتهاد، وقد يقاس التقدم الاجتماعي بمؤشرات خاصة في مجال الصحة والسكن والتعليم والخدمات الاجتماعية ويصعب قياس التقدم فيما يخص السلوكات لأنها تخضع للثقافة والقيم.

ويذهب كاريف (Karayev) إلى أن التقدم "هو تطور تدريجي يدل على نمو المجتمع، وتصاحبه مؤشرات تدل على مداه "[3].وأوجه التقدم عديدة: فالأفكار والنظريات تدل على تقدم المجتمع، وكذلك الزيادة السكانية، فالزيادة تعني التقدم، رغم أن زيادة السكان مسألة مختلف عليها، هل هي تقدم أو تخلف؟

وقد تطور مفهوم التقدم الاجتماعي في القرن التاسع عشر خاصة لدى رواد علم الاجتماع، الذين كانوا في الغالب ينظرون نظرة "تفاؤلية" الى تطور الإنسانية، أمثال سان سيمون وكوندرسه وأوجست كونت وغيرهم.

والخلاصة أن فكرة التقدم التي كانت تطرح من قبل الفلاسفة والاجتماعيين، لا تتطابق وواقع التقدم لدى المجتمعات. وكما تبين في السابق، فقد بقيت فكرة التقدم سائدة عند المفكرين الى أن وضع أوجبيرن كتابه **التغير الاجتماعي** عام 1922، فأخذت فكرة التغير الاجتماعي تحل محل فكرة التقدم الاجتماعي.

---

(1) J.E.Nordskog: **Op.cit**. p:131.

(2) **Ibid**. p:123.

ومـن هنـا يسـتدل عـلى اخـتلاف بـين المفهـومين: التقـدم الأجتماعـي والتغـير الاجتماعي، إذ الأول يحمل معنى التحسن المستمر نحـو الأمـام، أي أنـه يسـير في خـط صاعد ، في حين أن التغير قد يكون تقدماً أو تخلفاً، وبالتالي يكـون مصـطلح التغـير أكـثر علمية، لأنه يتوافـق وواقـع المجتمعـات (واقـع التقـدم وواقـع التخلـف)، فالمجتمعـات ليست دائماً في تقدم مستمر وإنما يعتريها التخلف أيضاً.

ثانياً : التطور الاجتماعي:(Social Evolution)

يشير مفهوم التطور الى التحول المنظم من الأشـكال البسـيطة الى الأشـكال الأكـثر تعقيداً. وهو يستخدم لوصف التحولات في الحجم والبناء، كـما يشـير الى العمليـة التـي تتطوربها الكائنات الحية من أشكالها البسيطة والبدائية الى صورها الأكثر تعقيداً . ولقـد تأثرت العلوم الاجتماعية في استخدامها لهـذا المفهـوم بـالعلوم الطبيعيـة، وخاصـة علـم الأحياء، كما تأثرت أكثر بنظرية داروين Darwin عن تطور الكائنات الحية. ولذلك فـان استخدامات هذا المفهوم في وصف التحولات التـي تطـرأ عـلى المجتمعـات قـد عكسـت هذا التأثر، ومن ثم فقـد شـبه المجتمـع بالكـائن الحـي في نمـوه وتطـوره، بـل أن هـذه المماثلة العضوية امتدت الى تشبيه التطـور في الحيـاة الاجتماعيـة بـالتطور في المسـتوى البيولوجي للكائنات الحيـة. فالحيـاة الاجتماعيـة تتطـور مـن البسـيط الى المركـب كـما تتطور الكائنات الحية، والحياة الأجتماعية تخضع في تطورها لمبدأ الصراع ومبـدأ البقـاء للأقوى كما هو الحال في الحياة الطبيعية للحيوانات[1].

ويعني مفهوم التطور الاجتماعي النمو البطيء المتدرج الـذي يـؤدي الى تحـولات منتظمة ومتلاحقة، تمر بمراحل مختلفة ترتبط فيها كل مرحلة لاحقة بالمرحلة السابقة.

---

(1) محمد الجوهري، **التغير الاجتماعي**، دار المعرفة، الإسكندرية، 2000،ص 339.

ويعرفه معجم علم الاجتماع، "بالعملية التي بموجبها تحقق المجتمعات الإنسانية نمواً مستمراً مروراً بمراحل متلاحقة مترابطة" [1]. أي أن التطور الاجتماعي بهذا المفهوم يحمل معنى التقدم التدريجي دون طفرات.

وقد استعمل مفهوم التطور الاجتماعي، بشكل واسع في العلوم الاجتماعية، وفي علم الأجتماع بشكل خاص، بعد أن وضع دارون (Darwin) كتابه **المعروف أصل الأنواع Origin of Speaches** عام 1859 م، مبيناً فيه نظريته التطورية البيولوجية للكائنات الحية.

وقد استعمل هربرت سبنسر (H.Spencer) (19.3-.182) مصطلح التطور الاجتماعي ليشير الى تطور المجتمع الذي يأتي على غرار تطور الكائن العضوي، وقد بين في كتابه **اصول علم الأجتماع Principales Of Sociology** المماثلة بين تطور المجتمع وتطور الكائن العضوي، حيث عرف التطور بأنه "انحدار سلالي معدل على نحو معين".

أما المفكر الأنثروبولوجي "تايلور Taylor " فقد استعمل مصطلح التطور في كتابه **"الثقافة البدائية" (Primitive Culture)** بصورة غير دقيقة فيقول: "نجد من ناحية أن التماثل الذي يسود في الجانب الأكبر من الحضارة يمكن ارجاعه - الى حد بعيد - الى التأثير المتماثل للأسباب المتماثلة ، بينما نلاحظ من ناحية اخرى أن الدرجات المتفاوتة للتماثل يمكن أن تعتبر مراحل للنمو أو التطور، وتمثل كل منها محصلة تراث سابقة، وهي بصدد أداء دورها المناسب في تشكيل أحداث المستقبل[2].

وقد أشار العديد من المفكرين المحدثين الى الفروق القائمة بين النظرية البيولوجية

---

(1) Mitchel G. Duncan. **A Dictionary of Sociology**, Routdlege & Kegan Paul, London, 1968, p: 70.

(2) محمد علي محمد وآخرون، **دراسات في التغير الاجتماعي**، دار الكتب الجامعية، الأسكندرية: 1974، ص: 35.

والنظريـات المختلفـة في التطـور الاجتماعـي. وفي هـذا الخصـوص بـين وليـام اوجبيرن "أن المحاولات المبذولة للكشف عن قوانين الوراثة، والتنوع والانتخاب في تطـور النظم الاجتماعية، لم تسفر إلا عن القليل من النتائج الحيوية والهامة"(1)

أما المفكر **جوردن تشايلد** (**Gordon Child**) فقد ميـز بوضـوح بـين التطـور الاجتماعي والتطور البيولوجي موضحاً أن الإرث الاجتماعي للإنسان لا ينتقل عن طريق الخلايا الموروثة التي نشأ منها، بل عن طريق الـتراث الـذي لا يبـدأ في اكتسـابه الا بعـد خروجه من رحم أمه، فالتغيرات في الثقافة والتراث يمكن بدؤها عمداً كما يمكن التحكم فيها، أو إبطاء سرعتها بواسطة الإرادة الواعية والمدروسة لمواضيعها ومنفذيها من البشر، وليس الاختراع طفرة عرضية في البلازما الموروثة، ولكنه عبارة عن مركب جديد ناتج عـن الخبرة المتراكمة التي ورثها المخترع عن طريق التراث فقط(2).

وقد بـين جوليـان سـتيوارد (Julian Steward) أن هنـاك اختلافـاً واضـحاً بـين التطور العضوي والتطور البشري، ذلك أن الأول يسـير في خـط مسـتقيم "حتمـي" بينـما الثاني يسير في عدة خطوط حسب اختلاف العوامل، وهنا تطرح نظرية المتعدد الخطوط (Multiliner Evolution) والتي تتضـمن حالياً نظـرة جديـدة يسـعى علـماء التطـور بموجبها الى فهم تطور الثقافة الإنسانية، وفقاً لتـأثير العوامـل الاقتصـادية والسياسـية في تغير المجتمع، فالعوامل المختلفة تؤدي الى اختلاف التطور.

وانطلاقاً من ذلك، فان التطوريين القدامى والمحـدثين يقولـون بحتميـة التطـور للمجتمعـات، وهـي حتميـة تتشـابه وحتميـة التطـور عنـد الكائنـات العضـوية، ألا أن الاختلاف عند المحدثين في أن العوامل المختلفة تؤدي الى تغير اتجاه التطور بوجه عام.

(1) ن.م . ص: 35.

(2) Gordan Child, **Man Makes Himself**, London, 1956, p: 16.

وهنا يلاحظ إن مفهوم المحدثين للتطور يقترب من مفهوم التغير الاجتماعي إلى حد كبير، إلا أنهم لم يتبينوا الاختلاف بين المفهومين بشكل دقيق.

ويمكننا القول أن التطور العضوي يعني أن الأنواع الحية قد نمت مع الزمن وبصورة متزايدة التعقيد، فهو إضافة "حجميه" دون حذف أو استبدال لبنى قديمة.

أما التطور المجتمعي فيعني أن ثقافة المجتمعات قد نمت مع الزمن وبصورة متزايدة التعقيد، باضافة "كمية ونوعية" مع حذف واستبدال لبنى قديمة.

أي أن التطور الاجتماعي قد أهمل جانباً مهماً في تغير المجتمع حيث استبعد فكرة التخلف الاجتماعي التي تنطبق على واقع المجتمعات، فيكون مصطلح التغير الاجتماعي هو الأكثر علمية وواقعية لحالة المجتمعات الإنسانية.

ثالثاً - النمو الاجتماعي Social Growth

يعني مصطلح النمو أنه عملية النضج التدريجي والمستمر للكائن وزيادة حجمه الكلي أو أجزائه في سلسلة من المراحل الطبيعية، كما يشير الى نوع معين من التغير وهو التغير الكمي.

ومن أمثلة التغيرات الكمية التي يعبر عنها مفهوم النمو التغيرات التي تطرأ على حجم السكان وكثافتهم، والتغيرات في أعداد المواليد والوفيات، ومعدلات الخصوبة وكذلك التغيرات في حجم الدخل القومي ونصيب الفرد منه، والتغيرات في أنواع الإنتاج المختلفة كالتغير في الإنتاج الزراعي أو الصناعي. وتشترك كل هذه التغيرات في أنه يمكن قياسها كمياً، ولذلك فان مفهوم النمو أكثر انتشاراً في الدراسات السكانية والاقتصادية.

ويرتبط مفهوم النمو بمفهوم التغير ارتباطاً وثيقاً، ذلك أن التغير الاجتماعي له جوانب عديدة ، ومن هذه الجوانب الجوانب الكمية التي يمكن أن تقاس من خلال معدلات النمو التي تعتبر أحد المؤشرات الهامة للتغير الاجتماعي. فالتغير في حجم

السكان أو في تركيبهم والتغير في حجم الناتج القومي يمكن أن تعد مؤشرات للتغير الاجتماعي، ولكن وجود هذه المؤشرات وغيرها لا يعبر عن كل جوانب التغير الاجتماعي، فدراسة التغير الاجتماعي تحتاج الى بيانات أكثر تفصيلاً حول التغيرات الكيفية في العلاقات الاجتماعية وفي الثقافة والقيم.

ويتضمن مصطلح النمو كافة أشكال النمو سواء في الكفاية أم في التعقيد أم في القيمة، وينطبق ذلك على الأفراد كما ينطبق على الجماعات[1].

وهو يختلف عن التنمية في كونه تلقائياً، بينما التنمية عملية ارادية مخططة. ومن الناحية النظرية ، فان مفهوم النمو يقترب من مفهوم التطور، ولكنه لا يتطابق معه، وحينما تضاف كلمة اجتماعي الى النمو ليصبح "النمو الاجتماعي" أي الذي يتعلق بالمجتمع، فانه يعني في هذه الحالة نمو السمات الفردية بما يتفق مع الأنماط الاجتماعية المقررة، والبيئة الاجتماعية من ناحية عامة.

وفي مجال الدراسات الاجتماعية تعددت النظرة إلى النمو الاجتماعي، لأن النمو الاجتماعي أكثر تعقيدا من النمو العضوي، فلا نستطيع أن نرد أي ظاهرة معينة إلى نواتها الأصلية كما هو الحال في نمو الكائن العضوي، إلا في عمليتين اجتماعيتين كما يقول بوتومور (Bottomore, 1981) هما: نمو المعرفة، ونمو سيطرة الإنسان على البيئة الطبيعية، كما يبدو في الكفاءة التكنولوجية والاقتصادية، فهاتان العمليتان هما اللتان ظهرتا بأكبر قدر ممكن من الوضوح في البيانات المتعلقة بنمو وتطور المجتمع الإنساني[2].

وقد استخدم المصطلح بمعانٍ مختلفة في الفكر الحديث، فيقال أحياناً مجتمعات نامية ومجتمعات أقل نمواً ومجتمعات أكثر نمواً، وما إلى ذلك، وما يزال الجدل قائما في أدبيات التنمية حول هذه التسميات، فيقال نمو المعرفة، ونمو السيطرة على

---

(1) أحمد زكي بدوي، **معجم العلوم الاجتماعية**، مكتبة لبنان، بيروت: 1982، ص: 187.

(2) محمد علي محمد وآخرون، **مجتمع المصنع**، الهيئة المصرية العامة للكتاب، الأسكندرية: 1975، ص: 38.

الطبيعة ونمو قوى الإنتاج، وهي تتضمن في مجملها الانتقال من حالة إلى حالة أفضل، ولكن المشكلة تبدو في هذا الأفضل، فيم هو الأفضل؟ ولماذا؟ وهل هناك قانون متفق عليه في ذلك؟ ومن هنا تأتي النظرة القيمية، الأمر الذي يؤدي إلى تعددية النظرة نحو المسألة، فيصبح بذلك مفهوم النمو الاجتماعي مسألة نسبية جدا في مجال الكيف، هذا إذا تجاوزنا إشكالية مجال الكم.

وفي هذا الصدد، فإن مصطلح النمو لا يعبر الا عن جزء من التغير الذي يشير إلى الأفضل "التقدم" مع المحافظة على جوهر البناء بشكل عام. أما الجزء الآخر من التغير فلا يتضمن ذلك الجزء الذي يشير إلى التخلف الاجتماعي.

كما أن فكرة النمو تتضمن قيمة " أخلاقية " في الوقت الذي يسعى فيه علماء الاجتماع إلى النأي عن هذه " القيمة الأخلاقية" وينطبق مصطلح النمو على التغيرات الكمية بشكل أفضل، في مجال التغيرات الاقتصادية التي يمكن التعرف عليها، وقياسها بدقة، مثل: نمو متوسط دخل الفرد، والنمو الاقتصادي لدولة في سنة معينة وهكذا.

كما أن فكرة النمو تتضمن قيمة " أخلاقية" في الوقت الذي يسعى فيه علماء الاجتماع إلى النأي عن هذه " القيمة الأخلاقية" . وينطبق مصطلح النمو على التغيرات الكمية بشكل أفضل، في مجال التغيرات الاقتصادية التي يمكن التعرف عليها، وقياسها بدقة، مثل: نمو متوسط دخل الفرد، والنمو الاقتصادي لدولة في سنة معينة وهكذا.

وقد بين سبنسر أن النمو ظاهرة مشتركة بين المجتمعات والأجسام العضوية، فالتجمعات السكانية يكون نموها بزيادة عدد أفرادها- حجمها- وكذلك نمو الأجسام الحية التي تكبر خلال فترة معينة من الزمن وتتوقف في فترة أخرى. وأن النمو الاجتماعي يبقى مستمراً إلى أن تنقسم المجتمعات أو يقضى عليها[1].

(1) Amitai, Etzioni, **Social change**. Basic Books, Inc. N.Y. : 1964.

والخلاصة أن مصطلح النمو الاجتماعي يختلف عن مصطلح التغير الاجتماعي في عدة نقاط مجملها في الآتي:

1- يشير النمو إلى الزيادة الثابتة نسبياً، والمستمرة في جانب واحد من جوانب الحياة، أما التغير فيشير إلى التحول في البناء الاجتماعي والنظام والأدوار والقيم وقواعد الضبط الاجتماعي. وقد يكون هذا التحول إيجابيا أو سلبياً ولا يتصف ذلك بالثبات إطلاقاً.

2- يكون النمو بطيئا وتدريجياً، أما التغير الاجتماعي فيكون على عكس ذلك فقد يكون سريعاً ويتضمن قفزات إلى الأمام او إلى الخلف.

3- يسير النمو في خط مستقيم، بحيث يمكن التنبؤ بما سيؤول إليه، أما التغير فلا يكون سيره مستقيما باستمرار، وقد تعددت النظرة الاجتماعية نحو اتجاهه. والتغير- كما أشرنا في السابق- قد يكون إلى الأمام فيؤدي إلى التقدم، كما قد يكون إلى الوراء فيؤدي إلى التخلف.

ولهذا يظهر الاختلاف واضحا بينهما، وفي الدراسة السوسيولوجية نهتم بالتغير الاجتماعي لأنه يعبر عن حقيقة ديناميكية المجتمع، أما النمو فيدخل في الدراسات الاقتصادية نظرا لطبيعة عملية النمو وخصائصها.

رابعاً: التنمية الاجتماعية Social Development:

تعرف التنمية الاجتماعية بأنها الجهود التي تبذل لإحداث سلسلة من التغيرات الوظيفية، والهيكلية اللازمة لنمو المجتمع، وذلك بزيادة قدرة أفراده على استغلال الطاقة المتاحة إلى أقصى بعد ممكن لتحقيق أكبر قدر من الحرية والرفاهية لهؤلاء الأفراد بأسرع من معدل النمو الطبيعي[1]. كما أنها تشير إلى عملية ارتقاء تدريجي كارتقاء نمو الطفل أو الشخصية.

(1) حسن سعفان، **اتجاهات التنمية في العالم العربي**، مطبعة التقدم، الجزائر، 1973، ص: 225 .

ويعرفها حسن سعفان: بأنها الجهود المنظمة التي تبذل وفق تخطيط مرسوم للتنسيق بين الإمكانيات البشرية والمادية المتاحة في وسط اجتماعي معين، بقصد تحقيق مستويات أعلى للدخل القومي والدخول الفردية، ومستويات أعلى للمعيشة والحياة الاجتماعية في شتى مناحيها كالتعليم والصحة والأسرة والشباب، ومن ثم الوصول إلى تحقيق أعلى مستوى ممكن من الرفاهية الاجتماعية[1]. وهي تعني التحريك العلمي المخطط للعمليات الاجتماعية والاقتصادية من خلال أيديولوجية معينة، بغية الانتقال بالمجتمع من حالة غير مرغوب فيها إلى حالة مرغوب الوصول إليها، متضمنة الوصول بالمجتمع إلى أعلى درجات التقدم. وبطبيعة الحال لا يمكن الفصل بين التنمية الاجتماعية والتنمية الاقتصادية نظرا للترابط الوثيق بينهما.

ويرتبط مفهوم التنمية بمفهوم التحديث (Modernization) والذي يعني التحول من نمط المجتمع الذي يعتمد على تكنولوجيا تقليدية وعلاقات تقليدية ونظام سياسي تقليدي، إلى نمط متطور تكنولوجياً واقتصادياً وسياسياً. وغالباً ما تفهم عملية التحديث في ضوء مقارنة المجتمعات التقليدية بالمجتمعات الغربية التي قطعت شوطاً في طريق النمو الاقتصادي والاستقرار السياسي.

ويعتبر التحديث عملية تتحقق من خلالها التنمية الاجتماعية، فهي العملية التي تخلق من الظروف ما يجعل المجتمع يحقق غاية التنمية.

أما هذه الظروف فهي خلق النسق الاجتماعي المستقر الذي يحقق تطوراً وديناميـة داخلية دون أن ينهار ، وتحقيق درجة من التباين والمرونة في البناء الاجتماعي، وخلق الإطار العام الذي يوفر المهارات والمعرفة اللازمة لتحقيق ذلك. ومن الواضح أن مفهوم التنمية ومفهوم التحديث يمكن أن يكون لهما علاقة وثيقة بعملية التغير .فالتحديث والتنمية يحدثان تغيراً اجتماعياً، ولكن المفهومين ليسا بديلين لمفهوم التغير الاجتماعي، لأنهما يعبران عن حالة خاصة تتعلق بتحول

(1) Moore, W.E. , **Social Change**, Englewood Cliffs, N.J., 1974, p. 38.

المجتمعات التقليدية إلى مجتمعات نامية أو حديثة. أما التغير فهو يشتمل على مفهوم أشمل من مفهوم التنمية وله أبعاد أكثر اتساعاً.

ويصعب هنا حصر كل التعريفات التي جاءت في أدبيات التنمية، نظراً لتعددها وتنوعها. ولقد كانت التعددية استجابة للتباين الأيديولوجي بين المفكرين من جهة واختلاف المكان والزمان بين المجتمعات، مع الأخذ بعين الأعتبار أن هناك فرقاً بين مفهوم النمو والتنمية، فالأول تلقائي والثاني إداري[1]. ويمكن تصنيف الاتجاهات في تعريف التنمية الى ثلاثة اتجاهات هي:[2]

الاتجاه الرأسمالي: يسلم هذا الأتجاه بأن التنمية عبارة عن مراحل نمو تدريجي مستمر، وهي تتضمن اشباع الحاجات الاجتماعية للإنسان عن طريق اصدار التشريعات، ووضع البرامج الاجتماعية التي تقوم بتنفيذها الهيئات الحكومية والأهلية، ولذلك فهي تعني الرعاية الاجتماعية التي تتضمن جانباً واحداً من الخدمات الاجتماعية.

1- **الاتجاه الاشتراكي:** يسلم هذا الاتجاه بأن التنمية الاجتماعية تعني عملية التغير الاجتماعي الموجهة إلى تغيير البناء الاجتماعي عن طريق الثورة، وإقامة بناء جديد، تنبثق عنه علاقات جديدة، وقيم مستحدثة، بالإضافة إلى تغيير علاقات الإنتاج القديمة، وذلك لصالح الطبقة العاملة، فالتغير يتجه أولاً إلى البناء التحتي - الاقتصادي - من أجل إحداث التغير الاجتماعي المطلوب.

2- **الاتجاه الاجتماعي:** وهو اتجاه المفكرين الاجتماعيين الذين يرون أن عملية التنمية هي تحقيق التوافق الاجتماعي (Social Adaptation) لدى أفراد المجتمع، بما يعنيه هذا التوافق من اشباع بيولوجي ونفسي واجتماعي.

(1) P., Reynauld, **Economic Generalization**, Crevin , Co., Paris: 1962, P: 15.

(2) عبد الباسط حسن، **إشكالية التنمية في العالم العربي**، عمان: 1985، ص:2.

ولا شك أن التنمية الاجتماعية تعني توفير أعلى قدر من التعليم والصحة، والسكن، والعمل المناسب، والانتفاع بالخدمات الأجتماعية وارساء الديموقراطية.

وأما العلاقة بين التنمية الأجتماعية والتغير الأجتماعي فتتجلى في الأمور التالية:

1- إن مفهوم التنمية الاجتماعية هو أقرب المفاهيم للتغير الاجتماعي مقارنة بمفاهيم التقدم والنمو والتطور.

2- ان المفهوم "الحديث" للتغير الاجتماعي يتطابق ومفهوم التنمية الاجتماعية بالرجوع الى مضمون المفهومين.

3- أما المفهوم "المطلق" للتغير الاجتماعي فيعني التحول أو التبدل الذي يطرأ على البناء الاجتماعي متضمناً تبدل النظام الاجتماعي والأدوار والقيم وقواعد الضبط الاجتماعي (ايجاباً أو سلباً).

وفي هذه الحالة فقط يختلف عن التنمية التي هي في المحصلة النهائية ذات بعد ايجابي باستمرار، أي لا تتضمن البعد السلبي. وبتعبير آخر التنمية الاجتماعية "إيجابية" دائماً، في حين أن التغير الاجتماعي قد يكون أيضاً نكوصاً (Regression) .

عوامل التغير الاجتماعي :

لماذا يحدث التغير؟ هذا سؤال يتردد في دراسات التغير الاجتماعي، فالتغير لا يحدث دون سبب يحركه ويدفعه الى الأمام. والواقع أن البحث في أسباب أو عوامل التغير الاجتماعي عملية معقدة تثير بعض المشكلات النظرية والمنهجية، أولها مشكلة التداخل بين هذه العوامل. وعلى سبيل المثال فان الاتصال الثقافي يعتبر أحد العوامل الهامة في إحداث التغير، ولكن هذا الاتصال يتم - في كثير من الأحيان - عن طريق أفراد يلعبون دوراً داخل مجتمعاتهم. كما يرتبط التغير في أحيان أخرى بأشكال من التجديد الداخلي وهنا تتضافر العوامل الخارجية مع العوامل الداخلية في إحداث التغير. وهناك ثانياً مشكلات التعليل، فعندما نتحدث عن عوامل التغير الاجتماعي، تصبح قضية التعليل، محل نقاش. هل هذه العوامل تعتبر اسباباً أو عللاً أم أنها مجرد عوامل مصاحبة أو مؤثرات؟ الحقيقة أن عملية البحث عن الأسباب في الأمور الاجتماعية عملية صعبة ومحفوفة بالمخاطر، ولا يمكن فيها التوصل الى يقين كامل، فإذا تحدثنا عن عدة عوامل للتغير، فلا يمكن أن نجزم بأن أحدها أو جميعها تعد أسباباً للتغير دون أن نجري دراسات مستفيضة تمكننا من أن نقرر - بقدر ضئيل من اليقين - أيها أكثر تأثيراً وأيها أقل تأثيراً. وهناك ثالثاً مشكلة تصنيف عوامل التغير الأجتماعي، إذ لا يوجد أدنى اتفاق بين المؤلفين والدارسين حول تصنيف هذه العوامل، فبينما البعض في ثلاثة عوامل[1] والبعض الآخر يجعلها ثمانية [2]. ولا يظهر الخلاف حول منهج التصنيف فقط ، وإنما يظهر الخلاف أيضاً في إبراز بعض العوامل على حساب عوامل أخرى؛ فالبعض يميل إلى إبراز العوامل الكبرى ذات المستويات النظامية ، بينما يميل البعض الآخر إلى إبراز دور الأفراد ومعجزاتهم الفكرية والمادية والتكنولوجية في إحداث التغير.

ولا نود الدخول في جدل حول هذه الأمور الخلافية، وحسبنا أن نلفت النظر

---

(1) A., **Giddens**, **Sociology**, Polity Press, Cambridge: 1989, p: 630.

(2) المرجع السابق، ص: 351.

إليها لنكون على وعي بها أثناء تدارسنا لعوامل التغير الاجتماعي. وسوف نقدم فيما يلي اجتهاداً خاصاً في تصنيف عوامل التغير الاجتماعي بتقسيمها إلى عوامل خارجية وعوامل داخلية مع افتراض وجود التداخل بين الفئتين. ونقصد بالعوامل الخارجية، العوامل التي ترتبط بمؤثرات لا دخل للإنسان فيها كالعوامل الفيزيقية أو التغيرات الطبيعية في السكان، أو التي ترتبط بمؤثرات ثقافية قادمة من الخارج كتلك المرتبطة بعمليات الاتصال والانتشار الثقافيين. أما العوامل الداخلية فنقصد بها العوامل الناتجة عن تفاعلات أو خصائص داخلية، كالدور الذي يقوم به التنظيم السياسي ودور الاختراعات التكنولوجية ، ودور الأفراد. ونحن إذ نفترض بأن كلا النوعين مترابطان فإن التغير غالباً ما يحدث في ضوء تفاعل هذه العوامل مجتمعة. ولنحاول الآن أن نلقي نظرة سريعة على أهم عوامل التغير الاجتماعي في ضوء التصنيف الذي اقترحناه هنا.

أولاً: العوامل الخارجية

نقصد بالعوامل الخارجية تلك التي لا دخل للإنسان بها، والتي تحدث تغيراً تلقائيا، ونشير هنا الى أهم ثلاثة عوامل من العوامل الخارجية وهي: تأثير البيئة الفيزيقية ، والتغيرات الديموجرافية، والاتصال الثقافي.

(أ) العوامل الفيزيقية (البيئية)

ثمة علاقة بين الإنسان والبيئة، بل أنه إذا كان الإنسان يؤثر في البيئة المحيطة ، فإنها تؤثر فيه وتضفي عليه طابعها. وتحدث البيئة أثراً كبيراً في تطور الحياة الاجتماعية ونظمها، فالناس في كل مكان عليهم أن ينظموا أنماط حياتهم وفقاً لظروف الطقس وتقلباته. كما أن البيئة الفيزيقية هى التي تحدد أشكال النشاط الاقتصادي التي ينخرط فيها الناس، زراعة، أم رعياً أم تجارة، ولقد اتضح ذلك بجلاء في الحضارات القديمة، فقد ظهرت ثقافات الجمع والالتقاط في المناطق الخصبة، كما ظهر الرعي في المناطق الصحراوية القاحلة. وفي ضوء ذلك يفترض أن تترك البيئة الفيزيقية تأثيراً بالغاً على مستوى التغير الاجتماعي وطبيعته في أي مجتمع[1].

---

(1) A., Giddens, **Op.Cit**, p:640.

ولا يعني ذلك بطبيعة الحال أن العوامل الفيزيقية هي العوامل الأساسية الوحيدة في إحداث التغير، فقد أثبت التاريخ أن بعض التغيرات في البيئة الفيزيقية يمكن أن تؤدي إلى حدوث تغيرات اجتماعية قد تكون بعيدة المدى في بعض الحالات الاستثنائية كما حدث في الدول التي ظهر فيها البترول. فبالرغم من أن البترول قد اكتشف من خلال جهود بشرية، إلا أن ارتباطه بالطبيعة (أي وجوده في هذه المناطق بالذات) قد أثر تأثيراً كبيراً على مسار التطور في المناطق التي اكتشف فيها. لقد أحدثت الظروف البيئية - الفيزيقية - في حالة اكتشاف البترول تغيراً تقدمياً ملموسا، ولكن ظروفاً بيئية أخرى قد تحدث العكس كما يحدث في حالة الكوارث الطبيعية كالزلازل أو البراكين أو الفياضانات أو غيرها من الكوارث. ان هذه التغيرات الطبيعية قد تؤدي إلى زوال مجتمعات بأسرها، وهكذا فأننا كما يتضح من هذين المثالين لا نميل إلى تأكيد حتمية البيئة الفيزيقية، ولكننا نميل إلى تأكيد دورها في ظروف معينة، بل أن هذا الدور قد يرتبط ارتباطاً وثيقاً بالجهد الإنساني كما في حالة اكتشاف البترول.

ونستطيع أن نحصر العوامل الفيزيقية التي قد تلعب دوراً في إحداث التغير فيما يلي:[1]

- المناخ: الحرارة - الرطوبة - الرياح - الأمطار.
- التبدلات الجيولوجية والجغرافية : التصحر مثلاً.
- وجود الموارد الطبيعية : البترول - الغابات - المعادن أو نفاد هذه الموارد.
- الطاقة الكامنة في المادة : الطاقة الذرية - الطاقة الشمسية.
- الكوارث البيولوجية: الأوبئة والأمراض.
- الكوارث الطبيعية: الفيضانات - الزلازل- البراكين - الأعاصير.
- الموقع الجغرافي : كالقرب أو البعد من مصادر الطاقة أو الطرق العامة أو البحار.
- تلوث البيئة بفعل عوامل طبيعية أو صناعية.

(1) محمد أحمد الزغبي، **التغير الاجتماعي**، دار الطليعة للطباعة والنشر، بيروت: 1980، ص: 80.

(ب) العوامل الديموغرافية

يقصد بالعوامل الديموغرافية حجم السكان ومعدلات نموهم وهجرتهم وخصوبتهم إلى غير ذلك من العوامل الديموجرافيه الأخرى. والملاحظ أن حجم السكان على الكرة الأرضية في تزايد مستمر، فقد تزايد حجم السكان في المدة من عام 185. الى 195. من 12.. مليون نسمة الى 25.. مليون نسمة ، أي أن حجم السكان قد تضاعف تقريباً خلال مائة عام، كما تزايد من عام 195. إلى عام 198. من 25.. مليون نسمة الى 5... مليون نسمة، أي تضاعف تقريباً خلال ثلاثين عاماً[1]. وتختلف معدلات الزيادة السكانية من بلد إلى آخر، فهي كبيرة في البلدان النامية مقارنة بالبلدان الصناعية كما تزداد هذه المعدلات بين سكان المدن اكثر منها بين سكان الريف.

وترتبط عملية النمو السكاني بعمليتي التحضر والتصنيع، فقد تزايد سكان الكرة الأرضية بشكل سريع بعد الثورة الصناعية والتي صاحبتها بالضرورة ثورة حضرية. ولا يرتبط هذا التزايد بالثورة الصناعية - أو الحضرية في حد ذاتها بل أنه يرجع أيضا إلى التقدم في المستويات الصحية، الأمر الذي أدى إلى التقليل من معدلات الوفاة. لقد أمكن التغلب على الكثير من الأمراض والأوبئة ، بينما ظلت معدلات المواليد ثابتة وأن لم تكن قد ارتفعت في بعض البلدان ، وقد ساعد ذلك في حدوث طفرة سكانية على المستوى العالمي. كان نصيب الدول النامية منها كبيراً[2]، وينظر البعض إلى النمو السكاني باعتباره وسيلة من الوسائل الهامة في إحداث التغير الاجتماعي، وذلك في ضوء النظرة التي تربط بين نمو السكان وتوفر القوى العاملة المولدة للثروة، وفي هذه الحالة ينظر إلى العنصر البشري بوصفه عنصراً أساسيا من عناصر الإنتاج. وتتقابل وجهة النظر هذه مع وجهة النظر النابعة من نظرية مالتوس والتي ترى في الانفجار السكاني نذير خطر، وأن لم تنظر إلى النمو

(1) المرجع السابق، ص: 80.

(2) S., Vago, **Op .Cit**. , p: 147.

الهائل في السكان نظرة تشاؤمية طالما أنه لا يصاحبه نمو في حجم الإنتاج، أو في عناصر الغذاء اللازمة لهؤلاء السكان. وبهذا يكون النمو السكاني الهائل عنصراً مدمراً للتقدم، وباعثاً لأشكال من التغير الاجتماعي غير المرغوب فيها[1]. وبصرف النظر عن صحة أي من وجهتي النظر هاتين، فان الوقائع تؤكد أن الزيادة السكانية - خاصة في دول العالم الثالث - تؤدي إلى خلق مشكلات كبيرة، فهي ترهق الاقتصاد وتسهم في التقليل من نصيب الفرد من الدخل القومي، وتؤدي إلى اكتظاظ المدن بسكان عاطلين عن العمل.

وينقلنا ذلك مباشرة إلى الإشارة لدور الهجرة، كمتغير ديمغرافي، في التغير الأجتماعي. فالتحركات السكانية - سواء كانت قسرية أو عفوية أو مقصودة - تحدث تغيرات هائلة في الأماكن التي ينزح منها السكان وفي ذلك بعض الآثار السلبية والإيجابية التي لا يتسع المجال لسردها هنا، ولكن دراسات الهجرة أكدت ان نزوح السكان من مجتمع معين يفضي إلى خلل سكاني ويؤثر على أشكال النشاط الاقتصادي القائمة، وأن قدوم جماعات كبيرة من المهاجرين إلى مكان ما أو مدينة ما يؤدي إلى ظهور مشكلات لا حصر لها داخل المدينة تتصل بعلاقة هؤلاء المهاجرين بسكان المدينة من ناحية، وبطبيعة حياتهم ونوعية هذه الحياة من ناحية اخرى.

(ج) العوامل الثقافية

تعد العوامل الثقافية من العوامل المؤثرة في التغير الاجتماعي، خاصة ونحن نستقبل القرن الحادي والعشرين، حيث تعمل وسائل الاتصال في أغلب بلدان العالم على نشر الثقافات، فالمجتمعات التي تقع عند مفترق الطرق، كانت وما زالت دائماً، مراكز للتغير، وحيث أن معظم السمات الثقافية الجديدة تنتقل من خلال

(1) علياء شكري وآخرون، **دراسات في علم السكان**، دار المعرفة الجامعية، الإسكندرية: 1992، ص: 27-30.

الانتشار، فان هذه المجتمعات الوثيقة الاتصال بغيرها من المجتمعات هي أكثر عرضة للتغير السريع[1].

فالاتصال الثقافي عملية تسهم في إحداث تغير اجتماعي واسع النطاق خاصة في الثقافات المستقبلة. ويتبدى تأثير هذا الاتصال في الأفكار والمعتقدات السياسية - والدينية أحياناً- وأساليب الحياة والتكنولوجيا وكافة عناصر الثقافة مثل عمق الاتصال، ودرجة مقاومة الثقافة التقليدية، ودور النظم السياسية في نشر الثقافة المسيطرة ومدى تعدد قنوات الأتصال.

ويؤدي الاتصال بين المجتمعات دوراً بالغ الأهمية في تنشيط العمليات الاجتماعية وبالتالي يضفي بعداً ديناميا على البناء الاجتماعي القائم، إذ يتأثر هذا البناء بلا شك بالأفكار المستحدثة التي ترد إليه من الخارج، وتدفعه إلى وقفة تأمل ليتخذ بعدها قراره بالقبول أو الرفض.

وتزداد قيمة هذا العامل في إحداث التغير الاجتماعي عندما نعرف "أن تطور الجماعات الإنسانية المنعزلة وشبه المنعزلة، وتطوير أنظمة التكيف مع البيئة والواقع الاجتماعي في المجتمعات النامية، ورفع المستويات الاجتماعية والاقتصادية والنهوض بها .. كل ذلك لا يتأتى إلا بإعادة الاتصال بين هذه المجتمعات وبين المجتمعات التي قطعت شوطاً في هذا المضمار"[2]. كما أن إعادة الاتصال ستزيد من معدلات التغير وتعطيها دفعات متتالية إلى الأمام.

والاتصال - ببساطة - هو تلك العملية التي تنتقل بواسطتها الرسالة أو الفكرة أو الاختراع من المرسل (المصدر) حتى تصل إلى المستقبل، ويمكن توضيحها عن طريق نموذج S.M.C.R.[3]. وفي هذا النموذج يقوم (S) المصدر (Source) بإرسال (M)

(1) Horton & Hunt P.B & Hunt, **Sociology**, Mc Graw Hill Book Company, N.Y., 1972, p: 471.

(2) A., Alland, **Adaptation in Cultural Evolution**. Mc.Graw- Hill, N.Y., 1970, p:156.

(3) F., Shoe Maker, **Communication of Innovations**. Free Press, Glencoe , 1967.

رسالة (Message)عبر: (C) قنوات اتصال معينة (Channels) إلى: (R) الفرد المستقبل(Receiver) .

ويمكن التعبير عن هذه العملية بهذا الشكل:

Message

Receiver -------Effects---- Source -------------

(Channels)

وعلى الرغم من أن الاتصال (Communication) والتغير الاجتماعي ليسا مترادفين، إلا أن هذا الاتصال هو العنصر المهم والفعال خلال عملية التغير الاجتماعي[1]. وبالتالي فان مفهوم التغير الاجتماعي يتضمن - علاوة على عملية الاتصال - النتائج الفردية والمجتمعية التي تنجم عن تبني ابتكار جديد أو حتى الاعتراض عليه ورفضه، ولكن تناول التغير الاجتماعي يستدعي اتساقاً منطقياً يتمثل في تركيز الاهتمام على البناء والوظيفة للنسق الاجتماعي وما يطرأ عليهما من تحول.

ويقدم لنا كارل مانهايم (K.Mannheim, 1942) مفهوماً جديداً في عملية التغير الاجتماعي عند فئة الشباب على وجه الخصوص، كقطاع من قطاعات البناء الاجتماعي وهذا المفهوم هو الاحتكاك الخصب (الاتصال الفائق) (Fresh Contact) شارحاً إياه بأنه علاقة متغيرة في النظر الى الموضوع تتضمن النظرة الجديدة في تمثيل وتطوير واستخدام البدائل الثقافية والبدائل المادية في هذه الحالة[2]، ويترتب على هذه اللون من ألوان الاحتكاك أن يغير الشباب من طرق

(1) **Ibid** . p:12.

(2) V. Bengston, & Others , **Time Aging of the Continuity of Social Structure**. The Dorsey Press, Illionois, 1975, p:22.

الحياة السائدة ويثوروا على القيم الاجتماعية المسيطرة، ويبتكروا البدائل الثقافية الجديدة والفريدة، ويتحرروا من الانصياع للثقافة التي تمليها عليهم التزامات العصر وبذلك كله يحدث التغير الاجتماعي والثقافي.

وفي ضوء هذه النظرة الجديدة لقطاع الشباب ، نلاحظ أنهم لم يبتكروا بدائل ثقافية، وانما أوجدوا صوراً وأشكالاً ثقافية جديدة أيضاً.

وقد طور روزاك (Roszak, 1967) وميد Mead وريش (Reich) هذه القضية وزادوا عليها أن أسلوب الشباب هو في المراجعة، والنظرة الجديدة إلى المؤسسات والنظم الاجتماعية في جيل الآباء، ووصفها بالرياء (Hypocracy) والانفصال (Irrelevant)ما يترتب عليه تغير في النسق الاجتماعي يتمثل في اقلاب التنشئة الاجتماعية بحيث يضطر الآباء إلى تعلم التبني الثقافي لابتكارات أبنائهم الشبان في المجتمع الأمريكي على سبيل الذكر[1].

ويرى بنجتسون (Bengtson, 197.) وبلاك Black أن وظيفة النظرة الجديدة - عند الشباب - وأثرها على التغير الاجتماعي تكمن في خلق البدائل الثقافية التي ابتكروها وصارت جزءاً لا يتجزأ من الثقافة الجماهيرية الكبرى، كجماعات النشاط السياسي، والزواج الجماعي، والكميونات (Commence) في المجتمعات الغربية.

وغاية القول أن الاتصال هو عملية حيوية لا بد منها لإحداث التغير الاجتماعي، وعلى ذلك يحسن الأشارة الى أن طبيعة هذا التغير الناجم عن انتشار الأفكار الجديدة تتوقف على النسق الاجتماعي نفسه[2]، ولعل مثال "غلي الماء" في قرية لوس مولينوس ببيرو توضح لنا ذلك، وتلقي الضوء على مراحل عملية التغير الاجتماعي. وتتمثل المراحل في:

---

(1) **Ibid** .p:23.

(2) F. , Shoe maker, **op.cit**., p:7.

(أ) **الاختراع Invention** : وهي مرحلة خلق الأفكار الجديدة وتطويرها.

(ب) **الانتشار Diffusion** : وهي مرحلة وصول الأفكار إلى أعضاء النسق الاجتماعي.

(جـ)**النتائج Results** : وهي التغيرات التي تنجم عن استخدام الفكرة الجديدة، أو رفضها.

(د) عوامل التحديث

يشير هذا المفهوم الى نموذج محدد للتغير يظهر في المجتمع، وأن التحديث عملية معقدة تستهدف إحداث التغيرات في جوانب الحياة الاقتصادية والسياسية والثقافية والأيديولوجية[1]، وبالتالي فانه كمطلب سابق للتحديث يجب أن يكون هناك اتصال، عن طريق وسائل الأنصال والاحتكاك، بين الثقافات والمجتمعات المختلفة. والملاحظ في العصر الحديث أن قادة الدول النامية يقدمون الخطط والسياسات من أجل تغيير مجتمعاتهم في حركة تتجه نحو المجتمعات الحديثة، ولا يعتبر التصنيع دائماً هو العامل الحاسم في عملية التحديث، إذ أن كثيراً من الدول الأفريقية والآسيوية بدأت عملية التحديث عندها ببناء الدولة وتنمية أنساقها السياسية الحديثة[2]، إلا أنه لا يكفي الحديث عن التحديث باعتباره العملية التي من خلالها يبحث المجتمع عن الاستقرار السياسي، وانما نجد من الضروري طرح تساؤلات تتعلق بطبيعة التحديث الأكثر ملاءمة للمجتمع، هذا إلى جانب أننا نرفض ذلك النمط المشوه من التحديث الذي يفصل المجتمع عن جذوره وتراثه تحت حجة أنها "تكوينات تنتمي إلى البناء التقليدي. ومن ثم فالتحديث الحقيقي ينبغي أن يركز على كيفية تحديث هذه الجذور وهذا التراث، حتى لا ينطلق المجتمع بلا هوية، ومن ثم يسقط في إطار التبعية.

---

(1) جهينة سلطان سيف العبسى، **التحديث في المجتمع المعاصر** : شركة كاظمة للنشر والتوزيع والترجمة، الكويت: 1979، ص: 23.

(2) المرجع السابق، ص: 15.

ويلعب التحديث دوراً هاماً في عملية التنمية التي تسلتزم تشبعاً وتعقيداً مستمراً في النظم الاجتماعية التي يتكون منها المجتمع، والتي تتطلب بدورها تغيرات في التزامات الأفراد الاجتماعية والاقتصادية والسيكولوجية، فالتنمية والتحديث يسيران قدماً منذ أكثر من قرن في أجزاء كثيرة من العالم. وبهذا يتضح لنا أن التحديث هو أحد عوامل التغير الاجتماعي الهامة، إذ بوساطته ينتقل المجتمع من مجتمع تقليدي إلى مجتمع حديث، هذا، وترتبط بالتحديث أشكال عديدة كالتحديث الزراعي والتحديث الصناعي والتحديث الأجتماعي، وبالتالي يتطلب ذلك تبني قيم جديدة لم تكن موجودة سابقاً، إلا أن ذلك لا يجعلنا ننسى أن لكل مجتمع ظروفه الخاصة التي تختلف عن النموذج الغربي للتحديث.

(هـ) العوامل الاقتصادية

يقصد بالعوامل الاقتصادية، شكل الأنتاج والتوزيع والاستهلاك ونظام الملكية السائدة في المجتمع والتصنيع، وتلعب تلك العوامل دوراً هاماً في إحداث ظاهرة التغير الاجتماعي. فمثلاً عندما يتغير نظام الملكية في مجتمع من المجتمعات، فان ذلك يصاحبه تأثيرات عميقة وواضحة في الأنساق الاجتماعية الأخرى داخل البناء الاجتماعي. ويحدث التصنيع في الواقع تغييراً هائلاً، ليس فقط في الثروة والدخل القومي، وانما أيضاً في عقلية الإنسان من حيث قيمة الوقت والثقة بالنفس.

هذا، وترتبط العوامل الاقتصادية بعوامل أخرى كالسكان والبيئة والتكنولوجيا، وقد يكون للعوامل الاقتصادية السبق في التعجيل بسرعة التغير، إلا أن ذلك ليس العامل الوحيد المسبب للتغير والمترتبة عليه بقية العوامل. وهذا عكس ما نادت به الماركسية وهو أن طريقة الإنتاج في الحياة المادية تتحكم في الحياة الاجتماعية والسياسية والفكرية[1].من ذلك نستطيع أن نستخلص أن العامل الاقتصادي قد يكون ذا أهمية كبرى في التعجيل بالتغير الاجتماعي، ولكنه ليس العامل الحتمي،

(1) المرجع السابق، ص: 357.

لأن باقي عوامل التغير الاجتماعي تتفاعل معه لتغير المجتمع، خاصة اذا كان لقيم وثقافة المجتمع أهمية كبيرة من حيث درجة سيطرتها على التفاعل الاجتماعي، حيث أن التغير الاجتماعي الذي سيحدث في هذا المجتمع عليه أن يراعي قيم المجتمع وثقافته التي ستجدد أهمية باقي التغيرات.

ويرى عبدالله الرشدان في كتابه: **علم اجتماع التربية** أن العوامل الاقتصادية حسب كارل ماركس هي العوامل الحاسمة في التغير، وقد وضع نظرية في تطور المجتمعات ترى أن طريقة الإنتاج في الحياة المادية هي التي تحدد الصفة العامة لأسلوب الحياة من النواحي الاجتماعية والسياسية والروحية، وتشير الدراسات التاريخية والثقافية المقارنة التي أجريت على العلاقة بين الاقتصاد والمجتمع إلى أن الأنشطة والعلاقات الاقتصادية لها أهمية أساسية في الحياة الاجتماعية، وهذا لا يعني أن العامل الاقتصادي هو العامل الوحيد في التغير، فهو واحد من عوامل كثيرة تتحكم في التغير وتوجهه[1].

ثانياً: العوامل الداخلية

يقصد بالعوامل الداخلية تلك العوامل النابعة من داخل المجتمع ذاته، والتي لها قدر من الاستقلال النسبي في الطريقة التي تؤثر بها على مجرى التغير الأجتماعي وتتراوح هذه العوامل بين العوامل النظامية كالدور الذي يلعبه النظام السياسي في إحداث التغير، أو الدور الذي تلعبه التغيرات التكنولوجية الناتجة عن التجديدات والاختراعات، وبين العوامل المتصلة بالأفراد المؤثرين على التغير كالقادة السياسيين والمنظمين.

1- النظام السياسي

لم يكن النظام السياسي يلعب دوراً في المجتمعات البسيطة زراعية كانت أم رعوية، ولم يكن يحقق في هذه المجتمعات درجة من الاستقلال تمنحه القدرة على

الحركة والتأثير. ولقد كانت هذه المجتمعات برمتها مجتمعات استاتيكية بطيئة التغير، ولقد ظهر دور النظام السياسي في التغير الاجتماعي بعد ظهور النظم السياسية المنفصلة عن المجتمع المدني. لقد أصبحت هذه النظم هي التي تشرع لهذا المجتمع المدني، وترسم السياسات لتنظيم عملية التغير الاجتماعي، وتحاول جاهدة أن تعبىء طاقات المجتمع لتنفيذ هذه السياسات.

ولقد أكد معظم الباحثين على الدور الذي يمكن أن يقوم به النظام السياسي في عملية التغير، بل أن أولئك الذين يؤكدون دور العوامل التكنولوجيه والاقتصادية لا ينكرون هذا الدور للنظام السياسي[2]. ويقوم النظام السياسي في أي مجتمع من المجتمعات بتنظيم العلاقات الخارجية، كما يقوم بوضع استراتيجية عامة تستهدف تحقيق الرفاهية الاقتصادية والاجتماعية وتحقيق الاستقرار والأمن. وكلما حقق النظام السياسي درجة من القوة – والتي غالباً ما تقاس بمدى شرعية النظام في اطار المشاركة السياسية ودرجة فاعلية السياسات التي يضعها ومخرجات هذه السياسات بالنسبة للسكان – نقول أنه كلما حقق النظام السياسي درجة من القوة استطاع أن يكون فاعلاً في إحداث التغيرات الداخلية وضبطها.

ويلعب النظام السياسي في الدول النامية دوراً أساسياً في عملية التغير الاجتماعي، ولا يقتصر دوره على رسم السياسات ، أو التدخل في الجوانب الاقتصادية لتنظيمها وضبط مسارها ، أو الإشراف على الخدمات الأساسية من صحة وتعليم وتأمين..الخ ، بل أن دوره يمتد لتطوير البناء السياسي ذاته، فعملية التنمية الاجتماعية ليست عملية ذات جوانب اجتماعية واقتصادية ونفسية فحسب بل أنها عملية تنمية سياسية أيضا، ولذلك فان البعض يرى أن عملية التنمية السياسية هي البوتقة التي تجمع كل التغيرات الأخرى لأن أحد أهدافها هو

---

(1) عبد الله الرشدان، **علم اجتماع التربية**، دار الشروق، عمان: 1999، ص: 274.

(2) أحمد زايد واعتماد علام، **التغير الاجتماعي**، مكتبة الأنجلو المصرية، القاهرة، 2000، ص:32.

تحقيق المشاركة السياسية الواسعة النطاق ومن ثم الاستقرار السياسي القائم على الشرعية[1].

ورغم ذلك فإن النظام السياسي قد يلعب دوراً سلبياً في إحداث التغير ويرتبط ذلك بظرفين:

1- أن يكون النظام السياسي تابعاً لنظام آخر ينفذ سياساته دون مراعاة للمصالح الداخلية للمواطنين، أي أن هذه النظام يكون نظاماً عميلاً متواطئاً ضد شعبه. ولقد سقطت بعض النظم السياسية في العالم الثالث لهذا السبب.

2- أن يكون النظام السياسي نظاماً عدوانياً يمارس التهديد العسكري للدول الأخرى (كما هو الحال في النظام النازي والفاشي) أو يبدد ثروات الشعب في حروب لا طائل من ورائها.

ثالثاً: العوامل التكنولوجيه

للتقدم التكنولوجي أثر كبير على المجتمعات، وكان للاختراعات الحديثة أثرها في إحداث تغيير كبير في المجتمعات الإنسانية ، فالسيارة والمذياع أحدثتا من التغيرات الاجتماعية البارزة ما لا يخفي على أحد ويخشى العلماء الاجتماعيون من رد فعل العوامل التكنولوجية على إحداث تغييرات تهدد المجتمعات بمشكلات اجتماعية خطيرة كالجريمة والتشرد واهتزازات القيم والأخلاق، ولا شك أن هذا صحيح إذا أهملت المجتمعات إحداث تغيرات اجتماعية مقصودة لمواجهة ما تسببه التغيرات التكنولوجية، وهنا تظهر أهمية التخطيط الاجتماعي وطريقة تنظيم المجتمع لإحداث تغيرات اجتماعية ملائمة تعين على منع ظهور المشكلات الاجتماعية التي عانت منها أوروبا بسبب الثورة الصناعية ، وقد أدت الاختراعات الحديثة إلى زيادة الاتصالات بين الشعوب وأدى ذلك إلى احتمال حدوث تغيرات اجتماعية

(1) المرجع السابق، ص: 38-43.

بين المجتمعات بسبب هذه الاتصالات ونتيجة هذا التلاحم ، وبذلك لم يعد من الممكن أن ينفصل مجتمع عن آخر، وبالتالي فإن أية تغيرات تحدث في أي مجتمع سيكون لها صدى وأثر في المجتمعات الأخرى.

ولعل قناعة أوجبرن بدور التكنولوجيا في المجتمع الحديث هي التي دعته إلى اعتبارها عاملاً أول في التغير الاجتماعي، وفي التخلف الثقافي أيضا، بالرغم من أنه في كتاباته الأخيرة ذكر أن الاختراعات التي تكون الأساس التكنولوجي في المجتمع لا ينبغي أن تكون كلها راجعة إلى التغير التكنولوجي الذاتي ، بل قد تكون راجعة إلى أسباب اجتماعية خالصة، وبالتالي مال إلى الاعتراف بأن هناك اختراعات اجتماعية يمكن أن تؤدي إلى تأثيرات بعيدة المدى في التكنولوجيا ذاتها. وأن كان يبدو أنه يدرج الاختراعات الاجتماعية تحت العامل التكنولوجي أيضا، فهو يقول إن التكنولوجيا تؤدي إلى التغير الاجتماعي كما أنها تؤدي إلى الاختراعات الاجتماعية أيضاً.

ويرى شنيدر (Schneider, 1971) كذلك أن معظم التغيرات الاجتماعية ليست ناتجة عن التغير في العمل أو في الدولة ولكن نتيجة للتغيرات التكنولوجية، ويقول أيضا أنه باستمرار التغير التكنولوجي يستمر التغير الاجتماعي، وان أي اختراع جديد قد يحطم الأساس الاقتصادي للمدينة ويوزع آلاف العمال ، وقد يكون ذلك مجالاً لإنشاء مدن جديدة في أماكن أخرى ، ويوفر فرص عمل أكثر ، وذلك عن طريق انتقال الناس إليها مستغلين فرص العمل الجديدة . والتغير التكنولوجي بهذه الطريقة ينتج اضطراباً مستمراً في المجتمع وذلك بتغيير مراكز العمل التي قد تؤدي إلى توزيع جغرافي جديد مثال ذلك الانتقال المستمر إلى مراكز الطاقة النووية. فالتغير التكنولوجي لا يقلب السكان فقط رأساً على عقب وإنما يغير حياتهم الأجتماعية .[1]

---

(1) Eugene, Schneider, **Industrial Sociology**, McGraw-Hill, London: 1971, P: 97 .

والاختراع قد يعطى مجالاً أكبر لعمل الزوجة والأطفال والمقعدين والتغير التكنولوجي قد يغير أساساً قناعة الأفراد، وقد يؤدي الى الاستغناء عن مهارات فنية معينة، وقد يزيد أو ينقص تناسق الطبقات العاملة، ويخفف الفروق الاجتماعية، والتقدم التكنولوجي يزيل الفوارق ويجعل المجتمعات متشابهة وبذلك يتوفر دخل موحد.

أما لوبير (Lapiere, 1975) فيرى أن التكنولوجيا التي سيطر بها الإنسان على ظواهر الطبيعة واستعملها إلى أقصى حدود مقدرتها لا يمكن أبداً أن تعمل وان تتغير بدون عامل التنظيم والفكر والعوامل التي تؤدي إلى التغير في معظمها عوامل خارجة عن التركيب التكنولوجي ،وبقدر ما تساعد الكفاءة التكنولوجية في تحرير أفراد المجتمع، بتقليل الحاجة إلى العمل المستمر لكي يعيشوا، بقدر ما تكون فاعلية التنظيم والرؤية الواضحة للمجتمع، وبقدر ما تكون فاعلية أفراد المجتمع في التنظيم الاجتماعي والتكنيكي. فالكفاءة التكنولوجية تؤدي إلى ظهور التنظيم الدقيق والفكر الواضح، وعلى هذا الأساس يعتمد التغير الاجتماعي على تغير الأفكار الرئيسية للمجتمع والتي ينبثق عنها أنظمة تنظم العلاقات بين الأفراد والجماعات. والتقدم التكنولوجي ليس عاملاً أساسياً وحيداً في إحداث التغير الاجتماعي، ولا يمكن التعبير باصطلاحات معينة عن التأثير المباشر لهذا العامل، وأن هناك عوامل أخرى تعمل على إحداث التغير الاجتماعي في المجتمع.

رابعاً: العوامل الفكرية والفلسفية

تحدث التغيرات الاجتماعية كلها نتيجة لأفكار متعددة، ينتج عنها إدامة تنظيم العلاقات بين الأفراد والجماعات، مثال ذلك الفكر الماركسي ومدى تأثيره في بناء روسيا، وقد كان للحركات الفكرية التي سادت العالم أثر كبير في الحياة الاجتماعية وفي التغير الاجتماعي، إذ تقررت مبادئ الحرية والمساواة بين الناس، هذا بالإضافة إلى الآثار الأخرى التي أدت إلى انتقال المجتمعات من حال إلى حال. ويرى أحد العلماء الاجتماعيين أن الأيديولوجية تتكون من عناصر أربعة على الوجه الآتي:-

1- الأفكار التي يعتنقها الناس عن البناء الاجتماعي والعمليات الداخلية بما في ذلك عمليات التغير الاجتماعي الدائرة في المجتمع، والمركز الدولي الذي يحتله هذا المجتمع.

2- الأفكار التي يعتنقها الناس عن تاريخ هذا المجتمع.

3- تقييم ما يعتنقونه من حقائق.

4- القيم والأهداف التي ارتضتها القوى الشعبية للمجتمع الذي تنتمي إليه[1].

ويرى ماكس فيبر (1964) أن للعوامل الفكرية أثراً كبيراً في التغير الاجتماعي، فالتغيرات الاقتصادية في نظره وما ينشأ عنها من تغيرات اجتماعية، وإنما تنشأ عن تغيرات ثقافية، وقد عزا ظهور النظام الرأسمالي إلى الأسلوب الأخلاقي عند اتباع المذهب البروتستانتي الذين عرفوا بالمثابرة والاجتهاد والسعي لكسب الرزق والتوسع في التجارة ، والاقتصاد في الإنفاق[2].

وحسب رأي عبدالله الرشدان في كتابه : **علم اجتماع التربية** فأن لكل أيديولوجية جديدة أو اتجاه فلسفي جديد أهدافه وغاياته، وهذه تشكل الى حد كبير أساليب الفكر وقوالب العمل والسلوك مما يؤدي الى تغيرات في النظم والأوضاع القائمة، فكل تغير في الأصول الفكرية والمذهبية لا بد أن يتردد صداه في النظم الأجتماعية. والتاريخ حافل بحركات فكرية كثيرة أحدثت تغيرات عميقة في النظم الاجتماعية والإنسانية، فالديانات السماوية، وحركة النهضة والإصلاح الديني، والثورات السياسية كالثورة الإنجليزية، والأمريكية والفرنسية والروسية والتركية والمصرية وغيرها من الثورات كلها أحدثت تغييرات كبيرة الأثر، عظيمة المدى في مختلف الظواهر والنظم والأنساق الاجتماعية، ويذهب كل من أوجست كونت وماكس فيبر الى أن العوامل الفكرية هي العوامل الحاسمة في التغير[3].

---

(1) الفاروق زكي يونس، **التغير الاجتماعي**، دار النهضة العربية، بيروت، 1974، ص: 75.

(2) المرجع السابق، ص: 234.

(3) المرجع السابق، ص: 274.

ومما يجب ملاحظته هو اختلاف التغيرات الثورية عن ظاهرة التطور التي تحدث في سياق العملية التاريخية العادية للمجتمع، كما تختلف عن عمليات الإصلاح والحركات الاجتماعية الأخرى من حيث شمولها واتصالها بأعماق المشكلات الجذرية وأهدافها الإيجابية، ولا تتناول التغيرات الأخرى إلا القشور، ويتصف التغير الثوري بالخصائص التالية، وهي: السرعة، والانطلاق من داخل الجماعة، والجذرية، والشمول، والإيجابية الهادفة، والتقدمية، والشعبية والاعتماد على الأسلوب العلمي[1].

وبطبيعة الحال فأن أي تغير يطرأ على أيديولوجية المجتمع لا بدّ وأن ينعكس على الظواهر والمؤسسات الاجتماعية، وبالتالي ينعكس على حياة الناس أنفسهم، ونظرتهم إلى المجتمع ونظرتهم إلى الحياة.

وإذا كنا لا نستطيع على الأقل في الوقت الحاضر أن نحدد بقدر كبير من الدقة والوضوح، العلاقة بين التغير الأيديولوجي والتغير الاجتماعي، أو أن ننسب تغيرات اجتماعية معينة إلى تغير أصاب أيديولوجية المجتمع، فان ذلك لا يمنع من أن نضع الأيديولوجية في مصاف العوامل الهامة المسببة للتغير الأجتماعي، بل والموجهة لمجرى هذا التغير.

مراحل التغير الاجتماعي

يرى هربرت ليونبرجر (Herbert Lion Berger, 1961) أن هناك سلسلة من المراحل يمر بها الفرد قبل أن يأخذ بالنمط الجديد وهي:[2]

1- **مرحلة الإحساس:** وهي تتمثل في أول سماع أو معرفة بالموضوع الجديد.

(1) محمد عبد الهادي عفيفي، **التربية والتغير الثقافي**، المرجع السابق، ص :75.

(2) Herbert Lion Berger, **Adoption of New Ideas Practices**, N.Y., 1961, p:3-5.

2- **مرحلة الاهتمام:** وهي مرحلة تجميع المعلومات حول الموضوع الجديد، بغرض تحديد درجة فائدته.

3- **مرحلة التقييم:** وهي مرحلة اختبار المعلومات المستقاة عن الموضوع الجديد، وتفسيرها وفق الظروف السائدة، ودراسة مدى ملاءمتها من أجل الأخذ بها.

4- **مرحلة المحاولة:** وهي مرحلة اختبار الفكرة ودراسة كيفية تطبيقها.

5- **مرحلة التبني:** وهي مرحلة التسليم بالموضوع الجديد واعتماده، ليأخذ مكانه في النمط السائد.

إن هذه المراحل الخمس السابقة لا تأتي دائماً مرتبة، وانما قد يطرأ عليها تغيير بإضافة عناصر جديدة، أو حذف بعضها، وقد تتداخل بعض المراحل مع الأخرى.

ويرى (عاطف غيث، 1968)، أنه يمكن ملاحظة أربع مراحل في العملية الاطرادية للتغير بوجه عام[1]:-

1- تنتشر سمة أو عنصر جديد خلال النسق من مركز الأصل سواء أكانت هذه السمة أو العنصر الجديد اختراعاً داخل الثقافة الواحدة، أم استعارة من ثقافة أخرى نتيجة لعملية الانتشار (Diffusion) وتتداخل عوامل عديدة في التأثير على معدل الأنتشار، مثل انتقال العائلة الريفية إلى المدينة، التي تختلف في ثقافتها عن القرية، الأمر الذي يؤدي بالعائلة الريفية إلى الإطلاع على بعض السمات الثقافية الجديدة، التي ستأخذ مكان بعض السمات للثقافة الريفية لدى تلك العائلة، ويعتمد ذلك على مدى قوة تأثير السمات الجديدة وعلى مدى تقبلها.

2- تحدث قلقلة لدى السمات القديمة من قبل السمة الجديدة، أي يحدث صراع (Conflict) من أجل البقاء، وقد تكمل او تنمي السمات الأخرى الكائنة

(1) المرجع السابق، ص: 35.

للنسق الثقافي، لأنها تعمل على مراجعة كفاءة الوظائف القائمة لعناصر النسق، وفي حالة العائلة الريفية، قد تدعم العناصر الجديدة العناصر القديمة إذا ارتبطت بوظيفة من الوظائف المهمة لتلك العائلة. ويلاحظ أن العنصر الجديد يبدأ يأخذ مكانه بجانب عنصر قديم، اذا أدى العنصر الجديد وظيفة ملحوظة، والى أن يتغير بعد حين.

3- يثير انتشار العناصر الجديدة تغيرات توافقية في السمات المتصلة به، وقد يعاد تنظيم مظاهر الثقافة القائمة أحياناً لتتمكن من مواجهته، أو امتصاص هذه السمة الجديدة.

4- يأخذ العنصر الجديد مكانه في النسق الثقافي، ما لم يتعرض الى قلقلة في حال دخول تجديدات أخرى، تضاف إليه في فترات تطول أو تقصر، كاستعمال أدوات معينة مستعارة من المدينة في حالة العائلة الريفية، وحينما يكثر دخول أدوات جديدة فان ذلك يؤدي إلى قلقلة الأدوات السابقة لعدم استعمالها استعمالاً كافياً، وحتى يتم الأخذ بالعنصر الجديد .ويتوافق مع عناصر سابقة علمية، يقتضي استمرار استعماله مدة معقولة من الزمن لتكون كافية لاستيعابه على أن لا يأتي ما يناقضه، والا فان ذلك سيؤدي الى قلقلة في النسق.

ويرى (جورج ميردوك George Murdock, 196.) أن الاختراعات هي أساس التغير الثقافي بوجه عام، فحينما تخترع فكرة أو آلة ما، فأنها تنتقل من الشخص المخترع، وتسري عند أفراد مجتمعه، وتبدأ التغيرات التوافقية بعد ذلك، ويستغرق ذلك وقتاً من الزمن، ولن يؤخذ بالاختراع الجديد، حتى يثبت كفاءته، وبعد أن يمر بمراحل معينة[1].

وهناك من يرى أن للنمط المتغير أربع خصائص هي:[2]

---

(1) Georges P. Murdock C.:**How Culture Changes**. Mc Graw Hill, N. Y: 1960, p:86-94.

(2) محي الدين صابر: **التغير الاجتماعي وتنمية المجتمع**. مركز تنمية المجتمع في العالم العربي، سرس الليان، القاهرة: 1962، ص:141.

الشكل: الذي يمكن أن يلاحظ ويدرس فيه ومن خلاله التغير.

المعنى: أي أن له ارتباطات ذاتية وعاطفية في الثقافة نفسها.

الاستعمال: أن يكون استعمال النمط الثقافي يمكن ملاحظته من الخارج.

الوظيفة: أن يؤدي عملاً، ويكون مترابطاً مع الأجزاء ويستدل على ذلك من خلال الإطار العام.

ولذلك فان عملية التغير تتضمن تلك الخصائص، وتعتمد عملية القبول (Acception) على مدى التكلفة، ففي حالة عدم توفر الإمكانيات اللازمة للآخذ به، فلن تتم عملية القبول فعلى سبيل المثال:

تتمنى المجتمعات النامية الأخذ بوسائل التكنولوجيا المتقدمة وما يعيقها عن ذلك إلا عدم توفر الأموال اللازمة لشرائها. كما أن عملية القبول ترتبط بمدى تعقيد وتجرد الموضوع الجديد، فكلما كان معقداً ومجرداً كان قبوله صعباً، ويلاقي مقاومة كبيرة. ويرى (تالكوت بارسونز T.Parsons, 1972) أن القبول للعنصر الجديد أسرع في حالة انخفاض التكلفة، والجهد، وفيه رضى وإشباع للحاجات.

ويمكن أن يقال بصفة عامة إن القبول يتم، إذا كان المجتمع المستقبل واقعاً تحت حوافز لم تشبع إشباعاً مرضياً، وإذا كانت العناصر الجديدة قد تقدمت بطريقة مناسبة بحيث يسهل فهمها وتطبيقها، وتوفر الفائدة الكبيرة إليها، ولم تتعارض مع القيم السائدة في المجتمع[1].

ويمكن توضيح عملية التغير حسب المخطط التالي:

(1) R., Linton, R., **The Tree of Culture**, Alfred Knopf, N.Y., 1957,P:150.

شكل رقم (1)

مراحل التغير الثقافي

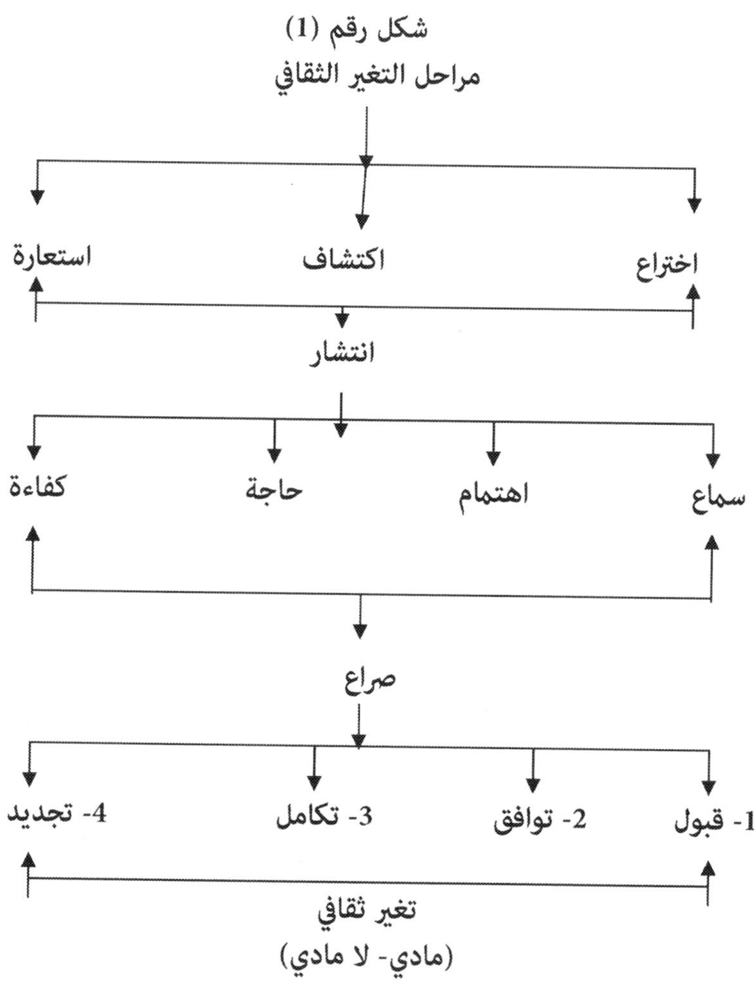

خصائص التغير الاجتماعي

هناك بعض الخصائص التي يتميز بها التغير الاجتماعي المعاصر وذلك حسب رأي ولبرت مور (Moore, 1979) في دراسته حول التغير الاجتماعي، من أهم هذه الخصائص[1]:

(1) ولبرت مور، **التغيير الاجتماعي**: ترجمة "عمر القباني"، دار الكرنك، القاهرة: 1966، ص:10.

- السرعة هي السمة الغالبة على التغير الاجتماعي المعاصر.

- الترابط المتغير زماناً ومكاناً بحيث يتتابع حدوثه ولا يكون متقطعاً.

- النوع المخطط نتيجة لزيادة تدخل وتحكم الدول المعاصرة.

- الوسائل التكنولوجية التي تكسب خبرات جديدة للفرد والمجتمع وأشار أحمد زايد واعتماد علام في كتابهما: **التغير الاجتماعي**، إلى عدد من الخصائص التي تميز التغير الاجتماعي عن التغيرات الأخرى داخل المجتمع ومن أهمها [1]:

1- **أن تكون التغيرات ذات تأثيرات عامة وملموسة**، سواء كانت تلك التغيرات على مستوى الحياة الشخصية لأفراد المجتمع، أو من جراء الحوادث الاجتماعية التي تقع في مجرى حياتهم اليومية.

2- **أن تتصف التغيرات بالاستمرارية**، كم قد تتكامل فيما بينها داخل النسق الاجتماعي.

3- **قد لا يسبق استكمال حدوث التغير الإعلان عنه أو إعلام الأفراد به**، لذلك يكون اتجاه رفض الأفراد للتغير ومقاومتهم له أقوى من قبولهم له.

4- **قد تبدأ التغيرات بطيئة ثم تتراكم بمرور الزمن**، إلا ان المحصلة النهائية للتراكم تتصف بالراديكالية أو التغير المفاجئ مثلما تحدثه الثورات الاجتماعية والتقنية. ومن أمثلة التغيرات الاجتماعية بطيئة البداية، التحولات في مجالات المعرفة واكتساب المهارات المختلفة.

5- **قد يكون التغير الاجتماعي مخططاً أو مبرمجاً**، وتشير هذه الخاصية إلى تدخل النظم السياسية في إحداث التغير الاجتماعي على مستوى المجتمع.

6- **توافر إمكانيات الحراك الاجتماعي وزيادة معدلاته.**

---

(1) أحمد زايد، اعتماد علام، **التغير الاجتماعي**، مكتبة الانجلو المصرية، القاهرة: 2000، ص:132.

7- **انتشار المعايير العقلية والعلمية ونماذج التفكير المنطقي داخل الثقافة العامة للمجتمع.**

8- **سيادة نموذج للشخصية يتيح للأفراد أداء الاعمال التي يقومون بها في إطار نظام اجتماعي يتسم بخصائص معينة النمو الذاتي، المشاركة، سيادة المعايير العقلية.**

أهمية التغير الاجتماعي

تؤكد النظرة إلى جغرافية العالم وتاريخ بروز أهمية التغير الاجتماعي كظاهرة لابد أن تصبح موضع اهتمام النظرية السوسيولوجية المعاصرة، إذ توضح النظرة إلى خريطة العالم سيادة فاعلية عمليتي التجانس والتباين اللتين تعدان أساس تفاعل التغير الاجتماعي في النسق الوظيفي، فبسبب ظروف عديدة نجد أن سيادة نوع من التجانس الداخلي بين عدد من المجتمعات بالنظر إلى تجمعات أخرى، تولد نوعا من التباين بينها وبين تلك التجمعات. والنتيجة أننا نجد بين أيدينا تجمعات تؤكد على نوع من التجانس الداخلي الذي يتوازى وقدر التباين الذي يسود العلاقة مع أي تجمع آخر. ذلك كله يؤكد دوام التحول والتشكل بالنسبة للبناءات التي تخضع لهذه العمليات، ويشهد بالتالي على دوام تفاعلات التغير ومدى لزوميتها للوجود الإنساني.

بيد أن هناك من العوامل ما أكد أهمية قضية التغير الاجتماعي من وجهة نظر النظرية السوسيولوجية المعاصرة نذكر منها ما يلي:

أدى ظهور العلم ودوره كنسق اجتماعي وطرحه للعديد من التجديدات العلمية والتكنولوجية في بناء المجتمعات الصناعية المعاصرة ، إلى دوام تفاعلات التغير في بناء هذه المجتمعات ، ومن ثم انتشاره إلى معظم أرجاء العالم كنمط ثقافي اكثر كفاءة (أقل تكلفة بالنسبة للإشباع الوظيفي لمتطلبات النسق). ومن هنا فإذا قلنا

ان الظاهرة التكنولوجية هي أهم ظواهر العالم الصناعي المتقدم فإن ظاهرة التغير يجب أن تنال نفس القدر من الاهتمام على مستوى المجتمع الإنساني الشامل.

إنه إذا كان العالم يضم ثلاثة تجمعات نسقية أساسية، وهي العالم الأول والثاني والثالث، فإن هذه التجمعات تنفصل على أساس قدر التقدم الناتج عن قدر امتلاكها للمعرفة العقلانية والكفاءة التكنولوجية التي تيسر هذا التقدم وتنتجه، فإلى جانب اهمية التغيرات التنموية التي قد تخضع لها بلاد العالم الأول والثاني، فإن بلاد العالم الثالث عادة ما تخضع لتغييرات جذرية تعمل على إلغاء الهوة التي تفصل بينها وبين بلاد العالم الأول والثاني، ومن تحررها من قيود التبعية والاستغلال التي تمارسها المجتمعات المتقدمة[1] .

ذلك يبرز أهمية التغير الاجتماعي كظاهرة معاصرة، إلا أنه بالرغم من الأهمية البارزة لهذه الظاهرة فقد ثار خلاف بين النماذج النظرية حول مسائل تتعلق بطبيعة التغير الاجتماعي، ثم مدى التغير، ومصادره، وآثاره، ثم طبيعة التفاعلات التي يثيرها فعل ورد فعل التغير. ولقد نشأت هذه المواقف الخلافية إما نتيجة لاختفاء المعرفة الإمبيريقية المتعلقة بالتغير الاجتماعي، وإما نتيجة لتعرض النموذج النظري لطراز معين من الواقع ثم عمم هذه الرؤية على واقع متباين، أو انطلاقا من مواقف أيديولوجية معينة والادعاء بأنها تمثل مواقف علمية موضوعية.

(1) محمد الجوهري، **التغير الاجتماعي**، مرجع سابق، ص:70.

مراجع الفصل الأول

أولا: مراجع باللغة العربية:

- أبو حوسة، موسى، **الاجتماعي في الريف الأردني**. جامعة الاسكندرية، الإسكندرية:1981.
- بدوي، أحمد زكي، **معجم العلوم الاجتماعية**. مكتبة لبنان، بيروت:1982.
- بوتومور، ت.ب. **تمهيد في علم الاجتماع** ترجمة: محمد الجوهري، دار المعارف، القاهرة، 198..
- الجوهري، محمد ، **التغير الاجتماعي**. دار المعرفة الجامعية للنشر والتوزيع، القاهرة: 2....
- حسن، محمد عبد الباسط، **إشكالية التنمية في العالم العربي**، عمان:1985.
- الخشاب، مصطفى، **دراسة المجتمع**. مكتبة الإنجلو المصرية، القاهرة، 1977.
- الدقس، محمد عبد المولى، **التغير الاجتماعي بين النظرية والتطبيق**، دار مجدلاوي، عمان: 1987.
- الرشدان، عبد الله، **علم اجتماع التربية**. دار الشروق، عمان:1999.
- زايد، أحمد. علام، اعتماد، **التغير الاجتماعي**، مكتبة الإنجلو المصرية، القاهرة، 2....
- الزغبي، محمد أحمد ، **التغير الاجتماعي**. دار الطليعة للطباعة والنشر، بيروت: 198..
- سعفان، حسن، **اتجاهات التنمية في العالم العربي**، مطبعة التقدم، الجزائر. 1973.
- شكري، علياء وآخرون، **دراسات في علم السكان**، دار المعرفة الجامعية، الإسكندرية: 1992.

- صابر، محي الدين، **التغير الحضاري وتنمية المجتمع**. مركز تنمية المجتمع في العالم العربي، سرس الليان، القاهرة، 1962.

- عفيفي، محمد الهادي، **التربية والتغير الثقافي** . مكتبة الانجلو المصرية ، القاهرة: 197..

- العبسي، جهينة عيسى سلطان، **التحديث في المجتمع المعاصر** . الكويت: شركة كاظمة للنشر والتوزيع والترجمة، 1979.

- غيث، محمد عاطف، **دراسات في علم الاجتماع**. دار النهضة العربية، بيروت: 1985.

- غيث ، محمد عاطف، **التغير الاجتماعي والتخطيط**، دار المعارف. القاهرة، 1966.

- ماكيفروبيج، **المجتمع**. ترجمة: علي أحمد عيسى، مكتبة النهضة المصرية، القاهرة، 1952.

- محمد علي محمد وآخرون، **دراسات في التغير الاجتماعي**، دار الكتب الجامعية، الإسكندرية: 1974.

- محمد علي محمد وآخرون، **مجتمع المصنع**، الهيئة المصرية العامة للكتاب. الإسكندرية: 1975.

- الموسوي، نضال حميد، **علم الاجتماع وقضايا اجتماعية**، منشورات ذات السلاسل، الكويت. 1998.

- مور، ولبرت، **التغير الاجتماعي**. ترجمة: " عمر القباني" ، دار الكرنك، القاهرة: 197..

- النجيحي، احمد، **التغير والبناء الاجتماعي**. مكتبة القاهرة الحديثة، القاهرة. 1968.

- النجيحي، محمد لبيب، **الأسس الاجتماعية للتربية**. مكتبة الانجلو المصرية، القاهرة: 1976.

- يونس، زكي الفاروق، **التغير الاجتماعي**. دار النهضة العربية، بيروت، 1974.

ثانيا: المراجع باللغة الإنجليزية

- Alland A., **Adaptation in Cultural Evolution**. McGraw- Hill Book CO., N.Y., 197..

- Allen, Hart & Others, **Technology of Social Change**, Applenton Century, New York., 196..

- Bengston, V.& Others, **Time Aging of the Continuity of Structure**. The Dorsey Press, Illionois. 1975.

- Etzioni, Amitai, **Social Change**, Basic Books Inc., N.Y. , 1964.

- Giddings, A. **Sociology**. Polity Press, Cambridge. 1989.

- Gordon, Child, **Man Makes Himself**. London ., 1956.

- Herbert, Lion Berger, **Adoption of New Ideas Practices**. N.Y., 1961.

- Horton ., Hunt., B . **Sociology**. Mc- Graw Hill Book Company, N.Y., 1972.

- Johnson, H., **Sociology, Asystematic Introduction**, the Indian edition, Bombay. 197..

- John Eric Nordskog and others: **Social Change** : The Idea of Progress. McGraw- Hill. N.Y., 196..

- Kingsley, Davis, **Human Society** Mcmillan Co., N.Y., 195..

- Linton, R., **The Tree of Culture**, Alfred Knopf, N.Y., 1956.

- Mitchel G. Duncan. **A Dictionary of Sociology**. Routledge & Kegan Paul , London, 1968.

- Moore, W.E., **Social Change**, Englewood Cliffs, N.Y., 1974.

- ________ , Murdock, C.:How Culture Changes? Harper, N.Y., 197.

- Reynauld P., **Economic Generalization**. Crevin Co., Paris, 1962.

- Shoe Maker, F., **Communication of Innovations** . Free Press, Glencoe; 1967.

- Vago, S., **Social Change**, Holt Rine Hart Winston. N.Y., 198..

الفصل الثاني

إشكالية التغير الثقافي

مقدمة

من الأمور البديهية أنه لا توجد ثقافة استاتيكية على الإطلاق فمهما اتسمت الضوابط بالشدة والصرامة، ومهما غلب طابع الردع والقسوة على الجزاءات، فلا بد أن يطرأ التغير الثقافي بأي شكل من الأشكال. وقد ساد الظن في القرن التاسع عشر عند علماء الأنثروبولوجيا على وجه الخصوص أن المجتمعات البدائية هي مجتمعات استاتيكية راكدة لا يعتريها التغير، ولا تحرك ساكناً. بيد أن هذه النظرة لم يكن لها من الشواهد الأمبيريقية ما يدعمها، ولكن ما أن اجريت دراسات عديدة اثنوجرافية على هذه المجتمعات حتى تكشف زيف هذا الزعم وقصوره.

ان نظرة واحدة يوليها أي باحث لمجتمع يتمتع بدرجة عظمى من المحافظة الثقافية(Cultural Conservatism) سوف تثبت بما لا يدع مجالاً للشك أن هناك تغيراً قد طرأ على الثقافة في هذا المجتمع على المدى الطويل. وقد لا تكون معدلات التغير كبيرة اذا قيست بمجتمع صناعي متحضر - مثل المجتمع الأمريكي يغرم بالجديد، ولذلك تتخذ الوسائل الإعلانية والدعائية من موضوع الجديد وتراً

حساساً تعزف عليه سيمفونية، الشيء الجديد، والشيء الأفضل، والشيء المتطور مثلاً، وبالتالي تجذب أعضائه نحو التغير، وتحبذ لديهم هذا التغير في نفس الوقت.

وفي هذا الصدد لا تعوزنا الأدلة لتأكيد شمولية التغير الثقافي وعموميته في كافة مجتمعات العالم ؛ فقد أثبتت الاكتشافات الأثرية - أكثر من مرة - وقوع التغير بشكل مطرد، ومنسجم، على مخلفات الناس وآثارهم في المنطقة التي كانوا يسكنونها، فقد دلت الشواهد المادية الأثرية التي ترجع الى حقب تاريخية موغلة في القدم، على مظاهر تباين واختلاف كبير، بين تلك التي وجدت في أزمنة قديمة، ونظيراتها التي وجدت في عصور قريبة [(1)]. وفي المجتمع الهندي على سبيل المثال، تدل أعمال الكشوف الأثرية هناك على وجود نماذج من الأواني الفخارية (Pottery) مختلفة تمام الآختلاف عما يسود الأن.

وكذلك لوحظ تباين في هذه النماذج طبقاً لتباين راقات (Strata) الحفر نفسها؛ فالنماذج المكتشفة في الراقات الأعلى تختلف عن نظيراتها في الراقات الوسطى، ويختلف الأثنان عما في الراقات الدنيا والأدنى، ويدل كل هذا على ما طرأ على العناصر الثقافية - المادية هنا - من تغير عبر الزمن.

واذا كان هذا المثال يصدق على عناصر الثقافة المادية، فلا يعني ذلك اقتصار التغير على هذه العناصر، دون العناصر اللامادية. فالتغير عام وشامل لكليهما معاً وان كانت معدلاته في أحدهما تفوق الآخر بالطبع.

فإذا دلفنا صوب العناصر الروحية، على سبيل المثال، وجدنا هيرسكوفيتس، (Herskovits, 1969) يسوق دليلاً على ذلك في الاتجاهات نحو الأنماط السلوكية المقبولة في المجتمع. فالمسنون لا يستسيغون تنصل المحدثين من دائرة تراث الأجيال السابقة، ويفضلون تمسك الجيل الصاعد بها. الا أن هؤلاء المسنين قد فاتهم أن

(1)Herskovits, M. **Cultural Anthropology**. Indian Press, Bombay: 1969, P: 474.

جماح الثقافة قد خرج عن طوعهم، وأن التغير حقيقة أزلية لا بد من التسليم بهـا. اذن فهو المعول الذي يهدم في صرح استاتيكية الثقافة.

وفي مجتمعنا العربي أيضاً لا نعدم الشواهد الدالة على التغـير الثقـافي، في الشـق المادي من الثقافة، والشق اللامادي فالأمثلة كثيرة على أدوات الطعام وأوانيـه ومواقـده، وطرز الـزي والمسـكن وأدوات الزراعـة والصـناعة، ووسـائل الـترويح والأتصـال وغيرهـا. وكذلك في الأفكار والأتجاهات، والعادات، وسائر عناصر الـتراث. وتكفـي في هـذا الصـدد نظرة الى صورة المجتمع المصري في القرن التاسع عشر في دراستي (وليم لين وكلونز نجر) أيضـاً، لنقـف عـلى مـا اعـترى هـذا المجتمـع الأن مـن تغـير في هـذه العنـاصر الثقافيـة المتعددة.

مفهوم التغير الثقافي:

التغير الثقافي هو عبارة عن التحول الذي يتناول كل التغيرات التي تحدث في أي فرع من فروع الثقافة، بما في ذلك الفنون والعلوم والفلسفة والتكنيك، كما يشمل صـور وقوانين التغير الاجتماعي نفسه[1] كما يشمل فوق كل ذلك كل التغيرات التـي تحـدث في اشكال وقواعد النظام الاجتماعي.

يتميز التغير الثقافي بأنه عملية تحويل شامل قد تتناول طبيعة الثقافة نفسها، فهو تغير نوعي أساساً، واذا كان النمو الثقافي عملية ادخار مستمر ومحدد، فان التغير الثقافي ثروة مفاجئة، ثروة تحملها ثروة.

- فالتغير الثقافي عملية تحليل وتفكك يتولد عنها كثـير مـن العلـل والانتكاسـات التي هي الثمن الاجتماعي.
- التغير الثقافي يقوم على الحركة المفاجئة السريعة.
- التغير الثقافي يعتمد على رأس المال الأجنبي إن جاز لنـا التعبـير، أي أنـه يـنجم عن الاتصال الخارجي مع الثقافات الأخرى.

(1) المرجع السابق، ص: 255.

التغير الثقافي ينتج بصورة أساسية عن الاختراع أو التجديد سواء أكان اختراعاً مادياً أم اختراعاً اجتماعياً كظهور الديانات والفلسفات والقوانين الاجتماعية[1].

- التغير الثقافي هو الذي يقتصر على التغيرات التي تحدث في ثقافة المجتمع.

يعبر التغير الثقافي عن التغير الذي يحدث في أجزاء الثقافة أي في بنائها أو في عناصرها أو في مضمونها وذلك حسب تعريف (هولتكرانس، 198.) ، أي معنى آخر المقصود بالتغير الثقافي كل المتغيرات التي تحدث في كل عنصر من عناصر الثقافة مادية كانت أم غير مادية، بما في ذلك الفن والتكنولوجيا والفلسفة والأدب والعلم واللغة والأذواق الخاصة بالمأكل والمشرب أو وسائل المواصلات والنقل والصناعة[2] . كما يشمل فوق ذلك كل التغيرات التي تحدث في أشكال وقواعد النظام الأجتماعي.

ويرتبط مفهوم التغير الثقافي بمفهوم آخر هو (التعجيل الثقافي) (Cultural acceleration) ، وهو يعني زيادة معدل التغير الثقافي. فأوجبرن (Ogburn, 1957) يفترض أن التراكم يرجع الى صفتين في العملية الثقافية: إحداهما ثبات الأشكال الثقافية والأخرى اضافة أشكال جديدة، وبذلك ظهرت بعض المشكلات نتيجة تباين نسبة التغير في الثقافة المادية واللامادية وتتوصل الى ما اطلق عليه امس الهوة الثقافية[3].

يشتمل التغير الثقافي على التغيرات التي تحدث في ثقافة المجتمع وأن هذا التغير ليس ظاهرة منعزلة وانما ظاهرة عامة وشاملة في كل مجتمع وكل ثقافة مهما اتسمت

---

(1) عبد الله الرشدان، **علم اجتماع التربية**. المرجع السابق، ص: 258 .

(2) حسن عبد الحميد أحمد رشوان، **تطور النظم الاجتماعية وأثرها في الفرد**، المكتب الجامعي الحديث الإسكندرية، 1982، ص:24.

(3) عبد الله الخريجي، **التغير الاجتماعي والثقافي**، مؤسسة زامتان للتوزيع، جدة، 1983، ص:263.

بالثبات أو الجمود وعلى ذلك ينبغي أن يقترن التغير بالثبات، بأن نضع التغير على طرف والمحافظة الثقافية على الطرف المناقض له ونبدأ بالدراسة.

يعرف "درسلير" (Dressler) التغير الثقافي بأنه "تحول أو انقطاع عن الأجراءات المجربة والمختبرة والمنقولة عن ثقافة الماضي مع ادخال اجراءات جديدة"[1]، ويمس الأعتقاد والأذواق الخاصة بالمأكل والمشرب والملبس والتقاليد والفن والأخلاق والتكنولوجيا هذا بالإضافة إلى التغيرات التي تحدث في بنيان المجتمع ووظائفه.

إن سرعة وحجم ومجال التغير الثقافي تختلف من مجتمع لآخر، فقد يحدث التغير من خلال عملية طبيعية لنقل عناصر ثقافية من ثقافة متطورة نحو أخرى، وقد تتم العملية بفرض نمط ثقافي بالقوة مثل الاستعمار.

ومما يلاحظه الباحثون أن التغير الثقافي يتسارع كلما تعرض المجتمع لأزمة ما.

إن التغير الثقافي يعد عملية انتقائية حيث أنه عندما يواجه أعضاء المجتمع تقاليد أو عناصر ثقافية او اجراءات فإنما يتقبلون تلك التي يتصورون أنها مفيدة وتتلاءم مع قيمهم وهي مرغوبة اجتماعياً، ولذا نشاهد ترحيب وتوظيف الأدوات التقنية: الآلات التكنولوجية لأنها مفيدة ولا تهدد قيمهم الأجتماعية بينما تحدث مقاومة لسلوكيات وتقاليد أجنبية تخالف القيم السائدة (لباس، تقاليد، أخلاق...الخ).

إن أي مجتمع يخضع للتغير الثقافي يستقبل من مجتمع خارجي بعض القيم والتقاليد والأنماط السلوكية بينما يرفض أخرى، والنتيجة هي: "حوصلة ثقافة" أي صيغة ثقافية جديدة تدمج بين عناصر ثقافية تقليدية داخلية وعناصر حديثة خارجية

كما يشير هذا التغير الثقافي الى أي تغير يمكن أن يؤثر في مضمون أو بناء ثقافة معينة. ويعتمد التغير الثقافي على الانتشار (Diffusion) أو الأختراع

(1) المرجع السابق، ص 265.

(Invention)، أي النقل عبر ثقافات مختلفة أو القدرة على الإبداع الثقافي، إلا أن هناك ترابطاً أو تفاعلاً عادة بين هذين العاملين[1]، وتعرف الطريقة التي يتم بها التغير الثقافي باسم العملية الثقافية (Cultural Process).

ويحمل الوظيفيون لواء المطابقة بين هذه العملية الثقافية وبين الثقافة، وعلى ذلك يعرف مالينوفسكي (Malinoviski) – على سبيل المثال – الثقافة، بأنها العملية "التي يتحول بمقتضاها- بدرجة متفاوتة من السرعة – النظام القائم في المجتمع، وتنظيمه، ومعتقداته ومعارفه، وأدوات العمل فيه وأهداف المستهلكين" [2]

غير أن الخط الفاصل بين مفهومي العملية الثقافية، والثقافة، لا يظهر بشكل واضح المعالم.

وعلى ذلك نجد التغير الثقافي يتضمن مجموعة من المفاهيم التي تحل عليه، ومنها التثاقف(acculturation)، والتفكك، والأنحراف، والتطور، والتغير التدريجي، والإبداع، والتكامل، والنقل، واعادة الأحياء، واعادة التفسير..الخ. وهذا ان دل على شيء فانما يدل على أن التغير "في حقيقته ظاهرة ثقافية عامة، تشكل عملياته – عبر الزمن – ديناميات الثقافة[3]

فإذا نظرنا إلى التثاقف مثلاً وجدناه يعني عملية التغير من خلال الاتصال الثقافي الكامل، أي اتصال بين ثقافتين يؤدي الى زيادة أوجه التشابه بينهما في معظم الميادين الثقافية. ويتضمن هذا المصطلح أيضاً عملية الإستعارة الثقافية (Cultural borrowing) . وكذلك يشير مصطلح تجديد (Innovations) الى العملية

(1) المرجع السابق، ص 269.

(2) يوسف خضور، **التغير الاجتماعي بين النظرية والتطبيق**، منشورات جامعة دمشق، دمشق: 1994 ، ص: 41.

(3) H., Johnson, **Op.cit**, P: 633.

التي تؤدي الى قبول عنصر- ثقافي جديد وهي صورة من صور التغير الثقافي أيضا. والواضح اذن هو تنوع وتعدد المصطلحات الدالة على هذه الظاهرة، وعلى عواملها واتجاهاتها.. الخ.

غير أن الغالب من هذه المصطلحات هو الاتصال(contact) ، والاختراع (Invention)، والاكتشاف (Discovery)، والانتشار (Diffusion). وهذا ما سوف يركز عليه الباحث حرصاً على سلامة التناول.

وتجدر الإشارة إلى أن التغير الثقافي أعم وأشمل من التغير الاجتماعي الذي يشير الى التحولات على النظم الاجتماعية والوظائف التي تضطلع بها. وزادت الصورة وضوحاً في عملية التغير الثقافي عندما عرفنا مكونات الثقافة، فهي على حد ما يذهب "تايلور" (Tylor, 1871) في تعريفه التقليدي لها- تعني ذلك "الكل المركب الذي يشمل المعرفة والمعتقدات والفن والأخلاق والقانون والعرف وكل القدرات والعادات الأخرى التي يكتسبها الإنسان من حيث هو عضو في مجتمع"[(1)]. وعلى ذلك يعد التغير الأجتماعي جزءاً من التغير الثقافي أو جانباً منه فحسب.

وهنا ينطوي التغير الثقافي على أهمية، تطرد باطراد مساهمته في احداث التغير الاجتماعي، أي عندما تكون الثقافة منبثقة عن أنساق اجتماعية فإن التغير الثقافي هنا يعد نتيجة للعمليات الداخلية في النسق، أو راجعاً الى تأثير بعض الأنساق الأخرى. وهي حقيقة لا بد من مراعاتها.

غاية القول أن التغير الثقافي ظاهرة عامة في كل مجتمعات البشرعلى اختلاف حظوظهم من التخلف أو التقدم، من العزلة أو الانفتاح، ومن القرب أو البعد، ومن الشرق ومن الغرب على حد سواء.

(1) E.B., Tylor, **Primitive Culture**, John Murray, London: 1871. P: 70.

أصول التغير الثقافي :

شغلت قضية التغير اهتمام المفكرين والفلاسفة الاجتماعيين، ومن ثم تناولوا هذا الموضوع في سياق تفكيرهم العام في المجتمع. وقد برز اهتمامهم بهذه القضية من خلال تركيزهم على طريقتين أساسيتين في تحليل المجتمع والحضارة بشكل عام. وقد تمثلت الطريقة الأولى في الدراسة المقارنة لمجتمعات وحضارات مختلفة. وتمثلت الطريقة الثانية في دراسة وتحليل المجتمعات بشكل عام. وقبل ان نتناول هاتين الطريقتين، نشير لبعض النظريات القديمة في التغير حيث كان هناك نظرة قديمة تربط التغير بالارتدادية، وذلك ما أبرزه " ولسن واليز" (Wilson Wallis) في كتابه **التقدم والثقافة**، وكان ذلك هو الرأي السائد في بلاد المشرق القديم وذلك ما تضمنه كتاب الحكيم الصيني " لاوتيس" Lauties والذي عاش عام 6.. ق. م، هذا فضلاً عن ظهور أعمال أخرى إبداعية في بعض البلاد تؤكد على أن الإنسان عاش في الأصل في حالة سعادة تامة، وهذا هو المفهوم الذي ساد العصور الأولى. ومن ذلك الحدث وفكرة الارتدادية واضحة في كتابات وأعمال المفكرين. إلى أن ظهر رأي آخر في فهم التغير، وإن كان أقل شيوعاً عن سابقه إلا أنه نشأ مصاحباً له، وهو يتمثل في أن تاريخ البشرية يسير في دورات ثابتة، وطبقاً لهذه النظرية يعيد التاريخ نفسه بعد أن يمر في سلسلة من المراحل ويرجع إلى المرحلة الأصلية، ثم يبدأ الدورة ثانية. وقد تمسك بهذا الرأي بعض الكتاب الهنود فكان واضحاً في المذهب البودست (Buddist) وقد أشار ج.بيري (J. Bury) في كتابه **فكرة التقدم** إلى أن ذلك المفهوم ظهر أيضاً في تعليمات فلاسفة اليونان والإغريق، وعلى وجه الخصوص عند الفيلسوف اليوناني (ماركيز إيراليز Marcus Uralius) [(1)].

(1) Samuel , Koeing, **Sociology.** Columbia University Press, N.Y., 1972, P. 278-280 .

ثم واصل الفكر البشري مسيرته في تناول التغير وظهر رأي قديم آخر يستوضح مجرى التاريخ وهو ذلك الرأي الذي تعرض له (نيويل سمز Newell Sims) في كتابه **مشاكل التغير** حيث أسماه بفكرة الارتقاء(Idea of Accent)، وطبقا لهذه النظرية التي ندر تداولها نسبياً يأخذ التغير مكانه في اتجاه تصاعدي، إذ أن الإنسان يستمر في التقدم من الحالة البدائية حيث يصل إلى حالة التقدم حيث لا يتوقع تقدم بعده. ولقد عبر عن ذلك في كتابات الإغريق الشعرية، وفي فلسفة الأبيقوريين، وفي أعمال الشعر الروماني وفلسفة لاكريتس Lacrtius، وبصورة عامة يمكن القول إن الاتجاه القديم في التغير كان اتجاهاً سلبياً حيث تمسكوا بالرأي المتشائم وبأن التغير يودي إلى عواقب وخيمة.

وفي القرون الوسطي عولج التغير متأثراً بإهتمامات الناس في تلك الفترة حيث كان اهتمامهم منصباً على القوى الخارقة في توجيه التغير، ومن ثم انحصر اهتمام الانسان في فهم التغير على أساس معتقداته، وتصوراته الاسطورية. وجدير بالذكر أن الاعتقاد الذي ساد تلك الفترة كان يشير إلى أن الأهدف الخاصة يحققها الله، وأن هذه الاهداف سوف تتكامل في لحظة ما، والعالم يمضي إلى المنتهى، ويمثل هذا المذهب منتهى الارتدادية والتشاؤم ولم يكن فيه نقطة مضيئة سوى أمل الإنسان في وجود حياة سعيدة في المستقبل، والجدير بالذكر هنا أن هذا الاتجاه لم يتضمن الفكرة الخاصة بأن القوى البيئية لها دور كبير في بلوغ الغاية. ولقد لعب قادة الفكر دوراً كبيراً في تطوير الاتجاه الحديث نحو التغير الاجتماعي، وقد كان من أبرز المفكرين العرب الذين تناولوا التغير العلامة ابن خلدون، حيث اهتم بعملية الإرتقاء الإطرادية وبتاريخ الإنسانية وبذلك مهد لفهم جديد لظاهرة التغير[1] وفي مستهل العصور

(1) S. Koeing, Samuel: **Sociology**. **Op.Cit**., p: 281.

الحديثة عولج التغير باعتباره اتجاهاً تقدمياً، ونظر إليه على اعتبار أنه تقدم مستمر، وكان ذلك واحداً من الأراء التي شاعت في مستهل العصور الحديثة حيث نظر للفكر الإنساني على أنه قادر على تغير النظام الاجتماعي، وهذه النقطة الجديدة في الفكر البشري تعكس الثقة المتزايدة في الفرد واقتناعه بأنه سيد لمصيره. فالتغير الذي يعتمد في رأي الانسان أساساً على أثر من مصدر واقعي من بيئته، وعلى وجه الخصوص في العالم الطبيعي، رأي متفائل في التغير. ولقد اعتنق هذا الرأي عدد كبير من المفكرين المحدثين في القرن السابع عشر، فعرفه فرانسيس بيكون Francis Bacon بأنه تقدم مستمر، واستقر هذا المفهوم وسار أكثر وضوحاً في أعمال المفكرين الفرنسيين وعلى وجه الخصوص "تيرجو" وكوندرسيه Condercet في القرن الثامن عشر، ثم توصل تيرجو إلى أن المجتمع الإنساني يأخذ في التغير التدريجي إلا أن اتجاه تغيره تقدمي دائماً حتى أعلى المستويات، حيث يكون المجتمع البشري دائماً عاقد العزم للوصول إلى أعلى حالات كماله. وقد ذهب "كوندرسيه " من قبل تيرجو معتقداً أن الكمال البشري غير محدود، وأن عمليات التطور الاطرارية سوف تظل في استمرار ، في طريقها الاطراري بلا انتهاء.

كما أكد علماء الأنثروبولوجيا مراراً على حدوث التغير في المجتمعات البدائية، لكي يصححوا أخطاء نكرانهم لوقوع هذا التغير، إذ ساد الاعتقاد بأن الإنسان البدائي هو مخلوق العاد (Creature of Habit) يعيش طريقة حياة ثابتة تستمد ثباتها من ثبات الثقافة، ولا تعتريه بوادر الإلهام الضرورية للتطوير المستمر، ويرى نفسه إنساناً مقلداً ... الخ. هذه هي الاعتقادات الواهمة عن هذا الإنسان، وفي هذا الشأن يقول سبنسر- H. Spencer أن الإنسان البدائي محافظ إلى حد كبير، ولو قارنا الطبقات في أي مجتمع، لوجدنا أن أدناها في التطور، هو أكثر مقاومة للتغير وبعداً عنه.........

وما يزال الجهاز العصبي لهذا الانسان أقل قدره على تعديل أسلوب الفعل ومن ثم يتجه بحكم التمسك غير الواعي والالتحام المعلن - إلى الشيء المعروف الراسخ،

والعناصر الثابتة[1]. ويذهب (هنري مين H. Maine, 1953) إلى " أن هناك أعداداً من البشر يسمون بالمتوحشين أو المتبربرين .. يفتر حماسهم لأحداث التغير، وهم لا يعرفون هذا التغير ولم يسمعوا عنه.... "[2]

غير أن هؤلاء العلماء مع الأسف الشديد لم ترتكز أحكامهم على دراسات ميدانية تتخذ من الواقع نقطة انطلاق نحو صياغة النظريات والآراء العديدة، وإنما لابد من الاحتكام إلى الواقع. ولعل فرانز بواس هو الذي حمل لواء هذه الدعوة مع سائر أصحاب الاتجاه الانتشاري في دراسة التغير الثقافي.

ولذلك وجه هو - وغيره -الانتقادات الشديدة إلى الاتجاه التطوري كما سبق ذكره، ثم تلاه الوظيفيون الذين أكملوا الصورة العلمية بتركيزهم على قواعد منهجية بالغة الأهمية في دراسة التغير الثقافي وتناول موضوعاته، ويمثل هذا الاتجاه الجديد مالينوفسكي في منتصف القرن العشرين. وخلاصة هذه الآراء والتوجيهات المنهجية تبغي تلافي القصور السابق عند التطوريين والانتشاريين. ويمكن تحديد هذه الشروط والتوجيهات المرتبطة بدراسة التغير الثقافي فيما يلي:

(أ) **أن التغير الثقافي ليس ظاهرة منعزلة**، وإنما ظاهرة عامة وشاملة في كل مجتمع وكل ثقافة مهما اتسمت بالثبات أو الجمود وعلى ذلك ينبغي أن يقترن التغير بالثبات بأن نضع التغير على طرف والمحافظة الثقافية على الطرف المناقض له، ونبدأ الدراسة.

(ب) **الموضوعية في الدراسة** بأن ينتزع الباحث الانثروبولوجي نفسه، ويجردها عن الثقافة التي يدرسها سواء في حالة الثبات أو التغير. وكما ظهرت ذاتية الباحث كلما ضربت الغشاوة على بصره فلا يستبين الخطأ من الصواب.

(1) أحمد أبو زيد، **البناء الاجتماعي، مدخل لدراسة المجتمع**، دار الكتاب العربي، القاهرة، 1967، ص 25.

(2) هيرسكوفيتس، **الأنثرولوجيا الثقافية**، المرجع السابق، ص 449.

(ج) **ضرورة تفاعل دارس التغير مع الثقافة** بنفس طريقة تفاعل الأعضاء المنتمين إليها، حتى تؤتي الدراسة ثمارها، فإذا ما تراءى له سيادة التثبيت الثقافي (Cultural Fixation)، وجب عليه أن يمر على التغيرات الثقافية مرور الكرام . وإذا كانت الثقافة تتسم بالتغير المتلاحق كما في المجتمعات الأوروبية والأمريكية- حيث يلهث الناس وراء الجديد في كل شيء، ويسود الانجذاب الايجابي لهذا الجديد[1] وقبوله، فإن دارس التغير يركز على العناصر الساكنة من الثقافة والتي تحد من آثار التغيرات التي تحدث بالفعل، وتعطي لطريقة الحياة طابع الاستمرار.

(د) **إذا التزم الباحث بالنظرة الكلية للثقافة**،فإنه سوف يقف على الصورة الكلية للتغير والثبات من حيث المعوقات والمنشاطات. وعلى ذلك تتضاءل إلى حد ما العقبات التي تعترض طريق الباحث [2] ويتمكن أيضاً من التعرف على صور الجنوح والانحرافات عن الثقافة، والخروج إذ على الإجماع العام (Consensus's) ، وعن حدود الأنماط السلوكية الراسخة.

(هـ) **تملي دراسة التغير الثقافي على الباحث أن يستوعب التنوع والتباين في الثقافة** بشكل لا يقل عن استيعابه لتنوع وتباين الأنماط السلوكية، وبالتالي فإن هذه التنويعات في اللحظة الحاضرة هي التعبير عن التغير " في أثناء حدوثه" .

وغاية القول أن دارسي الثقافة قد ألوا معظم اهتمامهم نحو دراسة التغير أكثر من اهتمامهم بتحليل ودراسة الثبات، ويرجع ذلك إلى سببين رئيسيين:

---

(1)George Foster., **Traditional Societies and Social Change**, McGraw Hill Book Comp., N.Y., 1972, p: 82.

(2) Herskovils. , **Culture Anthropology** , Op.Cit., P. 447.

الأول : الاهتمام بالتطور التاريخي ولذلك تركزت البحوث والدراسات على دراسة الثبات في المجتمعات البدائية تأكيداً لنظريات التطور، وتدعيماً لقضاياها.

الثاني : سهولة دراسة التغير عن دراسة الثبات وهو سبب منهجي بحث مستمد من طبيعة المشكلة ذاتها.

وعلى ذلك فإذا كان لنا أن نفهم مشكلات الديناميات الثقافية فإن علينا أن نضع كلا السببين في الاعتبار، مع مراعاة وجودهما في حالة تفاعل وحركة أيضا........

عوامل التغير الثقافي :

من خلال اهتمام علماء الأجتماع والأنثروبولوجيا بدراسة التغير الثقافي ومعرفة مصادره، حظيت عملية التراكم الثقافي Cultural Accumulation وكيفية حدوثها باهتمام خاص، إذ افترضوا أن عملية التغير الاجتماعي تتم عن طريق عوامل داخلية كالأكتشافات والاختراع والتجديد، وعمليات خارجية كالإنتشار الثقافي والاستعارة ولا تحدث العوامل الخارجية الا من خلال الأحتكاك الثقافي بين الثقافات وهذه العوامل هي:

1- الاكتشاف: Discoveries

يعبر عن الاكتشافات Discoveries بمحصلة الجهد البشري المشترك في الإعلان المبدع عن جانب من جوانب الحقيقة القائمة بالفعل. ومن محصلات الجهد البشري المبدع كاكتشاف الرافعة مثلاً ، والدورة الدموية. ويعتبر الأكتشاف اضافة جديدة لمخزون المعرفة الحية للبشرية عبر تاريخها الطويل والممتد، ولا يصبح الاكتشاف عاملاً محدثاً للتغير الاجتماعي الا بعد استخدامه من قبل المجتمع. وقد

يصبح الأكتشاف جزءاً من القاعدة الثقافية التي يستخدمها أفراد المجتمع عند اصدار حكمهم أو تقييمهم للممارسات الجارية [1].

2- الاختراع : Invention

تتعدد تعريفات الاختراع Invention في تراث علم الاجتماع. ويرى علماء الاجتماع أن الاختراع لا يقتصر على الجانب المادي من الثقافة بل يتضمن بالضرورة الجانب غير المادي منها. ويرى وليم أوجبرن أن الأختراع مفتاح التغير الثقافي، وأن الثقافة ككل وليدة الأختراع. ويعرف ميرل Merrill الأختراع بأنه توليف جديد لسمتين ثقافيتين أو أكثر مع استخدامهما في زيادة محصلة المعرفة الموجودة بالفعل. ومن أمثلة الأرتباط بين سمتين، اختراع جورج سلدن، (George Selden) في عام 1895 للمحرك الذي يعمل بالسائل والغاز معاً، واختراع خزان وقود مشترك لهما، واكتشاف صندوق التروس والقابض وعمود الأدارة للطاقة الميكانيكية، وتصميم هيكل يتسع لجلوس الأفراد، ثم يزاوج بين تلك الأختراعات في اختراع جديد هو السيارة. وقد قوبل الأختراع بالنقد الشديد وتقديم المخترع للمحاكمة لأن ما اكتشفه لم يكن مألوفاً للثقافة السائدة في عصره. وبمرور الزمن وتطوير اختراع السيارة وشعبية استخدامها عالمياً أصبحت جزءاً لا ينفصل عن الثقافة المعاصرة. وعندما نصف الأختراع بأنه وليد أفكار تربط بين عنصرين أو أكثر من عناصر الثقافة فأن ما يسفر عن عملية الأرتباط يكون مستحدثاً لم يسبق معرفته قبل اختراعه. ويمكن أن نقسم الأختراعات الى اختراعات مادية كالقوس والرمح، والهاتف، والطائرة، واختراعات اجتماعية كالمؤسسات والحروف الأبجدية، والحكومة الدستورية، وفي كل حالة من الأختراعات، يتم الأستفادة من العناصر القديمة والأرتباط بينها وتجديدها بحيث تصبح صالحة لأستخدامات جديدة.

(1)Horton & Hunt, <u>Op.Cit</u>. , p:466

يتصف الاختراع بالاستمرارية كعملية تعتمد على خبرات ومعرفة متراكمة وعلى اختراعات سابقة، وفي هذا الصدد، قام (برلنجام Burlingame) بتحليل عدد من الاختراعات المألوفة وفق فترات زمنية متعاقبة بدءاً من مئات أو آلاف السنين، وكيف مرت الأختراعات خلالها بتطور وتجديد من حيث المستوى والنوعية. وهذا يتفق مع ما ذكره (بارنت Barnett, 1939) من أن الاختراع أو التجديد لا يأتي من فراغ، بل لا بد لحدوثهما من يأتيان خلفيات معرفية واختراعات سابقة ومقدمات. بمعنى أنه كلما ازدادت عناصر الثقافة (من خلال عملية التراكم الثقافي) ازدادت الاختراعات، كما أن هذا التزايد يعبر في الوقت ذاته عن عملية التراكم الثقافي، وكلما زادت الأختراعات زادت المادة المتاحة للاختراع[1].

3- الانتشار : **Diffusion**

يشير تعريف الأنتشار (Diffusion) للعمليات التي تنتج تماثلاً ثقافياً بين مجتمعات متباينة، كما أن معظم التغيرات الثقافية التي تحدث في جميع المجتمعات الانسانية المعروفة، تتطور من خلال الانتشار. وتتم عملية الانتشار بين مجتمع وآخر فقط، وانما قد تحدث داخل المجتمع الواحد بانتشار الخصائص الثقافية من جماعة لأخرى. فعلى سبيل المثال نجد أن السود في الولايات المتحدة الأمريكية هم أول من اشتهروا بموسيقى الجاز (Jazz)، وما لبث أن انتقلت لمجموعات أمريكية أخرى ثم انتشرت أخيراً في مجتمعات غير أمريكية[2].

ويعتبر الانتشار عملية انتقائية، اذ تقبل جماعة انسانية بعض الخصائص الثقافية لجماعة أخرى مجاورة لها بينما ترفض البعض الآخر. تقبل مثلاً بعض الأطعمة الهندية بينما ترفض عقائدهم. كذلك يشتمل الأنتشار على بعض عمليات التطور أو التعديلات للعناصر الثقافية التي تتم استعارتها، علماً بأن

(1) محمد فؤاد حجازي، **التغير الاجتماعي**، مكتبة وهبة، القاهرة، 1978، ص:173.
(2) Horton & Hunt, **Op.Cit.** p: 468.

التعديلات قد تحدث خلال عملية الانتشار، إما في عنصر- أو في العناصر الثلاثة وهي: الشكل، والوظيفة، والمعنى لكل سمة من السمات الثقافية.

ويميز معظم علماء الاجتماع والأنثروبولوجيا بين ثلاث عمليات منفصلة للأنتشار هي:

1- **الانتشار الأولي**: وهو يحدث من خلال الهجرة، وأوضح مثال على هذه العملية التغييرات التي حدثت في الثقافة الأمريكية جراء هجرة أعداد كبيرة من الأفراد للولايات المتحدة الأمريكية مع بداية القرن العشرين.

2- **الأنتشار الثانوي**: تشتمل هذه العملية على النقل المباشر لعنصر- أو أكثر من عناصر الثقافة المادية كنقل التكنولوجيا من العالم المتقدم إلى العالم النامي.

3- **انتشار الأفكار**: قد تحدث هذه العملية دون هجرة مباشرة، أو نقل لعناصر تقنية، إلا أنها تحدث تغيرات ثقافية كبيرة. ومن أمثلة انتشار الأفكار، الدعوة للحرية، والمساواة وحقوق الإنسان، وما تنادي به الثورات الأجتماعية والسياسية من أراء وفلسفات تأثرت بها مجتمعات كثيرة [1].

ومما هو جدير بالذكر، أن عملية الأنتشار كانت محل جدل ونقاش علمي من جانب علماء الاجتماع والأنثروبولوجيا، فمنهم من أرجع التشابه بين السمات الثقافية الى انتشارها، وعرف أصحاب هذا الأتجاه بعلماء المدرسة الأنتشارية، ومن العلماء من أرجع التماثل إلى التشابه في البيئات الأجتماعية المتماثلة ثقافيا. وعرف أصحاب هذا الاتجاه الأخير بعلماء المدرسة التطورية.

ومن خلال تتبع أثار السمات الثقافية عبر التاريخ، لاحظ الباحثون أن انتشار الثقافة لا يقتصر حدوثه على الجماعات الأقل تحضراً، بل يحدث التبادل الثقافي بين المجتمعات بغض النظر عن درجة تحضرها. كما قد يكون الأنتشار مباشراً أو غير

---

(1) R. , Smith, & Present F., **An Introduction To Sociology**, Martin Press, N.Y., 1977, P:291.

مباشر، ويحدث الانتشار المباشر عندما يتم الاحتكاك المادي الحقيقي بين الأشخاص والجماعات احتكاكاً مادياً فعلياً. ويوضح هذا الشكل الأنتشاري عمليات الهجرة أو الأستعمار والاحتكاك من خلال التجارة والبعثات التبشيرية. أما الانتشار غير المباشر فيحدث دون وجود اتصال فعلي مادي بين الأشخاص أو الجماعات، إذ يتم عن طريق وسائل الإعلام كالمذياع، والتلفاز، والسينما، والصحافة، والمجلات، والسلع المنقولة[1].

تعتبر الاستعارة الثقافية (Cultural Borrowing) نوعاً من أنواع التجديد الثقافي الذي يعتمد على الأتصال بين المجتمعات من خلال أساليب متعددة كالحرب والزواج، وطلب العلم، والمؤسسات التعليمية كالجامعات، ووسائل الإعلام المرئية والمقروءة والمسموعة. ونتيجة الاتصال الثقافي يستعير المجتمع بعض العادات الأجتماعية التي توجد في مجتمع آخر، وقد يستعير المجتمع نمطاً ثقافياً كاملاً أو جزءاً من كل ثقافي. وعندما تحدث الأستعارة الثقافية فانها لا تشمل بالضرورة الشكل والمضمون معا للعنصر الثقافي المستعار، كما أن السمة المستعارة تخضع لمفاهيم المجتمع المستعير الذي قد يغير في الشكل أو المضمون، أو في الإثنين كليهما.

وعلى صعيد آخر، قد تفضى الأستعارة الثقافية الى احداث أفعال مضادة تؤدي بدورها الى احداث تغيرات اجتماعية جديدة، لذلك إذا قلنا أن التغير الناجم عن الأتصال الثقافي غير قابل للأرتداد، فذلك لا يعني أن الثقافة التي استعارها مجتمع ما، سوف تدفع به نحو مزيد من التشابه الثقافي مع المجتمع مصدر السمة الثقافية المستعارة.

4- وسائل الاتصال الإعلامي

عندما تتيح التقنية الحديثة لوسائل الاتصال الإعلامي - في ظل ثورة المعلومات - مختلف صنوف الأدب والموسيقى والدراما والعلوم المتنوعة الأخرى لأعداد متزايدة

(1) محمد فؤاد حجازي، المرجع السابق، ص: 185.

من أفراد المجتمعات الإنسانية، فإن القياسات الفكرية والذهنية السائدة تأخذ في التحول بشكل ملحوظ. فقد أصبح توجيه الثقافة الجماهيرية حديثاً نحو تسلية وامتاع اعداد متنامية من الأفراد، صناعة كبرى هامة تستثمر خاصة من قبل المجتمعات ذات السبق والتقدم التقني في هذا المجال، والتي تصدر صناعاتها لمجتمعات أخرى، مما يزيد من سرعة الأنتشار الثقافي.

وإذا كانت وسائل الأتصال الإعلامي تؤثر في زيادة التثقيف وتنوع المعرفة لدى الجمهور فان مضامين المادة الآعلامية بما تحمله في طياتها من سمات ثقافية قد تهدد نسق الثقافة التقليدية كما تحدث تغيرات ملموسة في سلوكيات الجمهور.

ومما تجدر الإشارة إليه أن تطور وسائل الاتصال الجماهيري ووسائل النقل كالطائرات والسيارات، قد أثر بشكل واضح في تطور الثقافة وانتشارها، وفي اتجاهات علماء الأجتماع والأنثروبولوجيا في دراسة التغير الثقافي، إذ قامت المحاولات العلمية المبكرة في رؤيتها للأنتشار الثقافي على فكرة المراكز الثقافية وانتشار الثقافة منها الى مناطق أخرى، وأن يأخذ الانتشار شكل دوائر أشبه بدوائر الماء حين نلقي فيه حجراً، وكان ذلك يعني أن الثقافة تنتشر في دوائر منتظمة بمعدل ثابت السرعة وفي وسط متجانس. واستشهد العلماء على صحة زعمهم من خلال تتبعهم لآثار انتشار السمات الثقافية عبر التاريخ من الحضارة الفرعونية- أول مركز ثقافي عرفته البشرية- الى الفينيقيين شرقاً وقرطاجنة غرباً، ثم انتشارها عبر البحر الى مالطة، وكريت، فاليونان التي استعارت الكثير من السمات الثقافية الفرعونية. كذلك استعارت الدولة الرومانية - عقب قيامها - الكثير من السمات الثقافية الاغريقية، حيث يعتبر الفكر الروماني امتداداً للفكر اليوناني. كما تتبع العلماء انتقال الكثير من السمات الثقافية العربية الى أوربا التي عرفت أفكار الفارابي، والكندي، وابن سينا، وابن رشد، كما انتشرت سمات عربية عن طريق التجارة، والحروب بين الأندلسيين الفرنجة.

بيـد أن التطـور التقنـي المـذهل في مجـالات الأنتقـال والاتصـالات الإعلاميـة باستخدام الأقمار الصناعية يجعل العالم أشبه بقرية اليكترونية، ويضعف مـن مصداقية الزعم بالانتشار الثقافي القائم على المراكز الثقافية - اذ تدخل وسـائل الأتصـال الحديثـة كعامل قوى التأثير في عملية الأنتشار الثقافي.

أنماط التغير الثقافي :

يمكن أن نقسم التغير الثقـافي الى أنمـاط عـلى غـرار التغـير الاجتماعـي؛ وبالتـالي نكون بصدد تغير داخلي ناجم عن عوامل داخلية (Internal) وتغير ثقافي خارجي ناتج عن مؤثرات خارجية (External) عن المجتمع المدروس.

ومن شاكلة العوامل التي تحدث التغير الداخلي عمليات التجديد بصـفة عامـة كالاختراع، والاكتشاف، والابتكار الـخ، أمـا عمليـات التغـير الثقـافي التـي تـرد الى عوامـل خارجية فهي الأتصال، والاستعارة، والتثاقف.

والحديث عن التغير - سواء كان اجتماعيـاً أو ثقافيـاً - يسـتلزم تحديـد نقطـة البداية[1]، إذ أن تحديد نقطة الصفر Zero Point في النسق الثقافي أو الأجتماعـي، ثـم تحدد اتجاه هذا النسق اتجاهه بعد انطلاقه هما من الأبعاد الهامة في النسق الـوظيفي المتغير[2]. وفي هذا السياق يقرر الوظيفيون الأنثروبولوجيون أن التغـير ينبـع أساسـاً مـن الخارج، الا أن هذا لا يمنع من امكانية قيام تغير داخلي بفضل عوامل داخلية في الثقافة ذاتها.

ويرجع الفضل الى مالينوفسكي في صياغة هذا التكنيك عند دراسة التغير الثقافي، ولكن من المنطقي الا توجد نقطة تعتبر الثقافة عندها استاتيكية كلية، بيد

---

(1) هيرسكوفيتس: **الأنثولوجيا الثقافية**، المرجع السابق، ص: 479.

(2) علي ليلة، **كفاءة الاتجاه الوظيفي**، دار النهضة العربية، بيروت، 1972، ص:110.

أنها نقطة افتراضية صكها مالينوفسكي في دراسات الأتصال الثقافي كعامل خارجي يؤدي الى التغير، خاصة وأنه أعطى الأولوية في هذا التغير للعوامل الخارجية على الداخلية، وعلى ذلك تؤخذ فترة زمنية معينة من تاريخ الثقافة موضع الدراسة كخط رئيسي-(base line) ، يبدأ عنده التغير وعادة ما تكون هذه الفترة سابقة للاتصال الثقافي، ومن ثم يمكن أن نحلل العمليات الدينامية الناتجة عنه.

ولئن بدا على هذا التكنيك المنهجي تعارضه مع الوظيفية التي ظهرت لتدحض التطورية وتقوم الأنتشارية، فأن من الصعب إيجاد بديل آخر في اجراء مثل هذه الدراسة.

وهناك مأخذ آخر على مالينوفسكي في اجراء مثل تلك الدراسات عن التغير الثقافي، فقد أهمل ظاهرة التغير المتبادل(Interchange) ، أثناء الاتصال بين الثقافة الأوروبية والثقافة الأفريقية، علماً بأن ذلك الاتصال أدى في تلك الأثناء الى تغير في حياة الأوروبيين أنفسهم الذين يعيشون في أفريقيا إلى الحد الذي جعلهم مختلفين عما كانوا عليه في أوروبا من قبل. وقد يكون انشغال مالينوفسكي بالمشكلات الأدارية الاستعمارية سبباً في تركيزه على انحسار الثقافة الأفريقية أمام المد الثقافي الأوروبي الكاسح وقت الأتصال.

وتجدر الإشارة في هذا المقام الى التغير الثقافي في عنصري الثقافة المادي - واللامادي، أهو تغير متساو فيهما أم هو في شق أسرع منه في الشق الآخر.

قد يتبادر الى الذهن منذ الوهلة الأولى - أن معدل التغير في العناصر المادية يفوق نظيره في العناصر الروحية، ولكن النظرة المتفحصة تكشف عن حالات يحدث فيها العكس تماماً، فعند سكان استراليا الأصليين تزداد درجة المحافظة على الثقافة في العناصر المادية، وتقل في التنظيمين الاجتماعي والديني، وبالتالي يطرأ التغير فيهما بمعدل أسرع من تغير العناصر المادية، بينما نجد في المجتمع الأوروبي والأمريكي مثلا سرعة التغير في الشق المادي أكثر مما هي في عن الشق اللامادي. وفي مجتمعنا

العربي صار من اليسير أن يتغير الفأس والمحراث البلدي الى جرار زراعي وتستخدم الوسائل التكنولوجية الحديثة بكل سهولة، في حين أن العادات والمعتقدات لا تتغير الا بنسبة ضئيلة للغاية، ولا نبالغ إذا قلنا أن أجهزة التكنولوجيا ذاتها تستخدم في تدعيم العادة وترسيخ المعتقد.

أولاً: التغير الثقافي الداخلي:

يحدث التغير الثقافي الداخلي نتيجة لمجموعة من العوامل والعمليات الداخلية وهي الميكانيزمات الثقافية التي تنبع من المجتمع الأصلي، ومن هذه العمليات والميكانيزمات الثقافية: التجديد (Innovation) والاختراع، (Invention) والاكتشاف (Discovery) وسوف نعرض لها هنا بقدر من التفصيل.

أ- التجديد : Innovation

يذهب هولتكرانس الى أن التجديد يعني أي عنصر ثقافي جديد تقبله الثقافة، وهو كذلك العملية التي تؤدي الى هذا القبول والتي يمكن وصفها بأنها صورة من صور التغير الثقافي[1].

أما بارنت (Barnett, 1939) فيعرف التجديد بأنه، "أي فكرة أو سلوك أو شيء يكون جديداً، لآنه يختلف نوعياً عن الأشكال القائمة"[2].

أما هيرسكوفيتس فانه يقول بامكانية وصف عمليات التجديد بأنها اختراع، واكتشاف، وانتشار. ويسوق مثالاً على ذلك بأن الأستفادة من الخشب في بناء قارب أو صنع مجداف جديد، تعد تجديداً Innovation[3].

ويرى الاند (A.Alland, 197.) "أن تغير الأنساق الثقافية يرتكز أساساً على

(1) هولتكرانس، ف.، **قاموس الفولكلور**، الهيئة المصرية العامة، القاهرة: 1981. ص: 12.

(2) Barnet, H., Society in Transition. N.Y., 1939, P. 60.

(3) Herstovits. , M., Culture al Anthropology, **Op.Cit**., P. 542.

التجديد والاستعارة أي الانتشار" ويحتوي هذان النمطان من أنماط التغير على العناصر العشوائية في بعض الأحيان، ولكن ما يهمنا هنا هو التجديد الذي قد يحدث نتيجة لاكتساب مفاجئ وقع بالصدفة .

وقد تناول شوميكر وروجرز (Shoe-Maker & Rogers, 1967)هذه العملية (التجديد)، وكيف ينتشر في المجتمعات المختلفة ومعوقاته، ومنشطاته... الخ. ويقصد المؤلفان بمصطلح التجديد هنا الأفكار الجديدة التي تنبع من داخل النسق نفسه ومن خارجه [1] .

وقد تناول علماء الأنثروبولوجيا الأوروبيون أيضاً مفهوم التجديد فنجد فارنياك (Varniack) يقول بأنه على مدى التاريخ "كان يحدث انهيار في بعض أجزاء التراث، ولكن ذلك لم يكن - حتى القرن التاسع عشر - الا نوعاً من التجديد، إذ يعاد على الفور تكوين مجموعات اخرى من التقليد. وكان مظهر التجديد الأكبر في هذا الصدد هو اختفاء ذلك النوع التقليدي من التجديد، مما نتج عنه ظاهرة فناء التقاليد" [2] .

ويشير جورج فوستر (George Foster, 1972) الى أن الانسان المجدد innovator هو إنسان هامشي – على حد قول بارنيت Barnett - يجنح عما تألفه الجماعة، ولا يرضى بما يشيع لديها من طرق تقليدية، ويرفض الأمتثال لها في نفس الوقت [3] . وهذا الصنف من الأشخاص يعد حامل مشعل التغير الثقافي الداخلي. وفي هذا الصدد، يقدم لنا عالم الأنثروبولوجيا ماندلباوم (Mandelbaum) دليلاً على ذلك بقبائل الكوتا [4] غير العادية.

---

(1)Allan , **A. Adaptation in Culture Evolution,** Op.Cit., P: 155.

(2) Shoemaker & Rogers, **Communication of Innovations** , Op. Cit., P 170

(3) Q., Foster, **Traditional Societies and Technological Changes** , Op. Cit., P: 121.

(4) قبائل الكوتا، جماعات قبلية تعيش في مرتفعات الهند ويعتبرهم ماندلياوم مبدعين دوما، ولا يخضعون للتراث اعمى.

ب- الاختراع : **Invention**

الاختراع هو إضافة ثقافية تحدث نتيجة عمليات مستمرة داخل ثقافة معينة. ويرى أوجبرن Ogburn "أن الأختراعات هي توليفات بين عناصر ثقافية قائمة فعلا في شكل جديد"[(1)] أما لينتون (R. Linton) فانه يرى أن الأختراع هو تطبيق جديد للمعرفة.

ويرى هيرسكوفيتس (Herskovits, 1969) أن الاختراع والاكتشاف ميكانيزمان للتجديد الداخلي في أية ثقافة، وهما اللذان يضطلعان بمهمة التغير الثقافي، غير أننا نجد مشكلات كبيرة عند التمييز ما بين الأختراع والأكتشاف. ولكن النظرية الوظيفية اجتازت هذه المشكلات بأن نظرت الى هذا التمييز على أنه قليل الجدوى، لأن الأمرين كليهما يمثلان معاً وسائل لتغيير الثقافة من الداخل في مقابل الأبتداعات التي كانت تؤدي وظيفتها بالفعل في مكان ما قبل أن تستعار منه الى الموطن المستعير[(2)].

وقد تصدى ديكسون (Dixon) للصعوبة الاشتقاقية اللفظية في التمييز بين الاختراع والاكتشاف، ورأى في النهاية أن التمييز بينهما يكون على أساس وجود الغرض أو غيابه، وعلى ذلك فالأختراع يكون اكتشافاً هادفاً، ثم يقرر ديكسون في النهاية أن الميكانيزمين يتراوحان ما بين: "الأعتماد والبحث على الصدفة المتعثرة لشيء سابق غير معروف خلال بحث قد يطول أو يقصر مداه، وبين التجريب الغرضي للمواد الموجودة القائمة التي تؤدي الى خلق شيء جديد، لم يكن موجوداً من قبل، لولا ما تحمله الجهد الأنساني من عناء البحث الواعي"[(3)].

وفي هذا الشأن يضرب هيرسكوفيتس مثالاً -عن ديكسون(Dixon) - لتوضيح

(1) هولتكرانس، **قاموس الفلكلور** ، المرجع السابق، ص26.

(2) M., Herkovits, **Culture Anthropology**, **Op. Cit**., P. 453.

(3) **Ibid**, P: 455 .

الفرق بين عمليات ثلاث في التغير الثقافي الداخلي فيقول بأن الأكتشاف الفجائي العرضي (accidental) لنبات جديد صالح للأكل يعد اكتشافاً. أما البحث عن النوع الجديد والأقوى كقشر الخضار مثلاً أو الأخشاب فانه يوضح لنا الاختراع، في حين أن استخدام هذا القشر أو الخشب في بناء قارب مثلاً يعد مثالاً على التجديد

وفي ضوء ذلك يصل ديكسون الى أن الأختراع هو "خلق عرضي لشيء ما جديد كلية من جذوره" ويرى ديكسون أيضاً بأننا لو سلمنا بوجود شيء ما في البيئة، فأنه يمكن استغلاله في تحقيق هدف هام الفرصة (opportunity) وإذا تعرف أحد الأشخاص على جدوى هذا الشيء وأدركه الملاحظة (observation) عن طريق ما يتمتع به من خيال خصب فأن الدافع الذي حمل الإنسان هنا على المعرفة الجديدة هو دافع الضرورة وهكذا.

ومن المأثور أن الحاجة الملحة "الضرورة" هي ام الاختراع، وعلى ذلك فان هذه الضرورة تدفع المرء الى البحث السببي عن إشباعها، أي لا بد من الاختراع، بأن يقدم مثلاً شيئاً غذائياً جديداً كالجبن، والأغذية المحفوظة، وتهجين البذور، للوصول الى بذور منتقاة ومحصول أوفر.

اذن الضرورة تضاف الى حب الاستطلاع فيبدأ البحث العرضي وهكذا. وازاء توكيدنا على عامل الحاجة، فاننا نقترب هنا رويداً رويداً من لب الأختراع حيث نتقابل الحاجة هناك، لا لكي يستأثر الناس بحق استخدام الشيء غير المستغل (الأكتشاف)، وانما لخلق شيء ما جديد وأفضل من غيره بصفة جوهرية.

غير أن هذه الأحتياجات الملحة تعد بمثابة القوى الأساسية الكامنة وراء الظواهر الثقافية في رأي مالينوفسكي (Maloniviski, 195.) [1]، الذي يشرحها بقوله:" ان الاحتياج الثقافي (Cultural Need) هو مجموعة كبيرة من الظروف التي يجب اشباعها اذا ما اريد للمجتمع أن يبقى ولثقافته أن تستمر"[1].

(1) هيرسكوفيتس، ملقيك، **الأنثروبولوجيا الثقافية**، المرجع السابق، ص: 455.

ويقسم مالينوفسكي هذه الاحتياجات إلى أساسية، وهـي بيولوجيـة كالتكاثر، والقرابة هي استجابته الثقافية، وثانوية مستمدة من الثقافة ذاتها (مثل حاجة السلوك البشري الى التنظيم والجزاء، واستجابته هي الضبط الأجتماعي).

ومن ثم لا تقتصر الاحتياجات على الجوانب المادية من الثقافة فحسب، وانما تمتد لتشمل الجوانب اللامادية منها. وهما معاً يتمثلان في ميكانيزم الاختراع، وما يحققه لهما من اشباع. غير ان صفة المخترع (Inventor) تطلق على من يخترع آلة جديدة أو عملية ميكانيكية جديدة.

أما الإنسان الذي يطور في الآراء والمقترحات الخاصة بالنسق الأقتصادي الجديد مثلاً، أو يحبذ التغاضي عن مشروع سياسي جديد أو يعمل جاهداً على تخليص نفسه من سطوة مفهوم شائع يأسره بقيوده، هذا الشخص لا يعد مخترعاً بالنسبة لنا على الإطلاق. وإنما يمكن أن نصفه بالمنظر(Theorist) أو الفيلسوف، أو ثاقب النظر Visionary أو مع قليل من التحفظ نسميه "شخصاً ثورياً" Revolutionist أو ثائراً.

ومع ذلك لا تعد الأفكار وسائر الجوانب اللامادية من الثقافة أقل قيمة من الأشياء المادية في تشكيل حياة الإنسان، وبالتالي فلا يمكن أن نقلل من شأن المخترعين - بالمعنى الأنثروبولوجي هنا- الذين يخترعون تصنيفاً جديداً لمصطلحات القرابة، أو مظاهر الابداع الفني، أو الديني أو الاجتماعي. ويقول كروبر (Kroeber) بوجود اختراعات في المؤسسات مثل نظام القرابة الأمومي (Matriarchal) والملكية (kingship)[1]. وكذلك يقول هوبل (Hoebel) "بوجود اختراعات تبقى في أنماط السلوك فقط" والأمثلة كثيرة والاستشهادات أكثر.

هذا علاوة على أن الاحتياج (Need) لا تقتصر أهميته فقط على الجانب المادي

(1) هولتكرانس، ف.، **قاموس الانثنولوجيا**، **مادة اختراع**، الهيئة المصرية العامة، القاهرة: 1981. ص:25.

من الثقافة، وانما تبدو أهميته في الجانب اللامادي أيضاً، ويبقي الاحتياج مفهوماً نسبياً حتى وان كانت أهمية الجانب الأول تفوق الثاني فالسلعة المادية تخضع للتفسير الثقافي (Cultural Interpretation) وقد تقبلها الثقافة وقد ترفضها، وخاصة في حالات الانتشار[1] ، ولا تخفى على الباحث الميداني ملاحظات الواقع الآمبريقي التي تفند أرجحية الماديات على اللاماديات.

ومن ناحية أخرى نجد أن الحاح الاحتياج لا يتحدد مداه الا في ضوء البناء الثقافي السائد على العموم، وعلى ذلك قد تكون الاختراعات المادية لدى بعض الشعوب، أسمى قدراً من الأختراعات اللامادية، على حين أن الاختراع يكشف عن نفسه في مجتمعات أخرى، في الفن، أو الدين، أو النظم الاجتماعية الثقافية التي تتيح للآختراع فرصة النجاح والظهور من جهة، أو تعمل على وأده من جهة أخرى.

وغاية القول أذن أن الاختراع جانب أساسي وميكانيزم جوهري في ديناميات الثقافة، وهو في الوقت نفسه نتيجة وانعكاس لعمليات التغير الثقافي. وتظهر معالم ذلك في حالة اختراع آلة بسيطة لحلج القطن في الريف، وبالتالي توفر مجهود النسوة والصغار في عملية الحلج اليدوي (التفصيص). وبالمثل يعد اختراع تقديم الحلوى في الأفراح بدلاً من عملية هامة أحدثت تغيراً ثقافياً في المجتمع القروي على سبيل المثال.وسرعان ما انتشرت في قرى مجاورة بفعل الاتصال والاحتكاك بالقرية. كما شمل هذا التغير أيضاً الطقوس المتبعة في حالات الوفاة وغير ذلك من المناسبات.

ج- الاكتشاف : Discovery

الاكتشاف هو الإضافة الثقافية التي تتحقق من خلال ملاحظة الظواهر الموجودة ولكن لم يسبق الألتفات اليها من قبل، والمتضمنة على حالتها هذه - كما يذهب هولتكرانس – في الثقافة التي اعيد تشكيلها من أجل الأستعمال الثقافي. ويعرف

(1) هيرسكوفيتس، **الانثولوجيا الثقافية**، المرجع السابق، ص: 453.

هوبل (Hoebel) الأكتشاف بأنه عملية الوعي بشيء قائم بالفعل، ولكن لم يسبق ادراكه من قبل[1].

أما لينتون (Linton) فانه يرى "أن الاكتشاف هو أي اضافة للمعرفة". وتجدر الإشارة إلى أن هناك صعوبة في التمييز بين الاكتشاف والاختراع ولكن هيرسكوفيتس، وديكسون قد حسماها[2]

ويرى هيرسكوفيتس أن الاكتشاف ميكانيزم للتجديد الداخلي في أي ثقافة، وهو - شأنه شأن الاختراع - مظهر من مظاهر التغير الثقافي، فهو شكل أصلي من أشكال التجديد.

على حين يرى (ديكسون Dixon)، أن الاكتشاف ينبغي أن يكون محدوداً بنهاية غير مقيدة الزمان لشيء ما جديد، وفي ضوء ذلك التحديد فأن الاكتشاف يعني "إيجاداً فجائياً لشيء سابق لم يكن معروفاً من قبل. ويمكن من وجهة نظره أيضاً أن نفرق بين الاكتشاف والاختراع في ضوء شروط ثلاثة سابقة للاكتشاف. وهي - كما ذكرنا - الفرصة والملاحظة والتقدير بالخيال أو العقل (العبقرية)، وعلاوة على ذلك فأن هناك معيارين آخرين يحكمان هذه الشروط وهما حب الأستطلاع والحاجة.

ويشير الاكتشاف في النهاية الى الطريقة التي يتم بها خلق مادة ثقافية موجودة، لم يسبق الألتفات اليها، مثل البترول والمعادن على وجه العموم، فهي موجودة في باطن الأرض، ولكن الاكتشاف هو الذي أخرجها الى حيز الوجود الثقافي، فأضافها الى العناصر الموجودة الأخرى. وكذلك الحال اكتشاف النظم القرابية في المجتمعات البدائية على أيدى علماء الأنثروبولوجيا، فهي نظم قائمة قبل وجودهم ودراساتهم، ولكن هذه الدراسات هي التي كشفت النقاب عنها. ومثل ذلك

(1) هولتكرانس، **قاموس الفولكلور**، المرجع السابق، ص: 40.

(2) هيرسكوفيتس، المرجع السابق، ص ص:453-454.

المعتقدات الشعبية وغيرها، هي موجودة، ولكن اكتشافها هو الذي يخرجها الى حيز الضوء ويبرز التناول الوظيفي لها في ثقافتها الأصلية.

وعلى أية حال إذا كانت الحاجة هي أم الأختراع كما سبق فان الحاجة أيضاً هي أبو الاكتشاف The father of discovery وهذا ما يؤكده هيرسكوفيتس في دراسته للثقافة بين التغير والمحافظة [(1)]. وما يؤكده تورشتين فبلن (Thorstein Veblen) من أن هذا المثل يتمتع بالصدق الأمبريقي التام. ومن المعروف أن المناخ الفكري له تأثيره الكبير على عمليات الاكتشاف، فقد لا يسمح الإطار الثقافي القائم لأكتشافات المكتشفين وتجديداتهم، ويلفظها وتصبح عديمة الجدوى الا من وجهة نظرهم هم أنفسهم. ومن ناحية اخرى قد يتواضع المكتشف، أو حتى المخترع من هؤلاء المتخصصين، في وصف أهمية اكتشافه والحديث عن جدواه، حتى لا تظهر أكثر الحاحاً بالنسبة للأعضاء الأخرين في جماعته.

وفي سياق الحديث عن الاكتشاف، تجدر الإشارة إلى أن الجانب المادي من الثقافة قد حظي بالقدر الأكبر من اهتمام المكتشفين، على حين لم ينل الشق اللامادي اهتماماً يعدل هذا الاهتمام. وبالإضافة إلى ذلك ساد الظن بأن الماديات أكثر تأثيراً في حياة الإنسان والمجتمع، بشكل يفوق اللاماديات (Nonmaterial)، وقد أكد الكثيرون هذا الظن، غير أن الواقع الأمبريقي الذي خلصت اليه دراسات فوستر (Foster, 1972) [(2)] وهيرسكوفيتس والكسندر آلاند، وفلويد شوميكر وغيرهم، تثبت العكس. وتتبقى لنا نقطة بالغة الأهمية في عمليات الأختراع والأكتشاف والتجديد جميعها، وهي مواصفات الأشخاص الأفذاذ الذين يقومون بهذه الأبتكارات ضاربين بالتراث السائد (Dominant Tradition) [(3)] عرض

(1) المرجع السابق، ص: 455.

(2) G. Foster, **Traditional Cultures & Technological Change**, Op. Cit., P: 92.

(3) هولتكرانس، **قاموس الانثولوجيا**، المرجع السابق، ص:94.

الحائط، غير مبالين بما يقال عنهم، عابثين بـرد فعـل المجتمـع بشـأن خـروجهم على هذا التراث، لقد صمموا على إحداث التغير الثقافي، وليكن ما يكون.

وعلى كل، فان هؤلاء الموهوبين أو الأفذاذ ينقسمون إلى فئتين تتخذان القرارات المعجلة بالتغير الثقافي في المجتمع سواء كانوا يشغلون مراكز رسمية قيادية، أو لا يشغلونها.

أمـا الفئـة الأولى: فهـي فئـة تضـم الإنسـان الهامشي- (Marginal) ذلـك الـذي ينحرف عما الفته الجماعة وهو الشـخص المجـدد (Innovator) عـلى العمـوم، ومثـال ذلـك - كـما سـبق - هـم قبائـل الكوتـا Kota بالهنـد. وتضـم الفئـة الثانيـة الأشـخاص المحاطين بالهيبة (Prestige-Laden) وهم أكثر فاعلية في توطئة الجو لحدوث التغير.

وفي بعض الأحيان يعد ذوو الوضع الاجتماعي المرتفع، أو الأصحاء، قدوة يقتدي بهم الآخرون. وتتمثل في هذه العلاقة حركة التراث من أعلى الى أسفل وبالعكس، ولكـن فاعلية هذه التأثيرات في تعزيز (Promoting) التغير، لا تتضح الا في المدى البعيد.

ويرى بارنيت (Barnett, 1939) أن الأفراد الهامشيين يتمثلون في الأنماط الآتية:

المخالف (Dissident) والمحايد (Indiffent) والفاتر (Disaffected) والممتعض (Resentful). ولهذا يعتقد بأن هذه الأنماط أكثر استجابة للتجديد، واستحداثاً له وادراكاً لوجوده لعديد من الأسباب، ولعل أولها أن هؤلاء المخالفين المنشقين لم يكيفوا أنفسهم على المتطلبات الثقافية النمطية الرتيبة، وبالتالي فهم أكثر استقلالاً عن غيرهم وأكثر جرأة في الابتعاد الصريح عن الطرق التقليدية، والأنجذاب لكل جديد، والبحث عنه، كما أنهم لم يرتبطوا بعادة ولم يتمثلوا قيم وتقاليد المجتمع. أما الفاترون فهم اولئك الذين تعرضوا غالباً لطرق جديدة وينكرون أنهم يحصلون منها على الإشباع، على حين لا يقبل المستاءون أو المتعضون صور التفرقة والظلم

القائم في مجتمعهم، ويجاهرون بالسخط، حتى وإن كان حظهم من القوة والمكانة يقل عن غيرهم كثيراً.

وهناك نمط آخر يسوقه هيرسكوفيتس في هذا الصدد، وهي الانحراف الثقافي (Cultural Drift). ويشرح المقصود بهذا المصطلح وهو أنه يعني التباعد عن النتائج المستمدة بشكل منطقي من الطريقة التي تنظم بها الثقافة، والتحلل من اهتمامات أعضاء المجتمع، وقيمهم وأهدافهم التي تقيدها الثقافة وتوقع الجزاء على من يخرج عليها. وهذا الأنحراف الثقافي بمثابة مثير أو منبه Stimulus ينبثق من داخل الجماعة، وقد يأتي من خارجها.[1]

وخلاصة القول في شأن هؤلاء الأنماط من المخالفين، هي أن الشخص المنحرف عن الجماعة والخارج عليها، والشخص المهيب، ينطويان على قدر كبير من الأهمية في أحداث التغير الثقافي والتعجيل به. بيد أن تأثير الشخص المهيب بطبيعة الحال، أقوى من تأثير الشخص الخارج على الجماعة Deviant وذلك لأنه يحظى باحترام الجماعة وتقديرها له، ولذلك فإنها ستقتدي بسلوكه، إن لم تعارضه.

أما الخارج عليها فلا يلقى الاحترام أو التقدير، وبالتالي فلن تقبل منه قدوة على الأطلاق، ولن يسير وراءه أعضاؤها. وفي هذا الخصوص تحدث آدمز R.N.Adams وويلين Wellin عن قدرة الشخص الهامشي على إحداث التغير، وخرج الاثنان بأن الأشخاص ذوي القوة والهيبة هم أفضل وأقدر من يدخل الأبتكارات ويتبنى الأفكار الجديدة. ولكن إذا تبنى الشخص الهامشي الأفكار الجديدة فهل يستتبع ذلك أن يتبعه باقي أعضاء الجماعة؟ إن الغالب هو اتباع المخالفين الآخرين له، تاركين باقي الأعضاء، ولكن فوستر (Foster, 1972) يذهب في هذا الصدد[2] إلى أن الشخص الهامشي هو الشخص الأوحد صاحب التأثير في أحداث التغير الثقافي

(1) ن.م، ص: 97 .

(2) هيرسكوفيتس، المرجع السابق، ص:452.

والتعجيل به كمجدد محلي مؤثر Influental Local.Innovator غير أن الواقع الأجتماعي الثقافي العربي، يؤكد أن تأثير الشخص المهيب Prestige Laden أقوى وأقدر[1] من تأثير الشخص الهامشي. ويسود تقبل الأفكار الجديدة في معظم الأحيان إذا كانت صادرة عن أشخاص يحظون بالأحترام والتقدير، أما إذا كانت صادرة عن هامشيين، لا يلقون هذا القدر من الأحترام، فإنها لن تجد لها آذاناً صاغية، ولا عقولاً تتبناها[2]. وعلى ذلك يسود النظر الى هذا الصنف الأخير على أنهم مارقون نبذتهم الجماعة، وخرجوا على تراثها، وبالتالي فكل ما يأتونه يعد عيباً وليس من الحكمة تمثل العيب من منبوذين أو هامشيين.

ومن هنا تظهر أهمية الميكانيزمات النفسية (Psychological Mechanisms) التي تقف وراء السلوك الإنساني، وتحدد خطوطه العريضة. وبالتالي قد تدفع بالمرء إلى قبول الفكرة الجديدة أو رفضها، وترجع أهمية تلك الميكانيزمات من ناحية أخرى، الى أنها مظهر من مظاهر عملية التعلم أو العملية التثقيفية كما يسميها هيرسكوفيتس[3] وتنطوي هذه العملية على مستويين:

أولهما: مستوى الحياة المبكرة للشخص، ويكون فيها متلقياً لنظم ثقافته متكيفاً معها، أي يكون أداة لها.

وثانيهما: هو مستوى الرشد حيث يؤدي دوراً ويتعرض لعمليات اعادة التكييف أكثر من التكييف ذاته. وعلى ذلك يعد التثقيف في المستوى الأول أداة للمحافظة الثقافية على حين يعتبر المستوى الثاني الواعي نافذة مفتوحة للتغير الثقافي.

---

(1) G., Foster , **Traditional Culture & Technological Changes.**, **Op. Cit.**, P: 54.

(2) يحدد هولتكرانس التبني الثقافي **Culture Adoption** بأنه قبلوا المواد الثقافية عن طريق الانتقاء. أنظر هولتكرانس، **قاموس الانثولوجيا**، المرجع السابق، ص 71.

(3) M., Herskovits, **Op.Cit.**, P: 454.

ثانياً: التغير الثقافي الخارجي:

ينجم هذا النوع من التغير الثقافي عن مجموعة من العمليات الثقافية الأخرى التي لا تستمد أصولها من المجتمع الأصلي، وانما هي تفد إليه من خارجه. ومن أمثلة هذه العمليات، الاتصال الثقافي (Cultureal Communication) والتثاقف (Acculturation) ، والآستعارة (Borrowing) والأنتشار (Diffusion)... الخ. ويمكن لنا اجمال هذه العمليات تحت فئتين فحسب، وهما الأنتشار والتثاقف، خاصة أن معظم هذه العمليات لا تتم إلا في ضوء واحدة من هاتين العمليتين الرئيسيتين أو كلتيهما معاً .وذلك لأنها جميعها لا تحدث إلا من خلال اتصال مجتمع بمجتمع آخر.

وفي هذا الصدد يذهب رالف لينتون (R.Linton, 1957) الى أنه "لو تركت كل جماعة انسانية تحبو بمفردها في طريق التقدم، بلا عون من غيرها، فإن هذا التقدم بلا شك، سيكون بطئ الخطى، لدرجة يستحيل معها وصول أي جماعة من الجماعات إلى مستوى متطور. وإن كل ما تستطيع أن تنجزه هو الأقتراب من العصر- الحجري القديم[1] ومعنى هذا أن الأتصال ووسائل الأتصال والتواصل هما وسائل النهوض بالجماعات، إلى المستوى الأفضل والأكثر تقدماً بدلاً من الحبو أو النكوص الى الوراء. وعلى ذلك يقرر جورج فوستر (G. Foster, 1972) بأن المجتمعات القروية التي تتصل بالأجانب، تزداد لديها فرص قبول الأفكار الجديدة وتمثلها. ومن أمثلة هذه المجتمعات مجتمع يوروك (Yurok) وياكيما (Yakima) - في الهند - الذين اتصلوا بالجنس الأوروبي الأبيض وصاروا بمقتضى هذا الأتصال أكثر استجابة للتغير وأقدر على احداثه.[2]

ومن الممكن التعبير عن عمليات التغير الثقافي الداخلية في رسم توضيحي يضع الباحث خطوطه من خلال استقراء التراث العلمي السائد في علمي الأنثروبولوجيا والأجتماع. كما هو موضح بالرسم:

(1) **Ibid**, p: 160 .

(2) Floyed Shoemaker and others, **Communication of Innovations**, Op.Cit, p: 21 .

شكل رقم (2)

العمليات الثقافية الداخلية للتغير

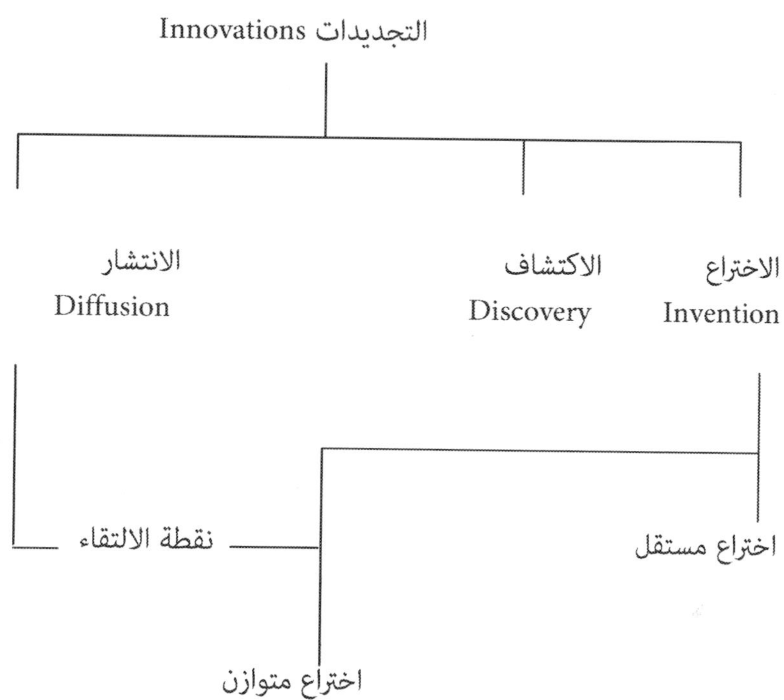

وأما العوامل الخارجية للتغير أهمها ما يلي:

الانتشار

يعني الانتشار نقل المواد الثقافية على المستوى الأفقي[1] من مكان إلى آخر. وقد استخدم تايلور هذا المصطلح في كتابه **"الثقافة البدائية"**، وهو يشير الى توزيع الخرافات الروائية، (الأساطير myths) [2] وفي موضع آخر يشير تايلور الى أن الأنتشار

(1) George Foster. **Traditional Culture & Technological Change**, Op.Cit., P: 113.

(2) هولتكرانس، **قاموس الانثنولوجيا**، المرجع السابق، ص 41.

قد نهض للأجابة عـن سر تشـابه كثـير مـن السـمات والعنـاصر الثقافيـة في مجتمعـات متباعدة عن بعضها، وكانت أجابته تـتلخص في أن التشـابه مرجعـه الى انتشـار الثقافـة وهجرتهـا وانتقالهـا مـن مصـدر واحـد أو مـن عـدد مـن المصـادر أو المراكـز المشـتركة[1] فالتشابه إذاً راجع إلى هجرة الثقافة أو بعض عناصرها نتيجة للآتصال الثقافي بين هذه الشعوب وتلك المجتمعات. وقد تكون هجرة العنصر الثقافي كاملـة، وقـد تكـون جزئيـة قاصرة على بعض ملامحه فقط.

وهناك تعريفات حديثة للآنتشار تركز على ابراز نتائجه، في حين نجد تعريفات اخرى تؤكد على دوره كعملية مستمرة. ومن النوع الأول تعريـف لينتـون (R.Linton, 1957) الذي يرىأن الأنتشار - أي انتقال العناصر الثقافيـة مـن مجتمـع الى آخـر - هـو عمليـة أصـبحت الإنسـانية قـادرة بواسـطتها عـلى اسـتقطاب قـدرتها الأبداعيـة. أمـا هيرسكوفيتس (Herskovits, 1969) فانه يعرف الآنتشـار بأنـه "دراسـة النقـل الثقـافي الذي أنجز فعلاً".[2]

وقد تأسست المدرسة الانتشارية في دراسة التغير الثقافي، ونظرت اليه كرد فعـل لانتشار سمات ثقافية من مجتمع أصلي إلى مجتمع آخر عن طريق النقـل أو الأسـتعارة أو الغزو. "وقد تكشف رحلة يقوم بها فرد من أعضـاء المجتمـع عـن الوسـائل الفنيـة أو الأفكار الجديدة التي جلبها هذا الفرد معه من خلال اتصاله بمجتمع آخر، وذلك بصرف النظر عن صحتها أو سوئها"[3] . وهنا تتخذ الأنتشارية من الجغرافيا مجالاً لهـا . وتقسـم العالم إلى مجموعة من الخرائط التي توضح الأصول التي ظهرت فيها السـمات الثقافيـة، ومنها انتشرت الى المناطق الثقافية[4] (Cultural -Areas) الأخرى.

---

(1) المرجع السابق، ص 42.

(2) هيروسكوفيتس، **الانثولوجيا**، المرجع السابق، ص:452.

(3) ن.م. ص : 454 .

(4) المنطقة الثقافية هي المنطقة الجغرافية التي يوجد فيها قدر معقول من التشابه الثقـافي، وبـدل هـذا التعريف أما على التصنيف الوصفي، وأما على التحليل التاريخي للثقافة.

وقد يتم الانتشار عن طريق الهجرة أو عن طريق الأستعارة. أما الهجرة فهي تؤدي إلى انتشار وحدات ثقافية كبيرة[1] ، في حين تعد الأستعارة عملية نقل وحدات ثقافية بسيطة دون حدوث حركات شعبية وانتقال شعوب بأكملها. وفي هذا الصدد يقرر ألاند (Aland, 197.) أن التغير الثقافي يستند الى التجديد، والى الاستعارة أي الانتشار،[2] بينما يرى شوميكر (Shoemaker) أن الانتشار هو نمط خاص من أنماط الاتصال (Communication) فالانتشار أذن من وجهة نظره هو العملية التي تنتقل عن طريقها الأفكار الجديدة، وصور التجديد إلى أعضاء النسق الاجتماعي[3]. وتنصب دراسات الأنتشار على الأفكار الجديدة. ولكن الطريف أن شوميكر (Shoemaker, 1967) قدم رسماً مبسطاً وضح فيه طبيعة العلاقة بين بحوث الأنتشار وبحوث الاتصال فأولهما جزء من الآخر.

ومن ناحية اخرى، يقدم أيفريت روجرز (E.Rogers, 1971) تمييزاً آخراً بينهما، حيث يتم التركيز في بحوث أنماط الاتصال على إحداث التغيرات في المعرفة أو الأتجاهات عن طريق إجراء التبديل والتحويل في المصدر، والمادة المرسلة (Message) وقنوات الاتصال (Channels) أو المستقبلين (Receivers) في عملية الاتصال[4]، وعلى ذلك يقدم صورتين للانتشار من خلال الأندماج. أولاهما تتمثل في الاندماج مع الأنداد (Homophily) ، والانتشار، حيث يتم الاتصال والاندماج بين جماعتين متماثلتين الى حد كبير. أما الصورة الثانية فهي الأندماج مع الفرقاء (Hetrophily) والانتشار حيث لا تتكافأ الجماعتان في ثقافتهما، وانما تتسمان بالتباين.

غير أن الفكر الانتشاري لا يؤمن بالانتقال الكلي للمجتمعات، وإنما يحدث

(1) هولتكرانس، المرجع السابق، ص: 328-329.

(2) المرجع السابق، ص:44.

(3) Shoe Maker, & Rogers, **Op. Cit**, p: 48 .

(4) المرجع السابق، ص:15.

هذا الانتقال لبعض السمات أو العناصر الثقافية، وعلى ذلك يذهب بري (Perry) الى أن أية حضارة معاصرة ما هي إلا تراكم من العرف المتخلف او الباقي، وان التصنيف الواعي لها قد يكشف عن شرائح لمجموعة من الثقافات. ولكن يؤخذ على الانتشارية عموماً أنها لم تتناول البناء الثقافي للمجتمع ككيان عضوي، كما أنها عجزت عن متابعة التغيرات التي تقع نتيجة لهجرة سمة ثقافية (Cultural trait) الى ثقافة أخرى، وبالتالي ردود الفعل التي تثيرها في البناء الجديد الذي هاجرت اليه. علاوة على أنها في النهاية تحيزت في اختيار المعطيات التي تثبت بها صدق فروضها. وعلى ذلك لم نجد فيها إلا مجموعة من خرائط توضيحية لأصل السمات، وانتشارها تأملياً ودون سند واقعي يشهد على ذلك.

العلاقة بين التغير الاجتماعي والتغير الثقافي :

تتغير الثقافة بصفة أساسية -كما عرفنا- بتراكم العوامل المخترعة أو المستعارة ، فالعوامل الجديدة تدخل النظام الثقافي القائم وتنافس وتتحد مع السمات الموجودة ، وحقن النسل الثقافي بعامل جديد يزعج ويشوش الانسجام الوظيفي بين العوامل المترابطة . وهناك أربع خطوات في عملية التغير الثقافي يمكن تمييزها وهي :

أ- **تأتي سمة جديدة أو عامل جديد** فينتشر خلال التنظيم من مركز أصلي ، هذا المركز هو المنطقة التي اخترع فيها العامل الجديد أو استعير منها، وهناك ظروف عدة تؤثر في انتشاره واتجاه هذه الانتشار، وخلال سير السمة الجديدة في النظام يمكن أن تتغير أو أن تتحد مع سمات أخرى غير ذات علاقة .

ب- **أثناء الانتشار يزعج العامل الجديد** الأبنية الثقافية القائمة ويمكن أن ينافسها أو يتصارع معها على البقاء. ومن جهة أخرى يمكن أن يساند سمات قائمة أو يساعد على انتشارها، ومما لا شك فيه أن هذا العامل الجديد ولمدة ما يشوش على المسيرة المنتظمة للنسق الثقافي .

ج- **انتشار العامل الجديد** بسبب تغييرات في السمات ذات العلاقة، لكي تنسجم معها، فتتغير ملامح الثقافة القائمة ثم تعود إلى الارتباط بشكل يسمح لها استقبال واستيعاب السمة الجديدة .

د- **يستوعب النسق الثقافي** هذا العامل الجديد ما لم يحدث اختراعات جديدة تسبب التشويش المستمر، ومع طول الاستعمال تأخذ السمة الجديدة مكانها وتختفي بعد أن تصبح جزءاً لا يتجزأ من النسق الثقافي السائد [(1)].

وعلى الرغم من الصلة الوثيقة بين التغير الاجتماعي والتغير الثقافي إلا أنه ما زال في الإمكان التفرقة بينهما، على الأقل من الناحية النظرية، على أساس أن التغير الاجتماعي يعني التغيرات التي تحدث في التنظيم الاجتماعي أي في بناء المجتمع ووظائفه، ولهذا فهو جزء من موضوع أوسع يطلق عليه "التغير الثقافي" وهذا الأخير يشمل كل التغيرات التي تحدث في كل فرع من فروع الثقافة، بما في ذلك الفن، والعلم، والتكنولوجيا، والفلسفة.. الخ . كما ويشمل فوق ذلك التغيرات التي تحدث في أشكال وقواعد التنظيم الاجتماعي .

فالتغير الثقافي إذاً أوسع بكثير من التغير الاجتماعي، واهتمامنا هنا ينحصر- في المجال الضيق، لذلك فإننا لن نهتم بمسائل معينة مثل تطور الأصوات في اللغة ... أو نمو النظرية الرياضية، وإنما يجب علينا أن نفهم دائماً ، أن كل جزء من أجزاء الثقافة يرتبط بطريقة ما بالنظام الاجتماعي، ولكن لا يعني ذلك أن بعض التغييرات التي تحدث في بعض فروع الثقافة لا نستطيع أن نلاحظ آثارها في النسق الاجتماعي، فمن الناحية الاجتماعية نهتم بالتغير الثقافي فقط إلى المدى الذي ندرك فيه تأثيره في التنظيم الاجتماعي، ولهذا فإننا لا نهتم به منفصلاً عن التغير الاجتماعي [(2)].

---

(1) Robert O'Brien, W. and others , **Reading in General Sociology**. Houghton- Mifflin Company , Boston: 1957.P.426-430 .

(2) Davis, Kingsley, Human Society, Op. Cit., p: 622-623.

وقد عبر لومس (Loomis, 198.) عن اصطلاح التغير الثقافي بقوله : إن إصلاح التغير الثقافي أوسع في معناه من اصطلاح التغير الاجتماعي ويشمل التغير في التكنولوجيا والفلسفة والمعتقدات والفن وأنظمة القيم، إن ظهور نظرية الميكروب في حالة المرض بين قوم لم يكن لديهم علم مسبق بهذا المفهوم الثقافي تجلب بطبيعة الحال تغيرات في الأنظمة الاجتماعية الخاصة بالمرض وبمقاومته، ويمكننا أن نذكر على سبيل المثال المستوصفات والمستشفيات كأمثلة على التغير الاجتماعي والثقافي .. وكلما زاد فهم أي سلوك ثقافي كلما سهل اقتباسه وإحلال تغير حضاري مكانه . وحسب قول بارسونز (Parsons, 1972) إذا وجدت مادتان ثقافيتان فإننا نقبل تلك التي تكلف جهداً أقل وتعطي نفعاً أكثر[1] . وحسب أقوال غيره " السلوك المنسجم مع ثقافة جماعة ما ربما يكون منسجماً مع ثقافة مجاورة أكثر من انسجامه مع ثقافة بعيدة .. والإسراع في قبول سلوك ما في أي نظام يعتمد على قدر الحاجة العملية له في هذا النظام .

وفي العادة فإننا لا نفصل بين السمات الاجتماعية والثقافية لدى البحث عن عوامل التغير وأثره، بينما نظرية العدوى في المرض هي أمر ثقافي، لا نفصلها عن تنظيمات منظمات المستشفيات والمنظمات الطبية والمدارس، وهذه تعتبر من قبل البعض سمات اجتماعية[2].

ويجدر بنا بعد هذا العرض الموجز للتغير الاجتماعي والثقافي أن نورد بعض المبادئ الأساسية للتغير الثقافي ومن أهمها :

1- **كثير من المميزات الأساسية للمجتمع مثل الديموقراطية، والعلم، والمستوى المرتفع للحياة** هي أمور جديدة بالنسبة للإنسان لم يسبق وأن اختبرها، ولذا فإنه غالباً ما يجد صعوبة في معرفة ماذا يفعل بها .

---

(1) Talcott, Parson, **The Social System**, Indian edition, New Delhi, 1972.

(2) Chartes, Loomis, **Rural Sociology**, Mc-Graw Hill Book Comp. , N.Y.: 1980, P: 16-17.

2- **التغير الثقافي حتمي**، ولا توجد أية ثقافة لا تظهر فيها دلائل التغير .

3- **العوامل المؤدية للاستقرار** والعوامل المؤدية للتغير هي مظاهر موروثة للثقافة.

4- **تتغير الثقافات بمجموعات متباينة** بعضها يتغير بسرعة كبيرة جداً، والآخر ببطء شديد . وبعضها يتغير بسرعة لمدة ثم ببطء، وغيرها على عكسها .

5- تتغير الثقافة بإضافة سمات لها أو فقدان سمات منها أو حصول تغير في معالم سمات موجودة .

6- **تنشأ عناصر ثقافية جديدة في ثقافة معينة** ويسمى ذلك بالاختراع أو تأتي من ثقافات أخرى وتسمى حينئذ اقتباس Duffuition .

7- **يشمل الاختراع بصورة حتمية استعمال العناصر الثقافية الموجودة ولكن بتركيب جديد**، لذلك لا بد من زيادة ثروة العناصر التي يمكن أن تخرج منها الاختراعات الجديدة . (ينطبق هذا الكلام على الاختراع في كلا الحقلين، حقل الأشياء والأفكار) .

8- **جميع المجتمعات باستثناء بعض المجتمعات البدائية، وجدت راحتها (أشبعت رغباتها) عن طريق الاقتباس أكثر من واسطة الاختراعات الخاصة بها .**

9- **معظم الاختراعات تمثل تعديلات أو تغييرات** صغيرة في تفصيلات الثقافة، بينما الطابع الأساسي للمجتمع يبقى بدون تغير جوهري .

1.- **أن تأثير الاختراعات بعيد المدى** حتى أنه يتعذر التنبؤ بما يتغير من مجموع ثقافة ما بسبب شيء جديد .

11- **إن العامل الرئيسي في انسجام مهارة جديدة** أو فكر جديد مع ثقافة قائمة هو كيفية تلاؤم هذا الشيء الجديد داخل النظام القائم .

ولا يمكن القول عن أية سمة أنها ذات قيمة عالية أو منخفضة، لكنها دائماً تقيم بالدرجات السائدة في الثقافة، وهذه الدرجات في الأصل أشياء جديدة [1].

إن معظم عمليات التغير الثقافي، سواء كانت بالاستعارة أو التمدين أو الانتشار أو التثقيف أو فرض الثقافة، جميعها تنبع من عمل الإنسان، ولكن البيئة بين آن وآخر تلعب دوراً رئيسياً في تغيير الثقافة، ففي حالة تانالا(Tanala) في مدغشقر ظهرت حقيقة بسيطة وهي أن الأرض غير صالحة لزراعة الأرز على الطريقة الجافة القديمة، وهذه الحالة فرضت على الناس اختيار "التكنيك" الحديث لزراعة الأرز بواسطة الماء أو اختبار الموت جوعاً . اختار الناس نقل الماء للري وبذلك أصبحت هناك مساحات كبيرة جديدة من الأرض صالحة للزراعة . لكن كيف يمكن لأي إنسان أن يتنبأ بأن هذا الحدث الصغير سوف يغير النظام الاجتماعي وشخصيات السكان الذين يعيشون ضمنه تغييراً جذرياً ؟ لقد كان التانالا ديموقراطيين فرديين نقلوا قراهم من منطقة إلى أخرى من الأراضي القديمة غير الصالحة إلى الأراضي الجديدة، فتغيروا ليصبحوا مجتمعاً مركباً من طبقات برأسه ملك، أصبح هذا المجتمع له قرى ثابتة وله نظام حرب وتغيرت حياة الأسرة فيه من الشكل المتسامح إلى أشكال تضبطها سلطة .

وهكذا بالتدريج ظهرت جماعات من الملاكين وبظهور هذه العملية تصدع تنظيم الأسرة هذه المجموعة التي أصبحت مكونة من قطع مزروعة بالأرز ثابتة أصبحت نواة لقرية ثابتة بسبب الطريق الجديدة في الزراعة التي تمكن المزارع من إعادة استعمال نفس الأرض، وعندما كانت تؤخذ جميع الأراضي المحيطة بالقرية أصبح من اللازم على الذين لم يحصلوا على الأرض أن ينزحوا إلى أماكن أخرى في الغابة، وأصبح الذين نزحوا غير قادرين على الرجوع يومياً إلى قريتهم فاضطروا إلى إنشاء قرية جديدة، وهكذا أصبحت حقول الأرز البعيدة هذه مساكن بدلاً من كونها أملاكاً مشتركة بين أفراد القبيلة .

(1) John, Cuber, **Sociology.** Harber d Rew, N.Y.: 1973, p: 167.

تفرق شمل الأسرة ولكن الأسرة المتحدة احتفظت بأهميتها الدينية المرتكزة على عبادة جد واحد وبقيت كذلك حتى بعد تفككها . وكان يدعى أفراد هذه الأسرة إلى مناسبات للاحتفال وهذا سبب كسر طوق عزلة القرية القديمة، وأصبحت المصاهرة ظاهرة عامة بين القرى، وبهذه الطريقة حدث التغير من شكل القرية المستقلة إلى شكل التنظيم القبلي .

وهذه العملية أحدثت تغييرات في نمط الحرب المحلية، وكانت القرية القديمة لا تحتاج إلى تكاليف كثيرة للدفاع عنها ولا دفاع دائم، لكنها عندما أصبحت ثابتة صار لزاماً على القرية أن تدافع عن نفسها بشكل قوي يحتاج إلى مبالغ ضخمة وإلى دفاع دائم [(1)].

(1) Allan, R. Beals, and others , **Culture in Process**. The Free Press, Glencoe: 1972, p:219.

مراجع الفصل الثاني

أولاً: مراجع باللغة العربية

- أبو زيد، احمد البناء الاجتماعي: **مدخل لدراسة المجتمع**، دار الكتاب العربي، القاهرة: 1967 .

- حجازي ، محمد فؤاد، **التغير الاجتماعي**، مكتبة وهبة، القاهرة: 1978 .

- الخريجي، عبد الله، **التغير الاجتماعي والثقافي**، مؤسسة زامتان للتوزيع، جدة: 1983 .

- رشوان ، حسن عبد الحميد احمد، **تطور النظم الاجتماعية واثرها في الفرد**، المكتب الجامعي الحديث، الاسكندرية، 1982.

- العيسى، جهينة سلطان، **المجتمع القطري**، دراسة تحليلية لملامح التغير المعاصر، دار الثقافة، القاهرة، 198. .

- ليلة، علي، **كفاءة الاتجاه الوظيفي**، دار النهضة العربية، بيروت، 1972.

- لنتون، رالف، **دراسة الانسان**: ترجمة: "حسن عبد الباسط"، مكتبة غريب، القاهرة: 1972.

- هيرسكوفيتش، **ملفيك، الانثروبولوجيا الثقافية**، ترجمة "محمد طلعت عيسى-"، دار النهضة العربية، القاهرة 1975.

- هولتكرانس، ف. ، **قاموس الفولكلور**، الهيئة المصرية العامة، القاهرة: 1981.

- هولتكرانس، ف. ، **قاموس الانثونولوجيا:** مادة الاختراع، الهيئة المصرية العامة، القاهرة، 1981 .

ثانيا: مراجع باللغة الإنجليزية

- Alland A., **Adaptation in Culture Evolution**, McGraw - Hill Book Comp., N.Y.: 197..
- Barnet, H. **Socity in Transition**. N. Y.: 1939.
- O'Brien, Robert W. & others, **Reading in General Sociology Houghton-** Mifflin Comp., Boston: 1957.
- Beals, Allan R., d others, **Culture in Process**. The Free Press., Glencoe: 1972.
- Cuber, John ,**Sociology**, Harber & Rew, N.Y., 1973.
- Foster, George, **Traditional Societies & Social Change**.
- Mc-Graw Hill Book Com., N.Y.: 1972.
- Herskovits, M. **Culture Anthropology**, Indian Press, Bombay:1969.
- Horton & Hunt P.B.& Hunt, **Sociology**, The Indian edition, Bombay: 197..
- Kingsley, Davis, **Human Society**, Mcmillan Comp., N.Y.: 195..
- Koeing Samuel, **Sociology**. Columbia University Press, N.Y., 198..
- Linton, Ralph, **The Tree of Culture**, Alfred. A. Knoph, N.Y., 1957.
- Loomis, Chartes, **Rural Sociology** .Mc-Graw Hill Book Comp., N.Y., 198..
- Parsons, Talcott, **The Social System**, Indian edition, NewDelhi, 1972.
- Rogers, Everetta others, **Communications of Innovation**, Free Press, N.Y., 1971.
- Shoe Maker, F., **Communication of Innovations** , Free Press, Glencoe: 1967.
- Smith, R.,& Preston, F., **An Introduction to Sociology**. Martin Press, N.Y.: 1977.
- Tylor, E. B., **Primitive Culture**, John Murray, London: 1871, P:7..

الفصل الثالث

النظريات المعاصرة والمفسرة للتغير الاجتماعي والثقافي

مقدمة

يفكر علماء الاجتماع في رصدهم لظواهر التغير الاجتماعي في الأساليب التي يحدث بها التغير، وفي الأطراد او الانتظام الذي قد يتبدى في هذه الأساليب، ومن هنا بدأت تظهر العديد من النظريات التي تفسر التغير الاجتماعي. ورغم أن نظريات التغير الاجتماعي التي ظهرت عبر التاريخ قد تطورت كثيرا وازدادت دقة وأحكاما، وانتقلت من مرحلة التفكير التأملي والتاريخ الظني إلى الاحتكام إلى الواقع وحشد البراهين التاريخية الدالة على صحة النظرية، بالرغم من هذا فإن أياً من هذه النظريات لم يتوصل إلى كلمة نهائية في رصد ظواهر التغير وتفسيرها ويرجع السبب في هذا إلى أن الواقع الاجتماعي- التاريخ بمعناه الواسع- يكشف دائما عن أدلة وبراهين جديدة، إذا دعمت بعض النظريات فقد تؤدي إلى زيف نظريات أخرى، بل أنها قد تدحض كل النظريات القائمة. ولهذا فإن الحديث عن نظرية للتغير الاجتماعي يجب أن يكون حديثا محاطاً بالحذر، في ضوء الحقيقة التي مؤداها أن التاريخ يمكن أن يزيف أي نظرية.

ومع ذلك فإن إدراكنا لهذه الحقيقة لا يعني التقليل من شأن نظريات التغير الاجتماعي التي ظهرت حتى الآن ولكنه يفسر لنا لماذا تعددت هذه النظريات تاريخيا وآنياً، ولماذا اختلفت الآراء حول مجرى التغير الاجتماعي وأسبابه. ورغم هذا الاختلاف فإن المتأمل لتاريخ هذه النظريات يكتشف أنها قد نجحت في تحقيق قدر كبير من النضج العلمي، وأنها قطعت أشواطا كبيرة في فهم ظاهرة التغير الاجتماعي. وسوف يتضح لنا من خلال العرض التالي مدى صدق هذه الحقيقة.

ولن نخوض هنا في أسلوب عرض هذه النظريات، ولكنا سنحاول أن نتبنى مدخلا جديدا في عرضها. فالملاحظ على نظريات التغير الاجتماعي (وهي نظريات نابعة من النظريات العامة في علم الاجتماع) أن بذورها قد ظهرت في القرن التاسع عشر، وأنها لم تنقطع عن التطور، ولم تقض واحدة منها على الأخريات، هذا باستثناء النظريات الحتمية التي تكاد تكون قد اختفت تقريبا، ومن ثم فقد تطورت هذه النظريات بشكل متواز. ويتأسس المنحى الذي نتوخاه في عرض نظريات التغير الاجتماعي على هذه الفكرة، وسنعرض لك لنظرية ونتتبع تطوراتها المعاصرة، وبهذه الطريقة يمكن للقارئ أن يتعرف على تطور النظريات وعلى علاقتها ببعضها.

سنبدأ هذه النظريات بالحتميات ثم ننتقل إلى النظرية التطورية، فالنظرية الوظيفية، فالنظرية المادية التاريخية، وأخيرا النظرية السيكو- اجتماعية. وسوف يلاحظ القارئ امرين هامين: الأول أننا نستخدم صيغة الجمع عند الحديث عن كل اتجاه من هذه الاتجاهات فنقول مثلا " النظريات التطورية" ، أو " النظريات الوظيفية" ، وذلك لأننا سنتعرض داخل كل منها للصور المختلفة لكل اتجاه نظري. والثاني أننا لن نميز بين نظريات عامة وأخرى للعالم الثالث. لأن هذا التمييز سيظهر من تلقاء نفسه، حيث سيلاحظ القارئ ان كل نظرية قد استخدمت في تفسير التغير في العالم الثالث[1].

---

(1) محمد عبد المولى الدقس، **التغير الاجتماعي: بين النظرية والتطبيق**، المرجع السابق، ص:

نظريات التغير الاجتماعي

أولا: النظريات الحتمية

نقصد بالنظريات الحتمية تلك النظريات التي تركز في دراستها للتغير الاجتماعي على عامل واحد فحسب، وتفترض كل نظرية من هذه النظريات أن عاملا واحدا- كالاقتصاد أو المناخ أو غيرها- هو العامل الوحيد الذي يحرك كل العوامل الأخرى، ولذلك فإن هذه النظريات توصف بأنها نظريات اختزالية (Reductionism) أي أنها تختزل كل العوامل في عامل واحد، وتعتبر أن هذا العامل هو العامل الكافي وحده لحدوث التغير. ويكمن هذا المعنى في مفهوم الحتمية (Determinism) فهذا المفهوم يشتق من الكلمة اللاتينية (Determinant) [1]

ومعناها يحدد، ولذلك فان الحتمية تفترض أن الأمور محددة سلفاً، وأن المهمة الملقاة على عاتق الباحث هي اكتشاف جملة الشروط المسبقة التي تعين حدوث ظاهرة من الظواهر [2] وعندما استخدمت الكلمة في الفكر الاجتماعي، فإنها أصبحت تعني البحث عن السبب الوحيد، الأصل الكامن خلف حدوث كل الظواهر، أو الذي ترتبط به كل المتغيرات كمتغيرات تابعة بالضرورة.

وقد انتشرت الحتميات في كافة فروع العلم السياسي والاجتماعي في المراحل المبكرة لنشأة هذا العلم، وجاءت في معظمها متأثرة بعلوم أخرى، فانصار الحتمية الجغرافية تأثروا بالجغرافيا، بل أن بعضهم كان من الجغرافيين، والذين ناصروا الحتمية البيولوجية تأثروا بعلم البيولوجيا، وبنظرية التطور البيولوجي، وكان بعضهم من البيولوجيين وهكذا. ولقد انقرضت هذه الحتميات من التفكير العلمي ونحن إذ نشير إليها في مطلع حديثنا عن نظريات التغير الاجتماعي فأننا نذكر بتاريخ العلم

---

(1) **ن.م.**، ص : 215 .

(2) محمد احمد الزعبي، **التغير الاجتماعي**، المرجع السابق، ص: 90 .

ونوضح الأسس المعرفية التي قامت عليها النظريات الحديثة، ونكتفي هنا بالإشارة إلى نظريتين من النظريات الحتمية.

أ- الحتمية الجغرافية :

هناك اعتقاد قديم بأن ثمة علاقة بين طبيعة الطقس الذي يعيش فيه الإنسان - بارداً أم حاراً أم معتدلاً - وبين طابعه الاجتماعي (من حده المزاج أو أريحيته ومن حيث الانبساط أو الانطواء وغير ذلك من سمات الطابع الاجتماعي) ولقد تأثر المنظرون الاجتماعيون الأوائل بهذا الاعتقاد، وحاولوا من خلاله أن يميزوا أوجه التشابه والاختلاف بين البشر. وكانت النتيجة نظرية شاملة في الحتمية الجغرافية.[1]

وبالرغم من أن فكرة الحتمية الجغرافية فكرة قديمة إلا أنها شاعت من خلال استخدام عدد من المفكرين لها في تفسير نشأة المجتمعات وتغييرها.

ومن أشهر هؤلاء الجغرافي الأمريكي هنتنجتون(Huntington , 1965) الذي استخدم مفهوم الحتمية الجغرافية لا في تفسير تغير الاختلاف بين البشر فحسب، ولكن في تفسير تغير المجتمعات. فقد ذهب إلى القول بإنه إذا كانت الظروف الجغرافية هي التي تحدد صفات الناس وسلوكهم، فإن هذه الصفات وذلك السلوك لن يتغير إلا إذا تغيرت الظروف الجغرافية، وفي ضوء هذه الفرضية فسر- هنتنجتون ظهور الحضارات وسقوطها. فقد ازدهرت حضارة وادي النيل نظراً لتوفر ظروف جغرافية خاصة بملائمة الطقس والتربة ونوعية المحاصيل، وانقرضت هذه الحضارة بفعل تغيرات جغرافية أيضا بعد ارتفاع درجة الحرارة في وادي النيل وما ترتب عليها من جفاف التربة الأمر الذي خلق ظروفاً لا يمكن أن تحافظ على ثمار الحضارة.

(1) Lapiere, R.T., **Social Change**, McGraw-Hill Book Company, N.Y., 1987, p. 24.

وفي الوقت الذي كانت تتدهور فيه الحضارة هنا وكانت ظروف جغرافية أخرى تهيئ نشأة الحضارة في مكان آخر. وهكذا تغير مركز الحضارة من بلاد الرافدين إلى كريت إلى اليونان، فالرمان، فاسطنبول، فأوروبا الحديثة. ولكي يدلل هنتنجتون على صحة نظريته قدم شواهد من التغيرات الجغرافية التي حدثت في حوض البحر المتوسط خلال الثلاثة آلاف عام الماضية.[1]

ب- الحتمية البيولوجية :

تتأسس الحتمية البيولوجية على فرضية مؤداها أن الناس في العالم ينقسمون الى أجناس، وجماعات متميزة بيولوجيا، وأن الاجناس تختلف في قدرتها على تطوير الحياة الاجتماعية وتنميتها، وأن نوعية الحياة لدى شعب من الشعوب هي مؤشر على قدراتها البيولوجية- العرقية. وفي ضوء ذلك تتبلور الفروق بين الشعوب، كما تفسر- التغيرات الاجتماعية التي تظهر لدى هذه الشعوب، سواء التغيرات السلبية (المرتبطة بالتخلف أو التقهقر الحضاري)، أو التغيرات الايجابية التي تفسر بظهور أشكال من التفوق الكامن في شعب من الشعوب.

وتقوم الحتمية البيولوجية على فرضية سادت في مجتمعات قديمة منذ القدم، وهي تلك الخاصة بتفوق طبقات - داخل المجتمع، على طبقات أخرى، وارتباط هذا التفوق بالخصائص البيولوجية. ولقد ظهرت هذه الفكرة في كثير من الحضارات القديمة، وتبلورت بشكل حاد في الحضارة اليونانية التي ظهر فيها الاعتقاد بأن هناك أناساً ولدوا ليحكموا وآخرين ولدوا كرعية. ولقد تطورت فكرة ارتباط الطبقات المختلفة بخصائص بيولوجية مختلفة، تطورت لتعمم على الفروق بين المجتمعات.

ولقد لعب دي جوبيون (De Gobineau 1816-1882) دوراً في ترويج هذه الفكرة من خلال بحثه عن تفاوت السلالات البشرية الذي ربط فيه بين تفوق شعب من

(1) Huntington, E. Main, **Spring of Civilizations**, John Wiley & Sons, N.Y., 1965, p: 92.

شعوب أو انحطاطه وبين خصائصه العرقية، والذي شن فيه حرباً شعواء على الاشتراكية لمحاولتها خلق نوعاً من المساواة بين البشر- ومنذ ذلك الحين أصبح أنصار الحتمية البيولوجية يؤيدون الرأي الذي يفسر كافة أشكال التباين والتغير في المجتمعات من خلال المتغيرات البيولوجية. ومن المتغيرات البيولوجية التي يتم التركيز عليها في هذا الصدد المتغيرات التالية: [(1)]

1- أثر التفاوت الوراثي على التغير الاجتماعي.

2- أثر التفاوت بين الأفراد في الذكاء والامكانات الجسمية والنفسية المختلفة (دور الزعامة الكاريزمية)

3- أثر البيئة الصحية العامة لشعب من الشعوب على تطوره ونموه الاقتصادي والاجتماعي.

4- أثر الانتخاب الطبيعي والاصطناعي على الأشكال المختلفة لهرم السكان (نسبة عدد الذكور الى عدد الاناث، نسبة المواليد إلى الوفيات، نسبة الكبار إلى الصغار)

وبالرغم أن النظريات الحتمية قد سادت في مرحلة من مراحل تطور التفكير العلمي وبالرغم من ظهور أنصار لها هنا وهناك في العصر- الحديث، إلا أن التفكير العلمي المعاصر يميل إلى رفض هذه الحتميات لأسباب عديدة منها:

1- أنها نظريات اختزالية ذات نظرة أحادية.

2- أنها نظريات متحيزة تميل إلى تبرير أفكار بعينها كتفوق شعب من الشعوب أو سيطرة من شعب من الشعوب على شعب آخر.

3- أنها نظريات غير علمية لأنها تؤكد سبباً واحداً دون تمحيص علمي دقيق في الأسباب الأخرى.

---

(1) محمد الزغبي، المرجع السابق، ص: 74

4- أنها قد أدت إلى كثير من الصراعات بين الشعوب، فويلات الحرب العالمية الثانية لم تنتج إلا من الاحساس بالتفوق العرقي من جانب الألمان.

5- أنها ولدت أشكالاً من العنصرية السياسية التي يعاني منها عالمنا المعاصر كالعنصرية الصهيونية والعنصرية ضد السود في جنوب أفريقيا ومن قبلها في أمريكا. وفي ضوء هذه الانتقادات وغيرها أصبح المجال مفتوحا نحو صياغات أفضل لنظريات في التغير الاجتماعي.

ثانياً: النظرية التطورية

انتشرت النظريات التطورية في القرن التاسع عشر، وكانت متوازية الى حد ما مع النظريات الحتمية وان كانت تستمد جذورها من الفلسفات القديمة ولقد ظهرت النظريات التطورية من خلال الاعتقاد بأن المجتمعات تسير في مسار واحد محدد سلفا عبر مراحل يمكن التعرف عليها. ويتفق التطوريون على هذه القضية، ولكنهم يختلفون حول قضايا ثلاث: الأولى، تتصل بمراحل التطور أي عدد المراحل التي يمر بها مسلك التطور الاجتماعي، والثانية حول العامل الرئيسي- المحرك للتطور، هل يظهر التطور نتيجة لتغير في الأفكار والمعتقدات أم يظهر نتيجة لتغير في التكنولوجيا والعناصر المادية؟ والثالثة تتصل بوجهة التطور، هل التطور يسير في مسلك خطي تقدمي أم يسير في مسلك دائري بحيث يعود من حيث بدأ؟ ويمكن أن نعرض للنظريات التطورية وفقاً لأي بعد من هذه الأبعاد الخلافية.

والواقع أن الاعتماد في تصنيف هذه النظريات على البعد الأول أو الثاني (نعني عدد مراحل التطور وعوامله) يضعف هذه النظريات بل ويخلق تشتتاً واختلاطاً مع دراسة عوامل التغير الاجتماعي مثلاً. ولذلك فأننا سوف نعتمد على البعد الثالث، وهو المتصل بوجهة التطور ونقسم في ضوئه نظريات التطور الى نوعين: نظريات التطور الخطي ونظريات التطور الدائري، ثم ننوه في النهاية ببعض الصور المستحدثة من التطورية.

أ- النظريات الخطية:

توصف النظريات الخطية بأنها نظريات تهتم بالتحولات التقدمية المستمرة أو المطردة الموصلة في النهاية إلى هدف محدد، ويمر المجتمع في حالة تحوله نحو تحقيق هذا الهدف بمراحل أو خطوات ثابتة. وتعتبر هذه الفكرة فكرة قديمة ظهرت في الفلسفة الاغريقية القديمة، وأعيد احياؤها في عصر التنوير على يد فيكو Vico الذي حدد مسار المجتمعات في ثلاث مراحل أساسية في ضوء علاقة الإنسان بقوى ما فوق الطبيعة [(1)] وقويت هذه الفكرة في القرن التاسع عشر عندما انشغل المفكرون الاجتماعيون بالبحث عن الأصول الأولى لمجتمعاتهم ومحاولة تحديد المرحلة التاريخية التي وصلت إليها هذه المجتمعات .

ولقد سار الفكر التطوري المبكر في خطين رئيسيين في تحديده لمراحل التطور:

1- التركيز على عنصر واحد من عناصر الحياة الاجتماعية أو الثقافية وتحديد المراحل الزمنية التي سارت فيها المجتمعات وفقاً لهذا العنصر. وهكذا مال بعض التطوريين إلى التركيز على الجوانب الاقتصادية كالقول بأن المجتمعات مرت بمرحلة الصيد ثم مرحلة الرعي، ثم مرحلة الزراعة. ومال بعضهم الأخر إلى التركيز على الأسرة كمؤسسة اجتماعية فقالوا بتحول الأسرة من الأسرة المشاعية الى الأسرة ذات النسب الأمومي الى الأسرة ذات النسب الأبوي [(2)] أن المراحل التطورية هنا تلتف حول عنصر ثقافي واحد كالاقتصاد أو الأسرة، ومنه تتحدد طبيعة المراحل التي يمر بها التطور.

---

(1) Harris, M. , **The Rise of Anthropological Theory Crowell Comp**. N.Y., 1968, p: 27.

(2) M. Ginsberge, **Essays in Sociology & Social Philosophy**, Heinmmann, London, 1961, P: 200.

2- بدلاً من التركيز على عنصر واحد مال بعض التطوريين إلى النظر للتطور الكلي في البناء الاجتماعي أو الثقافي، وتحديد المراحل بشكل كلي دون التركيز على عنصر بعينه. وتندرج تحت هذا الموقف معظم الاسهامات التطورية الشهيرة في القرن التاسع عشر. ومن الأمثلة عليها نظرية أوجست كونت عن تطور المجتمعات من المرحلة الوضعية ونظرية ماركس في التحول من المجتمع المشاعي إلى المجتمع الاقطاعي الى المجتمع الرأسمالي إلى المجتمع الاشتراكي، ونظرية لويس مورجان عن التحول من المجتمع البدائي إلى المجتمع البربري، الى الحضارة ونظرية سبنسر في التحول من المجتمع العسكري الى المجتمع الصناعي، ذلك التحول الذي يصاحبه تحول من حالة التجانس المطلق إلى حالة اللاتجانس غير المستقر.[1]

وسواء ركزت النظرية على متغير واحد أو ركزت على المجتمع ككل، فان التطورية الخطية تتميز بتحديد مراحل تقدمية تسير نحو هدف محدد. ويكمن الخلاف بين المفكرين التطوريين في عنصرين أساسيين: الأول يرتبط بعدد مراحل التطور، والثاني يرتبط بطبيعة العامل المحرك للتغير، فأوجست كونت(Auguste Cont) يرى أن الإنسانية تسير سيراً تلقائياً تقدميا، والتقدم في نظره سير اجتماعي نحو هدف معين، وهذا السير يخضع لقوانين ضرورية هي التي تحدد بالضبط مداه وسرعته، ويستدل كونت على خضوع الإنسانية لظاهرة التقدم والارتقاء المطرد، بأنها مرت بثلاث مراحل هي: الحياة الاجتماعية في العصور القديمة والحياة الاجتماعية في القرون الوسطى المسيحية، ثم التنظيم الاجتماعي الذي قام غداة الثورة الفرنسية.

وتقرير كونت للمراحل الثلاث المذكورة يؤكد فكرته في التطور الارتقائي، ويزيد على ذلك بأن الارتقاء واضح في مظهرين: حالتنا الاجتماعية وطبيعتنا الانسانية، والتقدم الاجتماعي في نظره مظهر من مظاهر التطور العقلي، وقوانينه مستمدة من قوانين تطور الفكر التي تصور انتقال التفكير الإنساني من المرحلة اللاهوتية إلى

(1) بوتومور، ت.ب، **تمهيد في علم الاجتماع**، المرجع السابق، ص: 115

المرحلة الفلسفية الميتافيزيقية، ثم إلى المرحلة العلمية الوضعية، وهذا قانون ظاهر الخطأ ومن ثم فكل ما يقوم عليه من آراء وتصورات لا يعد صحيحا بصورة قاطعة.[1]

وعند هنري مورجان (H. Morgan, 1877) في كتابه "المجتمع القديم" سنة 1877 فيفترض أن مراحل التطور التكنولوجي ونظم القرابة ترتبط بمختلف المؤسسات الاجتماعية والسياسية. ولقد استنتج على أساس من المعطيات التاريخية أن الثقافة تتطور في مراحل متتابعة وأن ترتيب هذه المراحل هو ترتيب حتمي وأن محتواها محدد لأن العمليات العقلية تتشابه بين الناس في ظل ظروف متشابهة في المجتمعات المختلفة.

ولقد وصف تقدم النوع الإنساني من خلال ثلاث مراحل رئيسية للتطور:

المرحلة البدائية (Savagery) والمرحلة البربرية (Barbarism) ومرحلة المدنية (Civilization) كما قسم كلاً من المرحلتين البدائية والبربرية إلى ثلاثة أقسام عليا ووسطى ودنيا، لقد وضع هذه المراحل في ضوء الانجازات التكنولوجية والمراحل السبع كما وصفها كانت كالآتي:

1- المرحلة الدنيا من المرحلة البدائية (Lower Status of Savagery) وهي تبدأ منذ نشأة الجذور الإنسانية وحتى بداية الفترة التالية.

2- المرحلة الوسطى من البدائية (Middle Statues of Savagery) وهي تبدأ من مرحلة صيد الأسماك للحصول على الغذاء ومعرفة استخدام النار حتى الفترة التالية.

3- المرحلة العليا من البدائية (Upper Status of Savagery) وتبدأ منذ اختراع السهم والقوس وحتى المرحلة التالية.

(1) عبد الباسط محمد حسن، المرجع السابق، ص 514.

4- المرحلة الدنيا من البربرية (Lower Status of Barbarism) وهي تبدأ منذ ابتكار صناعة الفخار الى الفترة التالية.

5- المرحلة الوسطى من البربرية (Middle Status of Barbarism) وهي تبدأ منذ استئناس الحيوانات في نصف الكرة الشرقي، وفي الغرب منذ زراعة الذرة والنباتات بواسطة الري إلى المرحلة التالية.

6- المرحلة العليا من البربرية (Upper Status of Barbarism) وتبدأ منذ ابتكار عملية صهر الحديد الخام مع استخدام أدوات جديدة إلى المرحلة التالية.

7- مرحلة المدنية (Status of Civilization) وهي تبدأ منذ اختراع الحروف الابجدية المنطوقة واستخدام الكتابة حتى وقتنا الحاضر.

ويؤكد مورجان أن كل مرحلة قد بدأت بابتكار تكنولوجي أساسي، وعلى سبيل المثال، فلقد اعتبر الفخار مميزا للحالة الدنيا من المرحلة البربرية، وزراعة النباتات واستئناس الحيوانات مميزة للمرحلة الوسطى من المرحلة البربرية، كما أن ابتكار الحروف الابجدية المنطوقة قد بشر

بالمرحلة المدنية، كما أن تنظيم المجتمع السياسي على أساس اقليمي كان أساس وضع الحدود حيث بدأ المجتمع المدني.

كما يؤكد مورجان أن كل مرحلة من مراحل التطور التكنولوجي ترتبط بعلاقة متبادلة مع تطورات مميزة في الأسرة والدين والنظام السياسي وتنظيم الملكية.

ب- النظريات الدائرية:

يذهب أصحاب هذه النظريات إلى أن التغير يتجه صعوداً وهبوطاً في تموجات على شكل أنصاف دوائر متتابعة وبنظام مطرد، بحيث يعود المجتمع من حيث بدأ في دورة معينة. وتنقسم النظريات الدائرية إلى نوعين: بعضها يفسر جانباً محدوداً من جوانب الحياة الاجتماعية أو يشرح ظاهرة أو نظاما اجتماعيا واحداً. وبعضها

الآخر يهدف إلى تفسير المجرى العام للتاريخ، متناولا جميع الظواهر والنظم والأنساق الاجتماعية دون أن يركز على ظاهرة واحدة أو نظام بذاته، ومن أصحاب النظريات الدائرية: ابن خلدون، وفيكو، وشبنجلر، وتوينبي.

يرى ابن خلدون أن المجتمع الإنساني كالفرد يمر بمراحل منذ ولادته حتى وفاته، وأن للدول أعمارا كالأشخاص سواء بسواء، وعمر الدولة في العادة ثلاثة أجيال، والجيل أربعون سنة، فعمر الدولة إذن مائة وعشرون سنة، وفي هذه الأجيال الثلاثة يمر المجتمع بمراحل ثلاث هي[1]:

1- **مرحلة النشأة والتكوين:** وهي مرحلة البداوة، ويقتصر الأفراد فيها على الضروري من أحوالهم المعيشية، وتتميز هذه المرحلة بخشونة العيش، وتوحش الأفراد وبسالتهم، كما تتميز بوجود العصبيات.

2- **مرحلة النضج والاكتمال:** وهي مرحلة الملك، وفيها يتحول المجتمع من البداوة إلى الحضارة. ومن الشظف إلى الثروة والخصب، ومن الاشتراك في المجد إلى انفراد الواحد به، وفيها يحدث تركيز السلطة في يد شخص أو أسرة أو أمة واحدة بعد أن كانت عامة وشائعة.

3- **مرحلة الهرم والشيخوخة:** وهي مرحلة الترف والنعيم أو الحضارة، وفيها ينسى الأفراد عهد البداوة والخشونة، وتسقط العصبية، ويبلغ الترف ذروته، وينسون الحماية والمدافعة، ويؤدي النعيم بالدولة إلى الانقراض والزوال تسبقه حالة من الضعف والاستكانة وفساد الخلق تسمى الاضمحلال ، وينتهي الأمر بالمجتمع إلى الهرم.

ويعتبر المفكر الإيطالي " فيكو" (Vico, 19) من أبرز مفكري القرنين السابع

(1) محمد الهادي عفيفي، **التربية والتغير الثقافي**، مكتبة الأنجلو المصرية، القاهرة، 1975، ص:17.

عشر والثامن عشر، وقد وضع نظرية دائرية في تطور المجتمعات مؤداها أن المجتمع الإنساني يمر في ثلاث مراحل هي[1]:

1- **المرحلة الدينية أو الإلهية:** وفيها يرجع الناس كل شيء إلى الآلهة.

2- **المرحلة البطولية:** وفيها يرجعون كل شيء إلى العظماء والأبطال.

3- **المرحلة الإنسانية:** وفيها أصبحت الجماهير أو الشعوب هي المحرك الحقيقي لكل شيء.

ويؤدي منطق نظريته إلى أن الإنسانية لا تستقر ولكنها تسير سيرا دائرياً. فعندما تستقر فترة معينة في المرحلة الأخيرة فإنها سرعان ما تعود القهقرى إلى المرحلة الأولى، ولكن بشكل مغاير وبصورة أكثر رقياً، أي أن آخر طور من هذه الأطوار إنما يمهد للطور الأول ولكن بشكل أرقى، ولذلك أطلق على نظريته قانون النكوص.

كما اهتم اوزفالد شبنجلر(Oswald Spengler)الذي يعد من أشهر أصحاب النظرية الدائرية في كتابه " سقوط الغرب أو انهيار الغرب" بالحضارات وشبهها بحياة الكائنات الحية التي تمر بمرحلة الشباب، ثم الرشد، فالشيخوخة المحتومة. وقد درس شبنجلر سبع حضارات حاول أن يستكشف عوامل صعودها وهبوطها وتبين له أنها جميعا مرت بمراحل إنشاء ونمو، ونضج، ثم انحدار.

ويمثل الفيلسوف المعاصر " أرنولد توينبي " A. Toynbee. أفضل معرفة لتلك النظريات الدائرية، ويتضح ذلك بصورة جلية في كتابه الشهير " دراسة التاريخ" A Study of History الذي حاول فيه البحث عن الأسباب العامة لارتقاء وانحدار الحضارات. ويؤكد أن فكرة التحدي والاستجابة تمثل سبب نقل القوى فيرى أن الاستجابات الناجحة للتحديات تنتج عنها عناصر النمو. وتستمر الحضارات في النمو طالما استمرت أقليتها المختارة في استجاباتها الخلاقة المتكافئة مع التحديات

(1) عبد الباسط محمد حسن، المرجع السابق، ص: 521.

الجديدة. أما عملية الانحلال فتبدأ حين تفقد هذه الأقليات ديناميكيتها ولا تستطيع أن تستجيب بشكل خلاق للتحديات الجديدة. وتقوم السوابق الحضارية بتحديد مستواها فالسوابق المنبثقة عن حضارات قديمة تكون بعد انحلالها أعلى مستوى من تلك التي جاءت من مجتمعات بدائية وذلك لاختلاف إمكاناتها الكافية من نواح كثيرة هامة. ولذلك يذهب توينبي إلى القول بأن الحركة الدائرية تنطبق على كل الحضارات وأن كان يتميز بعضها بالعقم والآخر بالتوقف إلى حين[1].

نستخلص من ذلك أن " توينبي" قد حصر نطاق التغير في ثلاث أحوال أساسية الأولى هي: حالة التوازن أو التكافؤ، والثانية هي: الانتقال إلى حالة اللاتوازن، ثم أخيرا حل الأزمة أو المشكلة أي الانتقال إلى حالة جديدة.

ويمثل الفيلسوف بدراسة إحدى وعشرين حضارة في مختلف انحاء العالم شرقا وغربا. وحاول أن يصل إلى معرفة القوانين العامة التي تتحكم في قيامها وتطورها وانحلالها، وقد أجمل توينبي طبيعة الانهيار الحضاري في ثلاث نقاط[2]:

الأولى: اخفاق الطاقة الابداعية في الأقلية المبدعة، وعندئذ تتحول تلك الأقلية إلى أقلية مسيطرة.

الثانية: ترد أغلبية المجتمع على طغيان الأقلية بسحب الولاء لهذه الأقلية وعدم محاكاتها.

الثالث: يستتبع الثقة بين أقلية المجتمع الحاكمة وأغلبيته المحكومة ضياع وحدة المجتمع الاجتماعية وانهياره.

يرى " سوروكين "(Sorokin) ، أن المجتمعات تتحرك جيئة وذهابا

(1) محمد عبد الهادي عفيفي، المرجع السابق، ص:19.

(2) عبد الله الرشدان، **علم اجتماع التربية**. المرجع السابق، ص 283.

(Back and Forth) من نمط معين من الحضارة إلى آخر، وتحتاج الكائنات الإنسانية في البداية إلى اكتساب المعرفة لكي تسيطر على اتجاه التغير[1].

ولكي نفهم ذبذبة التغير الاجتماعي، يجب على دارسي علم الاجتماع أن يكونوا على إلمام تام بالنماذج المختلفة للمجتمع، ويمدنا " سوروكين" بثلاثة أنواع للحضارات هي: الحسية والتصورية والمثالية.

وهذه الأنواع الثلاثة توجد فقط كنماذج مثالية(Ideal Types) ولا يوجد فيها نوع خالص[2].

أنماط الثقافة

أولا: الثقافة الحسية:

وتوجد عندما تتقبل عقلية الجماهير حقيقة الأشياء ونستطيع ملاحظتها بالأعضاء الحسية. ولذلك لا تهتم الحضارة الحسية بالبحث أو اكتشاف " المعرفة المطلقة" Absolute Knowledge وإنما تتجه نحو استخدام " الأمبيريقية" (الملاحظة) كمصدر للحقيقة.

ثانيا: أما وجهة نظر الثقافة الصورية، فهي عبارة عن إحساس روحي، حيث تعتمد تلك الثقافة على اتجاه ديني إلى حد بعيد، ومن ثم تعتمد على الدين والوحي كمصادر للحقيقة ولا تهتم بالجوانب الأمبيريقية. فإذا كان الشخص الحسي يكتسب المعرفة من الظواهر التي يمكن ملاحظتها ولذلك يستطيع أن يعالجها ببراعة، فإن الشخص الصوري هو ببساطة

(1) مصطفى الخشاب، **دراسة المجتمع**، كلية الأنجلو المصرية، القاهرة 1977، ص: 283.

(2) علي عبد الرازق الحلبي، **علم الاجتماع الثقافي**، دار المعرفة الجامعية، الاسكندرية، 1998، ص: 176 .

الذي يطابق بين الأنماط وأحوالها في مجموعة كلمات، ويضع تنبؤات خيالية، ومن ثم يكون صاحب تلك الثقافة أزليا ومطلقا.

ثالثا: جاءت الثقافة المثالية مزيجا من الأنماط الحسية والصورية ، ومع ذلك فإن هذا النوع من الثقافة يرتقي فوق النوعين السابقين نظرا لإضافة " السببَ" كمصدر للحقيقة. ولكي توجد هذه الثقافة المثالية فيجب أن تتعايش أو تتصاحب عناصر الثقافة الحسية والصورية في نمط متناسق . هذا الخلق يمثل مثلثاً أبستمولوجياً.

رابعا: أما النمط الرابع للثقافة فيجب تخيله من تكامل النسق الفكري "لسوروكين"، والذي يطلق عليه " الثقافة المختلطة" Mixed Culture وهو مركب من الثقافة الحسية والصورية بدون " سبب" كمصدر للحقيقة. ويجب أن تعتمد هذه الثقافة إلى حد ما على الأمبيريقية والزهد أو التقشف (الولاء)، كما يجب ان توضح الخط الوسط لفصل الثقافة الحسية والصورية في أساس المثلث.

ويعتقد " سوروكين " أن هذه المجتمعات ترتد باستمرار جيئة وذهابا ما بين الحضارة الحسية والصورية، أحيانا ترتفع بدرجات كبيرة، وتحرز تقريبا الثقافة المثالية، وفي أحيان أخرى تمر بالثقافة المختلطة.

ولقد لاحظ " سوروكين" قبل وفاته في عام1969 أن الثقافة الغربية سوف تصل تقريباً إلى أقصى درجات الثقافة الحسية، ويجب عليها أن تبدأ بتقبل اتجاه النمط الصوري.

ومن الواضح أن أصحاب النظريات الدائرية يتفقون على فكرة أن التاريخ يعيد نفسه، وأن الخبرات التاريخية للمجتمعات يمكن أن تتكرر. ولكنهم- مع ذلك- يختلفون في رؤيتهم لهذه الحركة الدائرية للمجتمعات. فبعضهم يحدد مراحل ثابتة تمر بها كل المجتمعات كما في نظرية شبنجلر أو نظرية سوروكين، بينما يميل البعض

الآخر إلى الحديث عن دورات يمكن أن تتكرر هنا وهناك دون تحديد مراحل ثابتة كما هو الحال في نظرية باريتو أو نظرية تويبني.

1- انها تفرض مخططا تطوريا ثابتا على كل المجتمعات دون النظر إلى واقع هذه المجتمعات وسياق أبنيتها الداخلية.

2- أنها تعتبر التطور عملية حتمية أو ضرورية في كل المجتمعات.

3- أنها تهمل التطور متعدد الخطوط، فالتطور أما خطي وأما دائري.

4- أنها تفترض أن التطور إما أن يكون تقدميا أو رجعيا، وهي بذلك تمهل أشكال التطور الأخرى الوسيطة.

الصور الحديثة للتطورية :

رغم أن الزمن قد تقادم على التطورية، ومع ذلك فإنها تعاود الظهور بين الحين والآخر إلى درجة يمكن القول معها أن التاريخ لن يعدم الفكر التطوري أبدا. ورغم أن البعض يؤكدون أن التطورية المحدثة قد تخلصت من كثير من مشكلات التطورية الكلاسيكية، فلم يعد الفكر التطوري يركز على الحتمية التاريخية، ولم يعد يركز على أحادية التطور، ولم يعد يناظر بين التطور على المستوى البيولوجي ونظيره على المستوى الاجتماعي[(1)]: بالرغم من ذلك كله إلا أننا لا نجد خلافا كبيرا بين الفكر التطوري القديم والفكر التطوري المحدث بل أن الفكر التطوري- قديمه وحديثه، قد نشأ لتحقيق نفس الهدف وهو تأكيد تفوق الحضارة الغربية وتقدمها. وإذا كانت هذه الفكرة قد ظهرت على استحياء في الفكر التطوري الكلاسيكي لاقت اعتراضا في هذا الفكر من قبل أصحاب النظريات الدائرية في التطور، فإنها ظهرت في الفكر التطوري الحديث على نحو أكثر اعتدادا من ذي قبل وتقدم فيما يلي نماذج سريعة لهذا الفكر التطوري

(1) أحمد زايد، **اعتماد أعلام التغير الاجتماعي**، المرجع السابق، ص:49.

أ- نظرية مراحل النمو

وهي النظرية التي قدمها والت روستو (W.Rostow, 1961) عام 1961 في كتابه بعنوان: مراحل النمو الاقتصادي وتقوم هذه النظرية على فرضية مؤداها أن النمو الاقتصادي في المجتمعات جميعا يمر بمراحل محددة، وأن الفرق بين مجتمع وآخر هو في الدرجة التي قطعها المجتمع على طريق النمو الاقتصادي. ويعني ذلك ضمنيا أن المجتمعات غير النامية سوف تمر بنفس خط التطور الذي مرت به المجتمعات المتقدمة وقد حدد روستو مراحل النمو بخمس مراحل هي:

1- مرحلة المجتمع التقليدي.

2- مرحلة شروط التهيؤ للانطلاق

3- مرحلة الانطلاق

4- مرحلة الاتجاه نحو النضج.

5- مرحلة الاستهلاك الوفير.

ويرى روستو أن المجتمعات لابد أن تمر عبر هذه المراحل بالترتيب، مع الاخذ بالاعتبار اختلاف المدة اللازمة لكل مرحلة. ويربط روستو بين البناء الاقتصادي والاجتماعي للمجتمع، وأن انتقال المجتمع نحو التحديث لا يتم إلا بتغير البناءين معا.

ب- نظرية الالتقاء أو التقارب

قدم هذه النظرية كلارك كير(Kerr) وزملاؤه عام 1960 وقد عرفت بنظرية الالتقاء (التقارب أو الوفاق)(Convergence Theory) . وتتأسس هذه النظرية على فرضية أساسية، هي أن العالم قد دخل إلى مرحلة جديدة وهي مرحلة التصنيع الكامل، ولا شك أن هناك من الأفكار ما يقترب من هذه المرحلة، وبعضها الآخر ما يزال بعيداً عنها، وللتصنيع خاصية جوهرية هي انه يجعل المجتمعات متشابهة

ويخلق نظماً متشابهة. ولقد وصلت المجتمعات الصناعية إلى هذا التشابه، الذي يشكل مستقبل المجتمعات غير الصناعية. ويقوم هذا التشابه على المظاهر الآتية:

1- الإنتاج الواسع النطاق الذي يعتمد على المهارات والمنافسة وتقسيم العمل.

2- الحراك الاجتماعي الرأسي والأفقي.

3- تطور التعليم وتفرعه إلى التركيز على التعليم الفني المتخصص والتعليم الإداري.

4- التحضر وزيادة سكان المدن.

5- تحقيق درجة من الأنفاق على القيم.

6- نمو الاعتماد المتبادل وتناقص فرص قيام الحرب.

وتكون هذه المؤثرات نموذجا مثاليا يسعى التغير الاجتماعي في أي مجتمع إلى تحقيقه، وإذا كانت مؤشرات هذا النموذج هي السمات العامة المشتركة للمجتمعات الصناعية، فإن التغيير الاجتماعي سوف يؤدي في النهاية إلى تحقيق ضرب من الالتقاء أو التقارب بين مختلف الدول. وبالرغم من أن كير لم يحدد مراحل لهذا التطور إلا أنه يتشابه- إلى حد كبير- مع تحليل والت روستو لمراحل النمو.

ج- نظرية نهاية التاريخ

هذه نظرية من أحدث نظريات التطور وقد قدمها المفكر الأمريكي فرنسيس فوكوياما (Fukuyama, 1989) عام 1989، بعد سقوط الاشتراكية في الاتحاد السوفيتي ودول أوروبا الشرقية، وتتأسس هذه النظرية على آراء هيجل التطورية التي تنظر إلى التطور على أنه انطلاق نحو الكمال، العقل الكامل، والدولة الكاملة، والقيم المطلقة، أنه تطور نحو المطلق يختمه قانون الجدل ويسعى به إلى أفضل الصور وأكملها . ولقد اعتمد فوكومايا، على فكرة هيجل حول: الرغبة في الاعتراف والتقدير، والتي اعتبرها هيجل فكرة محركة للتاريخ. وينظر فوكومايا إلى الديمقراطية

الليبرالية المعاصرة- والتي تمثلها أمريكا- على أنها ألغت فكرة العلاقة بين السادة والعبيد، التي كانت موجودة بشكل أو بآخر في النظم السياسية الأخرى. لقد كانت كل هذه النظم تنشغل بالبحث عن الاعتراف، الذي يتمثل في صورته الملموسة في النزاع بين شخصين متحاربين. أن هذه الرغبة في الاعتراف هي التي تجعل أيا منهما يموت استسلاما للآخر، وهي- ومن ثم- التي تجعل النظم السياسية تتأسس على علاقات تسلطية، وهي التي تجعل دولا تسيطر على دول أخرى وتقيم امبراطوريات. ولقد ظل الأمر هكذا طوال تاريخ البشرية، طالما أن الرغبة في انتزاع الاعتراف تتأسس على أسس لا عقلانية.

أما الليبرالية الديمقراطية- التي ظهرت بعد الثورة الفرنسية والثورة الأمريكية- فقد " بدلت الرغبة غير العقلانية في الاعتراف بالدولة أو الفرد، وأحلت محلها رغبة عقلانية في الاعتراف بالدولة أو الفرد، على أساس من المساواة" ويعني ذلك أن الليبرالية الديمقراطية قد حلت معضلة الصراع التاريخي من خلال قيمة المساواة، وهي بذلك تكون قد أوقفت التاريخ عن الحركة. فهي إذن نهاية التاريخ وسوف تتطور نفس المجتمعات لتصل إلى نفس هذه النهاية، وليس ثمة مجال آخر للتطور بعد الديمقراطية الليبرالية التي تحقق للفرد ذاته وكماله وتخلق إطارا من المساواة، تختفي فيه السيطرة الامبريالية.

وإذا كانت نظرية فوكوياما [1] من أحدث نظريات التطور، وإذا كانت تضع للتاريخ نهاية، فإنه يمكن القول أن هذه النظرية قد أوقفت حرمة الطور أو ثبتتها عند نقطة معينة. فهل ستؤثر على نظريات التطور نفسها وتوقفها هي الأخرى وتضع لها نهاية؟

(1) فوكوياما، **نهاية التاريخية وخاتم البشر**، ترجمة: حسين أحمد امين، مركز الأهرام للترجمة والنشر، القاهرة، 1993، ص: 16.

ثالثا: النظريات البنائية- الوظيفية

شجبت الوظيفة فكرة فهم المجتمع في ضوء تاريخه، كما شجبت فكرة مراحل التطور، وفي مقابل ذلك حاولت الوظيفية أن تفهم المجتمع في ضوء ظروفه المعاصرة وفي ضوء العلاقات المتبادلة بين مكوناته. وتعتمد النظرية البنائية- الوظيفية في تحليلاتها على مفهومين رئيسيين هما مفهوم البناء (Structure) ومفهوم الوظيفة (Function) . ويشير مفهوم البناء إلى العلاقات المستمرة الثابتة بين الوحدات الاجتماعية، بينما يشير مفهوم الوظيفة إلى النتائج أو الآثار المترتبة على النشاط الاجتماعي.

فالبناء يكشف عن الجوانب الهيكلية الثابتة، بينما تشير الوظيفة إلى الجوانب الديتامية داخل البناء الاجتماعي. ولقد استخدم الوظيفيون مفهوما ثالثا هو مفهوم النسق الاجتماعي (Social System) والذي أمكن من خلاله تحليل الجوانب الهيكلية- البنائية والجوانب الدينامية الوظيفية. فالمجتمع نسق يتكون من مجموعة من الأنساق الفرعية يؤدي كل منها وظيفة محددة.

ولقد ظهرت الوظيفة عبر تراث طويل امتد من القرن التاسع عشر حتى وقتنا الحاضر، وساهم فيها عدد كبير من العلماء ومن ثم فقد تعددت صورها وتباينت فيها الإسهامات النظرية. وفي ضوء ذلك فإن تحليلا للتغير الاجتماعي من وجهة النظر الوظيفية، يتطلب التوقف عند بعض صور الوظيفية والتي ظهرت بدءا من القرن التاسع عشر وحتى الآن.

وبالرغم من وجود ضروب من الاتفاق بين هذه الصور إلا أن ثمة اختلاف بينهما، وهو اختلاف نابع من طبيعة الظرف التاريخي الذي ظهرت فيه كل صورة من هذه الصور، فهناك وظيفة القرن التاسع عشر، التي تأسست من خلال أعمال سبنسر ودوركايم وباريتو، ولفيف آخر من علماء الأنثروبولوجية، وهناك وظيفة القرن العشرين التي أسسها عالم الاجتماع الأمريكي تالكوت بارسونز (T. Parsons)،

وهناك أخيرا نظرية التنمية الوظيفية التي طورها تلاميذ للوظيفيين الأوائل والمحدثين في محاولة لفهم طبيعة التغير الاجتماعي في المجتمعات النامية. سوف نحاول فيما يلي أن نلقي نظرية سريعة على كل صورة من هذه الصور.

1- الوظيفية الكلاسيكية:

نستخدم مفهوم " الوظيفية الكلاسيكية" للإشارة إلى الإسهامات الوظيفية المبكرة كما تمثلت في أعمال هربرت سبنسر واميل دوركايم وماكس فيبر وباريتو. والمحقق أن هذه الإسهامات- على ما بينها من اختلاف- تميل إلى النظر للتغير الاجتماعي باعتباره تغيراً توازيناً تدريجياً لا يؤدي إلى هدم البناء الاجتماعي أو تبديله، وإنما يؤدي إلى استمراره في حالة متكاملة ومتوازنة. فالتغير الاجتماعي يظهر في شكل إضافات في الحجم وتباين في المكونات يصاحبه دائما عمليات للتكامل والتوازن. وسوف نحاول أن نلقي نظرة سريعة على إسهامين من الإسهامات الوظيفية الكلاسيكية[1].

أ- يتغير المجتمع من وجهة نظر هربرت سبنسر، H. Spencer (1820-1903) في ضوء نفس القوانين التي يتحول بها عالم المادة التي تتحول من حالة اللاتجانس واللاتحدد إلى حالة من التجانس والتحدد والانتظام. لقد اعتقد سبنسر أن هذه القاعدة يمكن أن تنطبق على تطور الكون، والأرض، والكائنات البيولوجية، والعقل البشري، والمجتمع البشري. فالعالم اللاعضوي (عالم المادة) والعالم العضوي (عالم الكائنات الحية) والعالم فوق العضوي (عالم المجتمع) جميعها تخضع لنفس قوانين الحركة والتطور. وفي ضوء هذه الفرضية نظر سبنسر إلى المجتمع على أنه كيان كلي يتكون من وحدات متميزة تنتظم وفقا لترتيبات معينة في مكان محدد. ويشبه المجتمع في تكوينه الكائن العضوي، ولذلك فإنه عندما يتغير يخضع لنفس منطق تطور الكائنات العضوية، فالمجتمع

(1)Martindale, D.,**The Nature & Types of Sociological Theory**, Houghton Mifflin Company, Boston, 1981, p: 238.

ينمو في حجمه، وهو عندما ينمو في الحجم تتباين مكوناته وتصبح غير متشابهة وهنا يظهر ضرب من التباين البنائي، ولكن هذا التباين لا يفقد المجتمع تكامله فهو يطور دائما أشكالا جديدة لتكامل أجزائه المتباينة. وهكذا فإن المجتمعات تبدأ بسيطة، وتتحول بالتدريج إلى مجتمعات مركبة، ويتحول المركب إلى مركب المركب، إلى أن يظهر المجتمع الصناعي الذي يتميز بتباينه وعدم تجانسه الشديدين. وإذا كان المجتمع البسيط (والذي أطلق عليه سبنسر المجتمع العسكري) يؤسس تكامله على القهر والتعاون الإجباري، فإن المجتمع الصناعي يؤسس تكامله على التعاون الاختياري.

ب- أما اميل دوركايم (E. Durkheim) (1855-1917) فقد قدم نظرية في التغير الاجتماعي تشبه إلى حد كبير نظرية هربرت سبنسر، دون التزام بالمماثلة العضوية أو تشبيه التغير في المجتمع بالتغيرات في عالم المادة أو عالم الكائنات الحية. انطلق دور كايم في رؤيته للتغير من منظور وظيفي يتأسس على فكرتي التباين والتضامن. ويتضح ذلك من العلاقة التي أقامها بين مفهوم تقسيم العمل ومفهوم التضامن الاجتماعي.

فتقسيم العمل تصاحبه ضرورة مختلفة من التباين الاجتماعي تتمثل في زيادة السكان وزيادة الكثافة الأخلاقية. بل أن هذه التباينات الاجتماعية هي التي تجعل العمل ضرورة، وهو في جوهرة تعبير عن هذا التباين ودالة على حدوثه. فالمجتمعات إذن تميل في تغيرها- وإن شئت تطورها- إلى أن تتباين في مكوناتها، بل أن حدوث أشكال من التباين يؤدي إلى زيادة الكثافة الأخلاقية (تنوع القيم والاتجاهات والميول والمعتقدات) وهذه بدورها تؤدي إلى تقسيم العمل، وهكذا.

غير أن المجتمعات لا تتحول دون ضوابط، فتحولها منضبط بقواعد ومعايير قانونية، وهنا يأتي مفهوم التضامن. فإذا كانت المجتمعات البسيطة(وهي مجتمعات غير متباينة ولا توجد فيها آية صورة من صور تقسيم العمل، فهي مجمعات تحقق

تضامنها وتكاملها من خلال القانون القهري(فرض أسلوب واحد في الحياة والتفكير والسلوك) فإن المجتمعات الحديثة(وهي مجتمعات متباينة وتعرف أشكالاً مختلفة من تقسيم العمل) تحقق تكاملها وتضامنها من خلال القانون المدني أو التعويضي (الذي يتيح إمكانية تعدد أساليب السلوك وتباينها). ولقد أطلق دور كايم على النوع الأول من المجتمعات مجتمعات التضامن الآلي، وعلى النوع الثاني مجتمعات التضامن العضوي. ويمثل التحول من النمط الأول إلى النمط الثاني قانوناً عاماً في فكر دوركايم.

2- نظرية التوازن الدينامي :

تطورت الوظيفية في القرن العشرين لتركز على فكرة التوازن الدينامي في عملية التغير الاجتماعي. ويعد عالم الاجتماعي الأمريكي تالكوت بارسونز (T.Parsons) أشهر من طوّر الأفكار الوظيفية في هذه الاتجاه، ولذلك فإننا عندما نتحدث هنا عن نظرية التوازن الدينامي كإحدى النظريات الوظيفية في دراسة التغير الاجتماعي، فإننا نتحدث تحديداً عن الرؤية البارسونزية للتغير الاجتماعي.

إن المجتمع عند بارسونز هو أحد الأنساق الأساسية للفعل التي حددها بارسونز في أربعة أنساق: النسق العضوي، ونسق الشخصية، والمجتمع، والثقافة، والمجتمع بدوره ينقسم من الداخل الى أربعة أنساق فرعية هي: الاقتصاد والسياسة، والروابط المجتمعية، ونظم التنشئة الاجتماعية. والمجتمع كنسق يعيش في حالة توازن (الكائن العضوي-الشخصية- الثقافة) وهو يتوازن من الداخل حيث يحقق انساق علاقات منتظمة ومتوازنة [1].

وعندما يتعرض المجتمع لحالة تغير، فإنه لا يفقد خاصية توازنه، فهذا التوازن دينامي ومستمر ، لذلك فإنه يمكن للمجتمع دائماً من أن يتكيف مع التغيرات الجديدة ويدمجها دخل بنائه. ويمكن إن نميز نوعين من التغير الاجتماعي في المشروع البارسونزي:

(1) Rocher , Guy, **Changement Social HMH.**, Paris, 1981, p: 19.

أ- **التغيرات قصيرة المدى:** وهي تغيرات تظهر داخل المجتمع نتيجة عوامل داخلية(من داخل المجتمع كالتوترات التي تفرض اتجاها للتغير مثل تلك الناتجة عن ظهور الاختراعات والأفكار الجديدة) ، أو عوامل خارجية (تظهر في أي نسق من الانساق التي تشكل بيئة المجتمع كالتغيرات في الصفات الوراثية للسكان، وتغير أساليب استغلال الطبيعة، أو الحروب). إن هذه التغيرات تحدث تأثيراً على حالة التوازن التي ينتظم فيها المجتمع. أنها تكسر التوازن أو تهدده من جراء ما تخلفه من توترات في بناء العلاقات الداخلية بين مكونات النسق الاجتماعي[1].

وإذا استمرت هذه التغيرات فقد تؤدي إلى القضاء على المجتمع أو إلى إحداث تغيرات بنائية عامة فيه (كما يحدث في حالة الثورات). ولكن هذا لا يحدث إلا في ظروف نادرة. فالمجتمعات لديها قدرة تكيفية داخلية ناتجة من حالة التوازن الدينامي التي يتميز بها المجتمع. وعندما تحدث التوترات والضغوط المولدة للتغير داخل المجتمع فإنها تؤثر على حالة التوازن، ولكن المجتمع ما يلبث أن يمتص هذه التوترات والضغوط ويستعيد توازنه ويظل محتفظاً بهذه الحالة من التوازن، حتى تظهر توترات أخرى وهكذا يوصف التوازن بأنه دينامي، أي مستمر قابل لأن يستوعب كل ما هو جديد، وأن يعيد تكيف النسق معه بحيث تظهر التغيرات في أضيق الحدود. وفي ضوء هذه الرؤية فإن التغيرات قصيرة المدى داخل النسق الاجتماعي تتصف بعدة خصائص:

(1) تغيرات تدريجية لا تؤدي إلى انهيار النسق أو تغيره بشكل جذري.

(2) أنها ترتبط بعمليتين ملازمتين هما التوازن- اللاتوزازن. وتعتبر العملية الأولى دائمة، أما الثانية فهي عملية عارضة.

(1) أحمد زايد ، **علم الاجتماع بين الاتجاهات الكلاسيكية والنقدية**، دار المعارف، القاهرة، 1984 ص:127.

(3) أن جوهر التغير هنا هو التباين البنائي الوظيفي، فمزيد من التغير داخل النسق الاجتماعي يعني تباين مكونات وتعدد وظائفه.

(4) أن الاتفاق العام على القيم وأدوات الضبط الاجتماعي هما اللذان يحفظان للنسق الاجتماعي توازنه الدائم وتغيره الوئيد.

ب- **التغيرات بعيدة المدى:** وهي تغيرات واسعة النطاق تحدث على فترات متباعدة. ولقد فسر بارسونز هذه التغيرات من خلال مفهوم العموميات التطورية Evolutionary Universals [(1)] ويقصد بالعمومية التطورية التجديد البنائي الذي له قدرة على الاستمرار والبقاء، ويخلق بدوره تجديدات وتطويرات أخرى. أنها تخلق ضرباً من الانكسار (Breakthrough) في البناء القائم وتدفعه إلى آفاق جديدة من التغير.

أن هذه العموميات التطورية هي التي خلقت كل التحولات بعيدة المدى في تطور المجتمعات، فظهور نسق الشرعية الثقافية وظهور نسق التدرج الاجتماعي قد أدى إلى أن تتحول المجتمعات البدائية إلى مجتمعات وسيطة. كما أن ظهور النقود والأسواق، والبيروقراطية، والقانون والديمقراطية هو الذي أدى إلى تحول المجتمعات الوسيطة إلى مجتمعات حديثة. وعندما تظهر العمومية التطورية، فإنها تخلق تبايناً اجتماعياً واسع النطاق، وتخلق بذلك تحولات بنائية ملموسة، ولكن هذا التباين لا بدّ وأن يقابله عمليات تكامل تضبط هذا التحول وتقوده، إلى أن يصبح التحول الذي خلقته العمومية التطورية تحولاً عاماً أو طبيعياً أو يصبح تحولاً معمماً (Generalized). ولقد استخدم بارسونز هذا النوع من التحليل لرصد حركة التطور في المجتمعات الحديثة عبر تطورها من المرحلة البدائية إلى المرحلة الوسيطة إلى المرحلة الحديثة [(2)].

---

(1)Parsons, **T.Evolutionary Universals American Socilogical Review**, Vol: xxx1x, No.3, 1964,p:339.

(2) أحمد زايد ، **علم الاجتماع بين الاتجاهات الكلاسيكية والنقدية** ، المرجع السابق ، 35.

3- نظرية التحديث الوظيفية :

عندما تحول اهتمام علم الاجتماع إلى دراسة مجتمعات العالم الثالث، ورصد حركة التغير في هذه المجتمعات- وهو اهتمام تبلور بوضوح منذ انتهاء الحرب العالمية الثانية - بدأ علماء الاجتماع بتطبيق نفس المقاولات الوظيفية في التغير الاجتماعي على تحول المجتمعات التقليدية (التي تقع خارج نطاق المجتمعات الصناعية المتقدمة) التي أخذت تتحول وتتغير على نفس نمط التحول والتغير في المجتمعات الغربية الصناعية، أن هذه المجتمعات تشهد أبنية اجتماعية وثقافية تقليدية. وتقاس التقليدية هنا بدرجة سكون البناء الاجتماعي، وتجانسه، وانخفاض مستوى التكنولوجيا، وانخفاض نصيب الفرد من الدخل القومي، وجمود العناصر الثقافية وتحجرها[1]. ويحدث التغير الاجتماعي في هذه الأبنية التقليدية من خلال عوامل خارجية ناتجة عن عملية اتصالها بمصدر الثقافة الحديثة الغربية, فالاتصال الثقافي بالحضارة الغربية يؤدي إلى نشر الثقافة الحديثة في شكل دوائر تتسع باستمرار إلى أن تشمل قطاعات المجتمع بأسره. فعندما يحدث هذا الاتصال تبدأ الثقافة التقليدية في الخروج من جمودها وتشهد عمليات تباين واسعة النطاق تؤدي إلى تغيرها لكي تقترب من النموذج المثالي القائم في المجتمعات الغربية. ويطلق على هذه العملية علمية التنمية أو التحديث، وهي عملية تتمثل في اكتساب واستيعاب المجتمعات النامية لقيم العمومية والانجاز والتخصص، وهي القيم تتأسس عليها الثقافة الحديثة[2].

إن التغير الاجتماعي المرتبط بعمليتي التنمية والتحديث ليس تغيراً جذرياً، بل هو تغير تدريجي (خطي وتقدمي) يتم بمقتضاه تحول الأبنية التقليدية إلى أبنية

---

(1) محمد الجوهري، **مقدمة في علم الاجتماع التنمية** ، دار الكتاب للتوزيع ، القاهرة ، 1979، ص55.

(2) السيد الحسيني، **التنمية والتخلف: دراسة تاريخية بنائية**، دار قطري بن الفجاءة، الدوحة، 1986، ص43.

حديثة. أي تحولها من أبنية متجانسة، ساكنة، وبسيطة إلى أبنية غيرمتجانسة ومتحركة ومعقدة. ويفرز التغير أثناء حدوثه بعض المشكلات كالتناقض بين القديم والجديد، وحدوث "هوة ثقافية" Cultural Lag بين تغير العناصر المادية وتغير العناصر المعنوية، وتناقض الأدوار، غير كل هذه التوترات والتناقضات تكون طبيعية أثناء عملية الانتقال من التقليد إلى الحداثة، وسوف تختفي بالتدريج مع الاتساع في علمية التغير على اختلاف بين المجتمعات في درجة استيعاب هذه التناقضات والتغلب عليها. فالمجتمعات تختلف فيما بينها في درجة تطويرها لنظم وجماعات وميكانيزمات تساهم في وضع مبادئ التكامل الاجتماعي. وبناء على ذلك فإنها تختلف في درجة القابلية للتكيف الداخلي مع ظروف التغير، وفي درجة صياغة هذا التغير في نظم اجتماعية، وكلما كان المجتمع أكثر قدرة على التكيف الداخلي والمرونة كان أكثر قدرة على التغلب على مشكلات التحول [(1)]. ومن الواضح أن نظرية التحديث تميل ميلاً وظيفياً شديداً، فتفترض وجود تغيرات تدريجية ترتبط بعمليات التباين والتكامل، كما تفترض أن خبرة التغير في المجتمعات الغربية يمكن أن تتكرر في المجتمعات النامية.

رابعاً : النظريات المادية التاريخية :

إذا كانت النظرية الوظيفية تركز على التغير التدريجي التوازني، فإن المادية التاريخية تركز على التغيرات الثورية التي تنقل المجتمع من حالة إلى حالة مناقضة، وإذا كانت الوظيفية تركز على التكامل والاتفاق ،فإن المادية التاريخية تركز على الصراع والتناقض،. فالصراع هو المحرك الأساسي للمجتمع، وتاريخ المجتمعات هو في التحليل الأخير تاريخ الصراع بين الطبقات.

وترجع الصياغات الأساسية للنظرية المادية التاريخية إلى إسهامات كارل ماركس (Karl Marx) (1818 -1883)، وظلت هذه الصياغات تتطور بالحذف أو

(1) أحمد زايد، **البناء السياسي في الريف المصري**، دار المعارف، القاهرة1981، ص91.

الإضافة حتى يومنا هذا. ومثلما حدث في النظرية الوظيفية، فإن كثيراً من القضايا المادية التاريخية وأساليبها التحليلية قد استخدمت في تفسير علميات التغير في العالم الثالث. وفي ضوء ذلك فإننا سوف نحاول أن نلقي فيما يلي نظرة سريعة على صورتين من صور التحليل المادي التاريخي للتغير الاجتماعي، الأولى هي الصورة الماركسية الكلاسيكية، والثانية هي الصورة المرتبطة بتحليل التغير الاجتماعي في العالم الثالث فيما سمي بنظرية النمو اللامتكافئ أو نظرية النسق الرأسمالي العالمي.

أ- النظرية الماركسية:

تنظر الماركسية إلى الحياة الاجتماعية على أنها دائبة الحركة، وتمثل حركتها شكلاً خاصاً من أشكال حركة المادة. أنها تحتوي في داخلها على دوافع التغير، وتنطبق عليها نفس قوانين حركة المادة، ومع ذلك فليس هناك تطابق كامل بين قوانين الطبيعة ، بل يحوي عناصر واعية ويضم أناساً بشراً لديهم أهداف محددة وأنماط محددة من الوعي تمكنهم من تحقيق هذه الأهداف [1] ولسنا هنا بصدد المقارنة بين حركة المجتمع وحركة المادة، ولكن أردنا أن نؤكد إن الماركسية هي نظرية للتغير الاجتماعي وأن مفهوم التغير يعد مفهوماً محورياً فيها.

يتأسس المجتمع على أساس اقتصادي ينحصر في علاقات الانتاج وأنماط الانتاج السائدة في المرحلة التاريخية. أي أن الاقتصاد هو الركيزة الأساسية التي يرتكز عليها المجتمع. ولذلك فإنه يشكل كل عناصر البناء الاجتماعي الأخرى والتي اطلق عليها ماركس عناصر البناء الفوقي كالقانون والدولة والأسرة والثقافة، ويحدث التغير الاجتماعي في المجتمع كانعكاس للتغير الذي يطرأ على أساس المجتمع الاقتصادي أو بنيته التحتية ففي مرحلة من مراحل تطورها تدخل القوى الانتاجية في المجتمع في تناقض مع علاقات الانتاج السائدة، أي إن علاقات الانتاج تصبح غير ملائمة للتطورات التي تحدث في قوى الانتاج. ولذلك فلا بد أن تتغير علاقات الانتاج

(1) محمد الزعبي، **التغير الاجتماعي** ، المرجع السابق، ص 93-94.

وأن تتغير معها كل عناصر البناء الفوقي لتدعم هذا التغير الجديد وتحميه. وهنا تحدث الثورة التي تنقل المجتمع من مرحلة إلى مرحلة [1] ويشهد المجتمع في كل مرحلة من مراحل تطوره وجود طبقتين متعارضتين : واحدة تمتلك قوى الانتاج والأخرى تشغل هذه القوى وتولد فائضاً يعود على الطبقة المالكة. ويؤدي التحول من مرحلة إلى مرحلة إلى ظهور تغير في التركيب الطبقي من خلال ظهور طبقة جديدة تقود ثورة التغير لتصبح هي الطبقة المالكة أو المهيمنة في المرحلة الجديدة.

ولقد ميز ماركس في تاريخ المجتمعات بين خمس مراحل تبدأ بالمرحلة البدائية أو المشاعية البدائية ، ومرحلة الانتاج الآسيوي ، والمرحلة الاقطاعية، والمرحلة الرأسمالية، ثم المرحلة الشيوعية. وتتميز كل مرحلة بوجود نمط انتاجي معين، ووجود طبقتين متعارضتين (فيما عدا المرحلة البدائية والمرحلة الشيوعية حيث يفترض ماركس خلوهما من الطبقات والملكية الخاصة). وينظر ماركس إلى الصراع الطبقي على أنه حالة طبيعية في المجتمعات، بل أنه المحرك الأساسي للتاريخ. فإذا كان التناقض الاجتماعي بين قوى الانتاج وعلاقات الانتاج هو الذي يحرك البناء نحو التغير، فإن الصراع الطبقي ينجز هذه المهمة . فالمجتمعات لا تتغير إلا بوعي أفرادها، ولذلك فإن مهمة التغير من مرحلة إلى أخرى تقع دائماً على كاهل طبقة معينة، فالطبقة البرجوازية هي التي قادت التغير من الأقطان إلى الرأسمالي، ويفترض ماركس أن الطبقة العاملة هي التي ستقود التحول إلى عالم الشيوعية.

ب- نظرية التنمية التابعة.

ترتبط هذه النظرية بتوصيف التغير الاجتماعي في دول العالم الثالث. وهي تختلف اختلافاً عن النظرية الوظيفية. فإذا كانت نظرية التحديث الوظيفية ترى أن

(1)Marx & Engels, **Basic Writings In Polictics & Philosophy**, Anchor Books, N.Y., 1959,p:1.

التحول في دول العالم الثالث يسير بشكل منتظم نحو تحقيق النموذج المثالي للمجتمعات الغربية، فإن أنصار نظرية النسق الرأسمالي العالمي يرون - خلافاً لذلك - أن حركة التغير في مجتمعات العالم الثالث تسير نحو مزيد من التخلف، وأنه إذا تحققت فيها جوانب التنمية فإنها تظل تنمية تابعة غير مستقلة.

إن البناء الاجتماعي في دول العالم الثالث هو بناء متخلف تابع محكوم بنمط معين لتقسيم العمل الدولي. وقد اكتسب هذا البناء المتخلف خصائصه من خلال العلاقات التاريخية التي دخل فيها مع الرأسمالية العالمية، ولم تؤد هذه العلاقات إلى تحويل الأبنية التقليدية في الدول الفقيرة إلى أبنية حديثة، وإنما أخضعتها لخدمة مصالحها، وحولتها إلى أبنية تابعة متخلفة. ولقد نتج التخلف هنا من خلال امتصاص الفائض من هذه المجتمعات ونقله إلى مراكز النظام الرأسمالي العالمي[1].

وفي ضوء هذه الرؤية فإن تحليل عمليات التغير الاجتماعي في دول العالم الثالث، لا بدّ أن يتم في ضوء تحليل ظهور النظام الرأسمالي وتطوره عبر الزمن، وتحليل القوانين التي عمل في ضوئها هذا النظام والتي أفرزت في داخله أشكالاً من التباين بين الدول المتخلفة التابعة ودول المركز التي حققت درجة عالية من النمو.

لقد ظهر هذا النظام من خلال التوسع الرأسمالي الذي أخضع النظم غير الرأسمالية لسيطرته الاقتصادية والسياسية والعسكرية. وبدأ يسخر هذا النظام لإنتاج فائض يتم نقله باستمرار إلى مركز العالم الرأسمالي، وبذلك أصبحت العلاقات داخل هذا النظام الرأسمالي علاقات غير متكافئة حيث أنها تخضع لما يطلق عليه التبادل اللامتكافئ Unequal Exchange ، الذي يعني احتكار التبادل والسيطرة عليه بواسطة الدول الرأسمالية القوية، وكذلك احتكار الانتاج، الأمر الذي يجعل الدول المتخلفة عاجزة عن أن تدخل في علاقات تبادل في موقف خاص[2]. أن هذا التبادل اللامتكافئ قد حول العالم إلى دولة متخلفة ودول غنية

(1) ن.م.، ص : 50 .

(2)Emmanuel, **Unequal Exchange**, New Left Books, London, 1972.p: 23.

متقدمة ترتبط بنظام لتقسيم العمل الدولي تقوم فيه كل وحدة من وحدات النظام العالمي بدور اقتصادي وسياسي معين [1].

وتعمل كل الأبنية الطبقية والثقافية والسياسية على تدعيم هذه العلاقات الاقتصادية غير المتكافئة. فالطبقة البرجوازية العالمية تتحالف مع البرجوازيات المحلية لتسهيل علمية نقل الفائض وتدعيم شبكة العلاقات غير المتكافئة. كما أن أجهزة الدولة تعمل على خلق الأطر الدستورية والقانونية التي تعمل في إطارها هذه العلاقات. وتعمل الثقافة والأيديولوجيا- على تنوعها واختلافها عبر العالم- على خلق الإطار الفكري العام الذي تعمل في ضوئه هذه العلاقات. والنتيجة المنطقية لكل هذه العلاقات أن ينتج في دول العالم الثالث نمط خاص من التغير يصفه البعض بأنه تغير تابع أو تنمية تابعة أو تنمية رثه [2].

وفي ضوء هذا النمط من التغير تفهم كل الظواهر والمشكلات التي تتكشف في دول العالم الثالث أثناء تحولها، ومن هذه الظواهر عدم الاستقرار السياسي والاقتصادي والصراعات العرقية والأيديولوجية، والديون، والمشكلات المرتبطة بالتصنيع والتكنولوجيا، ومشكلات الحروب الأقليمية،.,, الخ . أن هذه الظواهر والمشكلات هي من منتجات هذا التغير التابع أو هذه التنمية التابعة.

خامساً : النظريات السيكولوجية – الاجتماعية

تركز النظريات السيكو – اجتماعية على دور الفرد في التغير الاجتماعي، وعلى دور الأفكار التي يحملها الأفراد في تغير أنماط الحياة ومسارها. وتتأسس هذه النظرية على فرضية أن التغير الذي يصيب المجتمع يحدث أساساً في الأفراد ، فالأفراد هم الذين يغيرون وهم الذين يتغيرون، ولهذا فإن هناك مكاناً للعوامل النفسية في حركة التغير الاجتماعي ، بل أن هذه العوامل ضرورية لتخلق دينامية التغير الاجتماعي ،

(1) أحمد زايد، الدولة في العالم الثالث، دار الثقافة للنشر والتوزيع القاهرة، 1986، ص:47.

(2) أندريه فرانك، البرجوازية الرثة والتطور الرث، دار العودة ، بيروت، 1973، ص:57.

فهي التي تدفع المجتمع إلى الحركة. فالعوامل النفسية هي التي تخلق الأفراد ذوي القدرات الخاصة، وهي التي تدفع أعضاء المجتمع إلى الخلق والابتكار. ولقد تبلور هذا الاتجاه من خلال أعمال ماكس فيبر وتطور فيما بعد في صياغات حديثة على ما سترى فيما يلي:

أ- الدور التغيري للأفكار : نظرية فيبر

ظهرت أهمية الأفكار في إحداث التغير الاجتماعي من خلال دراسة ماكس فيبر (Max Weber)(1864 –1920) عن الأخلاق البروتستنتية وروح الرأسمالية. لقد افترض فيبر في هذه الدراسة أن الرأسمالية الصناعية قد ظهرت إلى الوجود بسبب الحالة السكولوجية التي ظهرت في أوروبا الغربية في القرن السادس عشر والتي ترتبت على انتشار النزعة البروتستنتية. لقد أدت هذه النزعة (وهي مجموعة من الأفكار الجديدة التي طورت المسيحية) إلى خلق روح الرأسمالية لأنها أدت إلى ظهور التفكير العقلاني الرشيد بحيث أصبحت العقلانية هي الأساس الذي تنهض عليه الحياة الاجتماعية[1].

إن هذه النزعة العقلانية هي التي خلقت الدافعية للانجاز والعمل والربح، كما خلقت الدافعية نحو ازدراء الحياة المليئة بالمتعة . فالحياة يجب أن تكرس للعمل والانجاز ولخلق أعلى مستوى من الكفاءة في كليهما، مع السعي دائماً لتحقيق القيم والمثل العليا المرتبطة بالأمانة والشرف والتقشف، وهكذا استطاعت البروتستنتية بما تحمله من قيم وأفكار أن تضع أساس قيام روح الرأسمالية التي ترتبط بالسعي الدائم نحو تحقيق الربح بل وتعظيم الربح. فروح الرأسمالية - كما تبدو في اخلاقياتها العملية- تطابق في الواقع روح البروتستنتية، فإذا كانت هذه الديانة تهتم بتنشئة الفرد تنشئة عقلية، وتمنح المهنة قيمة كبيرة وتقدس العمل وتجعله نوعاً من العبادة أو الواجب المقدس، فإنها بذلك تمتلك نفس البذور الفكرية للرأسمالية[2].

(1)Weber, M,. **The Protestant Ethics & The Spirit of Capitalism**, Scribness, N.Y, 1985

(2) السيد الحسيني ، **التنمية والتخلف** ، المرجع السابق، 1986 ، ص:34.

ولقد سعى فيبر لتأكيد أفكاره بطرق عديدة منها تقديم بيانات عن الدول التي ظهرت فيها الرأسمالية وربطها بانتشار الديانة البروتستنتية، ومنها تقديم بيانات عن رجال الأعمال وعقيدتهم، وعن انتشار الأفكار البوتستنتية بين العمال، ومنها المقارنة بين المجتمعات التي ظهرت فيها هذه الديانة ومجتمعات أخرى لم تظهر فيها. ولك ذلك ليك يؤكد على الدور الذي تعلبه نوعية خاصة من الأفكار في أحداث تغير اجتماعي معين. لقد ظهرت الأنشطة الرأسمالية في أرجاء مختلفة من الأرض وفي أوقات مختلفة عبر الزمن، ولكن أياً منها لم يكن مثل الرأسمالية يعتمد أساساً على المبادئ العلمية، وعلى نظام قانوني إداري متميز، والكفاءة الفنية والفضيلة والمنافسة الحرة والموازنة المستمرة بين التكلفة والعائد ، العمل الحر الرشيد الذي يتحدد من خلال فضائل وقيم محددة تتمثل في الاقتصاد في الإنفاق وضبط النفس والابتكار والتجديد. وهذه كلها خصائص نموذجية للرأسمالية الغربية الحديثة التي تختلف في طبيعتها عن الرأسمالية التقليدية" [1].

ولقد وجدت أفكار فيبر هذه صدى لدى بعض المفكرين من أمثال ماكليلاند وهاجن اللذين ركزا على دور العوامل السيكولوجية في التغير.

ب- نظرية الشخصية المحددة: أيفرت هاجن

ركز هاجن على دور المجددين (Innovators)في احداث التغير الاجتماعي. لقد نظر إلى المجتمعات التقليدية على أنها مجتمعات ساكنة راكدة تعرف نظماً جامدة للمكانة الاجتماعية (وجود جماهير من الفلاحين وصفوة حاكمة), تحكمها علاقات تسلطية غير مبدعة وغير دافعة للتجديد. وينعكس ذلك على الأفراد الذين يعيشون في هذه المجتمعات, حيث يتصفون بعدم القدرة على التجديد وعدم القدرة على ضبط وتحليل العالم الذي يعيشون فيه ومثل هذا المجتمع يعد مجتمعاً ساكناً وقد لا يعرف التغير لعدة قرون. ويفترض هاجن أن ثمة علاقة قوية بين

(1) كمال التابعي ، **تغريب العالم الثالث**، دا المعارف ، القاهرة ،1993، ص:97.

طبيعة البناء الاجتماعي وبين نمط الشخصية, بحيث يمكن القول أن البناء الاجتماعي لن يتغير إلا إذا تغيرت الشخصية[1].

ومن هنا تبدأ نظرية هاجن في التغير الاجتماعي, فذلك التغير يرتبط بعوامل نفسية, أي يخلق أنماط الشخصية القادرة على التجديد. وتتسم مثل هذه الشخصية بالابتكارية والفضول والانفتاح على الخبرة. أن مثل هذه الشخصية تسعى إلى ابتكار حلول جديدة ولا تقبل ما هو قائم منها, كما أنها تنظر إلى العالم من حولها على أنه عالم يقوم على نظام معين قابل للفهم, وتكون- من ثم - قادرة على حل المشكلات التي تواجهها في العالم. ويفترض هاجن أن التغير في البناء التقليدي للمجتمعات يبدأ عندما تظهر مجموعات من الأفراد لها هذه الخصائص تهدد بناء المكانة القائم وتسحب البساط من تحت أقدامه, ومثل هذه الجماعات تظهر بالتدريج, ومن خلال عمليات مستمرة من الانسحاب(Retreatism) ويرتبط ظهورها وتكاثرها بظهور ظروف اجتماعية (ترتبط بالأسرة والتنشئة الاجتماعية), وهكذا يحدث التغير بشكل تدريجي فينتقل المجتمع من حالة التسلطية, على حالة الابتكارية مروراً بعمليات وسيطة ترتبط بتحدي نظم المكانة القائمة والانسحاب منها.

جـ- نظرية المجتمع المنجز: ديفيد ما كليلاند

اهتم ماكليلاند مثله مثل هاجن بنوع معين من التغير هو التغير الاقتصادي ومال- مثله مثل هاجن- ميلاً سيكولوجياً في تحليله لعملية التغير في المجتمعات التقليدية, وكانت نقطة الارتكاز عنده هي الدافعية للانجاز Achievement Motivation, لقد أكد على أن عملية التنمية الاقتصادية- سواء في المجتمعات القديمة أو الحديثة- تظهر دائما بناء على ظهور متغير سابق عليها هو

(1) Hagen, E.E. **On the Theory of Social Change :How Economic Growth Begins.** Dorsey Press, Home wwod, 1962, p:217.

الحاجة إلى الانجاز. ومن ثم فان المجتمع الذي تظهر فيه هذه الحاجة يكون أقدر على التغير من غيره لأنه ينمي القدرات الإبداعية وتخلق فيه دافعية قوية للانجاز. وبناء على ذلك فقد رفع ماكليلاند شعاراً يقول فيه "استثمر في صناعة رجل ولا تستثمر في صناعة طائرة [(1)] "Invest in aman, not just in plane"

ويقصد ماكليلاند بالحاجة إلى الإنجاز القدرة على الإنجاز الاقتصادي الفردي الذي ينتج النمو الاقتصادي. ويلاحظ القارئ للصفات التي يتصف بها الشخص صاحب الدافعية القوية للانجاز, أن هذه الفئات تتشابه مع الصفات التي أعدها ماكس فيبر كقوى دافعة لنشأة الرأسمالية. فالفعل المنجز هو الفعل الذي يتأسس على الحسابات الدقيقة, والذي يتجه بحذر وشفافية نحو تحقيق النجاح الاقتصادي, بحيث يتجاوز الوجود المعيشي القائم على الكفاف, كما يتجاوز الوجود التقليدي المرتبط بالنشاط الحرفي. ولذلك فانه اعتبر أن تراكم النقود هو أحد مقاييس الدافعية للانجاز أو الحاجة إلى الانجاز. ومن المقاييس الأخرى الدالة عليه, تفضيل الأعمال الصعبة وتفضيل الدخول في المخاطرات المحسوبة, ووجود نشاط تجديدي خلاق ووجود قدر من تحمل المسؤولية, وميل نحو تخطيط الأفعال الفردية.

ويفترض ماكيلاند أن الحاجة إلى الإنجاز تعد المحرك الأساسي لعملية التغير الاجتماعي, وبناء عليه فاذا أردنا أن نتعرف على حجم التغير في مجتمع من المجتمعات, فان علينا أن نتعرف على وجود حجم الدافعية للانجاز بين أفراده, وذلك من خلال قياسها عبر المؤشرات الدالة عليها. كما يمكن التعرف عليها من خلال إحصاء عدد الأفراد المنحرفين في أنشطة تنظيمية. ويفترض ماكليلاند أن ثمة علاقة بين الحاجة إلى الانجاز وبين أساليب التنشئة الاجتماعية. فالدوافع يمكن اكتسابها بالتعلم. ولذلك فان ما يتعلمه الفرد من دفع في بداية حياته يؤثر تأثيراً كبيراً على مجرى سلوكه في المستقبل, كما أن المهارات التي يتعلمها الفرد بعد ذلك يمكن أن

(1)Mcclelland, D.C. Etal., **Motivating Economic Development**, Free Press, N.Y., 1973, P:162.

تخلق لديه للانجاز أو تسلبه إياها. ولذلك فان المجتمعات التي تفتقد دوافع الإنجاز عليها أن تركز على عمليات التنشئة الاجتماعية لكي تخلق الأفراد القادرين على تحمل المسؤولية وعلى مواصلة تحقيق الأهداف بقدر كبير من المثابرة والانجاز.

ولقد انتقدت ماكليلاند لإسرافها في إبراز العوامل النفسية ونظرتها إلى الدافعية للإنجاز على أنها العامل الوحيد المحرك للنمو الاقتصادي, الأمر الذي جعله يعدل من نظريته, مؤكداً على أن الأفراد الذين يتعلمون تحت ظروف ثقافة تقليدية يمكن أن يحققوا انجازات اقتصادية وغير اقتصادية. ومن هنا بدأت نظرية ماكليلاند تركز لا على التنشئة الاجتماعية فقط, ولكن على التدريب وتغيير الاتجاهات.

فعمليات التدريب مستمرة يمكن أن تخلق في الأفراد-ذوي الاتجاهات التقليدية-اتجاهات جديدة تدفعهم نحو مزيد من تحقيق النمو الاقتصادي, وخلق فرص جديدة للعمل ورفع مستوى المعيشة ومن ثم تخلق لديهم دافعية قوية للإنجاز[1].

نظريات التغير الثقافي

لم يقتصر علماء الاجتماع والأنثروبولوجية في دراستهم للثقافة, كما يعتقد على دراسة أثنوجرافية متناثرة عن ثقافات شعوب مختلفة ومتباينة, بل حاول بعضهم أن يقدم صياغات نظرية منظمة تفسر- لماذا وكيف يحدث التغير الثقافي, وتجيب على الكثير من التساؤلات المرتبطة بهذا الموضوع, ونستطيع دون الدخول في مناقشات مستفيضة حول تقييم كفاءة هذه النظريات, أن نصنف هذه المحاولات إلى فئتين متميزتين تمثل الأولى بعض المحاولات التي تعرف باسم النظريات التطورية في مقابل المحاولات التي تكون ما يسمى بالنظريات الحتمية وذلك على النحو التالي:

أ- النظريات التطورية (Evolutionary Theories) :

وهي تمثل في مجموعها مختلف المحاولات التي تبذل لتفسير وفهم التغير الثقافي

(1) المرجع السابق, ص:18.

من منظور "العملية الطورية" التي استعارت فكرتها من علم البيولوجيا, وتأثرت في تطبيقها بالنظرية التطورية التي قدمها داروين في كتابه "أصل الأنواع", وتشتمل هذه النظريات بوجه عام- كمدخل تحليلي وتفسيري للتغير الثقافي- على فكرتين أساسيتين هما:

(أ) أن التغير الثقافي يحدث بمعدلات أكثر تباطؤاً.

(ب) ان التغير الثقافي يسير بالضرورة في مجموعة محدودة من المراحل التعاقبية. وتفسير ذلك أنه:

1- فيما يتعلق بالفكرة الأولى نجد سمنر (Sumner, 1970) يعبر عنها في كتابه "الطرائق الشعبية Folkways" بقوله:

"يتعين علينا أن نتصور العرف كنسق أوسع من ممارسات تغطي كل أوجه حياتنا وتخدم كل مصالحنا وتحتوي في داخلها على مبررات وجودها, وذلك من خلال التقليد والعادة والاستخدام, كما أنها فضلاً عن ذلك قد نتأكد عن طريق جزاءات أسطورية أو رغبية إلى أن تستطيع, عن طريق العقل والنطق أن تطور فلسفتها الخاصة وتعميماتها الأخلاقية التي تظهر في شكل مبادئ للحق والخير. وبوجه عام تجبر الأجيال الجديدة على تقبل الأعراف, ومن ثم فهي لا تستحث الفكر, بل على العكس من ذلك نجد أن الفكر متضمن فيها من قبل كما أنها إلى جانب ذلك تمثل في الحقيقة إجابات أو حلولاً لمشكلات حياتنا, ولذلك فان أي محاولة لاعادة التنظيم الكلي للثقافة هي في رأي سمنر محاولة صعبة تشبه تماماً محاولتنا لاعادة تنظيم الكرة الأرضية عن طريق إعادة توزيع وحداتها الجزئية. [(1)]

ويقدم وليم أوجبرن بعض التعديلات الجوهرية لنظرة سمنر هذه والتي تؤكد فيها الطابع "المحافظ" للثقافة, حيث نجد أوجبرن في نظريته التخلف الثقافي يميز- كما سبق أن أوضحنا- بين ما أسماه بالثقافة المادية واللامادية, موضحاً كيف تتوافق

(1) علي عبد الرزاق الحلبي وآخرون، **علم الاجتماع الثقافي**، المرجع السابق، ص: 261 .

كثيراً من عناصر الثقافة اللامادية مع الظروف المادية, بمعنى أنها تتضمن انتظام السلوك الإنساني في علاقته بموضوعات مادية بحته. فالحكومة مثلاً تمثل جزءاً توافقياً من الثقافة اللامادية تشرع وتدعم القوانين التي تجيز أو تسمح باستخدام الأرض (السيارة) (كعناصر مادية), غير أن المشكلة في نظر اوجبرن- على نحو ما أوضحنا من قبل- تتمثل في أن الظروف المادية للمجتمع قد تتغير بدرجة أسرع من قدرة المجتمع على تطوير صور أو أشكال جديدة من الثقافة اللامادية التي تنظم هذه الظروف, وعلى ذلك تتصور نظرية التخلف الثقافي أن ما نحتاج اليه بالفعل- وبخاصة في المجتمعات الحديثة- هو أن نسرع من التغيرات في الجانب اللامادي للثقافة لتتواكب مع تغيرات الجانب المادي السريعة والمتلاحقة.

2- فيما يتعلق بالفكرة الثانية التي تدور حول تحديد المراحل التطورية للتغير الثقافي, نجد أن علماء الأنثروبولوجية الأوائل قد شغلوا بفكرة الأشكال "البدائية" و"الحديثة" للثقافة. كما قدم أوجست كونت نظرية تطورية في الثقافة البشرية تمثلت في ما عبر عنه بقانون الحالات أو المراحل الثلاث (المرحلة اللاهوتية, والمرحلة الميتافيزيقية والمرحلة الوضعية) التي يسير فيها التقدم التاريخي, موضحاً كيف أن الشعور والفعل والعقل الانساني تمر في مراحل تعكس الأساس الواضح لتتابع هذه المراحل, خاصة أن كل مرحلة تكشف عن خصائص عقلية متميزة تنعكس على الشعور والأفعال التي يقوم بها الناس والطريقة التي يفكرون على أساسها.

أما سير هنري مين (Sir Henry Maine, 1906) وهو عالم انثروبولوجي بريطاني, فقد قدم في كتابه "القانون القديم" Ancient Law سنة 1906 تمييزاً بين شكلين مختلفين للثقافة, شكل بدائي يستند على المكانة أو المركز(Status) وشكل حديث يستند على العقد (Contract). وهو في ذلك يتخذ من المقارنة بين الأشكال البدائية والحديثة للزواج أساساً للاشارة إلى مابين شكلي الثقافة من اختلاف: ففي الزواج البدائي تعتبر الزوجة ملكية خاصة للزوج شأنها في ذلك شأن

ممتلكاته الأخرى, بينما تتحرر الزوجة في الشكل الحديث من قيود الرجل, بمعنى أن نكفل لها حرية ابرام عقد الزواج أو فسخ الرابطة الزوجية الأمر الذي يجعل الزواج في النهاية مستنداً على تبادل الالتزامات بين الزوجين.

ويتصور هربرت سبنسر (Herbert Spencer , 1954) المجتمع البدائي على انه مجتمع يغلب عليه الطابع الأناني (Egoistic) والعسكري في نفس الوقت, ليقدم قانوناً للتطور يؤكد اتجاه الحياه الاجتماعية نحو زيادة التباين والاختلاف أو اللاتجانس وبالتالي نحو الأخلاق الغيرية Altruistic واتجاه اجتماعي وتنظيمي.

ويتفق دور كايم (Durkhehim, 1960) مع سبنسر على الاتجاه التطوري نحو زيادة اللاتجانس والاختلاف, ولكنه يختلف معه في تصوره لأنانية المجتمع البدائي ليقرر- على عكس ما ذهب اليه سبنسر- أن الرجل البدائي يتميز"بفرط الغيرية"- أو على حد تعبيره بشعور وضمير جمعي قوي وعنيف يغلب على الضمائر الفردية, وأنه في مقابل ذلك يبتعد المجتمع الحديث تماماً عن صفات الغيرية لأنه كما يقول دور كايم مجتمع يرفع من شأن "الفردية" إلى مستوى المبادئ الدينية بالدرجة التي تخلق ما يسميه دور كايم في كتلبه "الأشكال الأولية للحياة الدينية""عبادة الفرد". (1)

غير أنه بمرور الوقت فقدت النظرية التطورية ماكتن لها من ذيوع وانتشار, كما وجه اليها العديد من الانتقادات وبخاصة في الأيام الأخيرة, فلقد أدى التعرف على أشكال وصور متعددة من المناقشة البدائية إلى التشكك في إمكانية القول بوجود شكل ثقافي واحد على أنه أكثر "بدائية" عن شكل آخر, حيث تبين أن الشعوب التي عرفت بأنها تمارس طريقاً للحياة أكثر تعقيداً- في بعض الوجوه- طريق الحياة السائدة في المجتمعات الحديثة. والمثال على ذلك أن هناك مجتمعات بدائية استطاعت أن تطور أنساقاً للقرابة تمكنها من التمييز بين الروابط الأسرية على درجة من الوضوح والدقة لا تتوفر في أساق القرابة أو الأسرة في أكثر المجتمعات تقدماً.

---

(1) ن.م.، ص : 265 .

وثمة ملاحظات أخرى أدت إلى الإطاحة بالمدخل التطوري تتمثل في ما كشفت عنه كثير من الدراسات من أن الطرق والوسائل الثقافية السائدة في المجتمعات الحديثة, لا تختلف كثيراً عنها في المجتمعات البدائية, وبالقدر الذي تميل فيه النظريات التطورية إلى اعتبار كل منهما كنموذجين متعارضين.

وعلى الرغم من الانتقادات العديدة التي وجهت للنظرية التطورية التي تفسر التغير الثقافي على أنه انتقال في خط واحد ومستقيم Unilinear, الأمر الذي أدى إلى رفضها تماماً في الوقت الحاضر, إلا أنه لا تزال هناك بعض المحاولات التي حرصت على الابقاء على الطابع التطوري لتفسير التغير, ولكن على أنه انتقال في خطوط متعددة (Multilinear). وتعتبر جوليان ستوارد (Kulian Steward, 19)- أحد علماء فانثروبولوجيا المعاصرين- من أنصار هذا المدخل الأخير. فهي في كتابها "نظرية التغير الثقافي" سنة 1955 تذهب إلى أن هناك بطبيعة الحال مراحل أساسية لتطور الثقافة إلا أن المهمة الأساسية التي تلقى على عاتق الباحث هنا تتمثل في تحديد بعض النماذج الأساسية للثقافة أولاً, ثم توضيح كيف تطورت هذه النماذج المختلفة في اتجاهات أو خطوط مختلفة. فالمجتمعات الزراعية مثلاً- كما نقول- قد تابعت خطوطاً أو اتجاهات تطورية متماثلة وذلك في المراحل الأولى للاستقرار في قرى صغيرة على ضفاف الأنهار, ولكنها- أي هذه المجتمعات- باتباعها لوسائل الري ومحاولتها شق الترع كشفت عن تغيرات أساسية وجوهرية في ثقافتها العامة وتنظيمها الاجتماعي, كذلك الحال بالنسبة لمجتمعات الصيد والقنص أو المجتمعات التي اعتمدت على الجمع والالتقاط نجدها وقد سارت في خطوط للتطور مختلفة فيما بينها وأيضاً عن غيرها من اشكال المجتمعات الأخرى.

ب- النظريات الشرطية: (Contingent Theories)

وتعبر هذه النظريات في مجموعها عن وجهة نظر أو مدخل لتفسير التغير الثقافي يتعارض مع المدخل التطوري. والفكرة المحورية والمميزة لهذا المدخل هي أن الثقافة

قد تتغير- وقد لا تتغير أيضاً- في اتجاه معين معتمدة في ذلك على وجود-أو عدم وجود- عوامل معينة ينظر اليها على عوامل "تسبب" التغير. ومن ثم فان القضية الأساسية وفقاً لهذه النظرة ليست هي اكتشاف الاتجاه العام للتطور الثقافي, بل هي تحديد الوزن النسبي لعوامل التغير المختلفة في مجال أحداث هذه التغيرات, وقد عرفت هذه النظريات "الحتمية"لأنها- وهي بصدد تفسير التغير بالرجوع إلى عوامله أو أسبابه- تحدد عاملاً واحداً بعينه دون غيره. ومن أشكال هذه الحتميات: الحتمية الاقتصادية التي تقرر أن التغيرات التي تطرأ على أنماط تنظيم النشاط الإنتاجي لها أكبر الأثر في تغير كل مظاهر الثقافة في المجتمع. فماركس مثلاً يرى أن الحقائق الفعلية في أي مجتمع تتمثل في الروابط التي تربط الأفراد بعضهم ببعض في عملية إنتاجهم لوسائل عيشهم, ومن ثم فان الثقافة تتحدد اقتصادياً طالما أن الأفكار المسيطرة تدور حول ترشيد أوضاع الطبقة الاقتصادية المسيطرة, وطالما أن الأفكار المسيطرة أو الحاكمة هي أفكار الطبقة الحاكمة, وبالمثل تؤكد الحتمية التكنولوجية على الوسائل الفنية السائدة في المجتمع كعامل أساسي للتغير. ولعل ما يقدمه بعض علماء الأنثروبولوجية من تصنيف للثقافات كثقافة الصيد أو الرعي أو الزراعة ليس إلا محاولة واضحة وصريحة لتأكيد مدى ما تمارسه التكنولوجيا من تأثير في كل جوانب الثقافة.[1]

وعلى أية حال تواجه هذه النظريات الحتمية نفس الصعوبات رغم اختلافها في تحديد أسباب التغير, وهي صعوبات منهجية في أساسها تتعلق بحدود التفسير العلمي للظواهر الاجتماعية والثقافية وتتمثل باختصار في أن الارتباط بين أي شكل من أشكال الثقافة وبين أي شكل من أشكال التكنولوجيا أو الاقتصاد أو أي علم آخر قد لايكون ارتباطاً تاماً في كثير من الأحيان كما هو الحال بالنسبة لارتباط السبب أو العلة بالنتائج في العلوم الطبيعية.

(1) **ن.م.** ، ص : 270 .

وإزاء هذه الصعوبات تقدم نظريات العوامل المتعددة (Multifactor) مدخلاً لتفسير التغير الثقافي يتعارض مع مدخل النظريات الحتمية يعترف بتعقد التفسير العلمي للتغير الثقافي. كما يؤكد أولاً أن التغير الثقافي ينبثق عن عدد كبير ومتنوع من المصادر ولا يرجع بحال من الأحوال إلى مجرد التغيرات التي تطرأ على عامل واحد بعينه, وثانياً أنه سواء بقي التغير على ما هو عليه في مراحله المبكرة أو اتخذ أشكالاً أخرى من التطور فانه- أي التغير- يعتمد على عدد كبير ومتنوع من العوامل.

وبالتركيز على مصادر التغير, فان ثمة تمييزاً تضعه هذه النظريات بين التجديد الداخلي والاحتكاك الثقافي الخارجي, فبعض التغيرات يمكن أن تحدث في المجتمع كاكتشاف أو اختراعات او عندما يتعلم الأفراد كيف يواجهون مشاكلهم القديمة بوسائل جديدة. أما لماذا تكون بعض المجتمعات أكثر قدرة على الاختراع والتجديد من مجتمعات أخرى, فتلك نقطة لاتزال مزيداً من الجدل والخلاف. ولو أن علماء الاجتماع يذهبون في فهمهم أو تبريرهم لهذه الظاهرة إلى أن الاختراع يحدث فقط في المجتمعات التي تدفع إليه وتضفي عليه طابعاً نظامياً, بمعنى أنها تدعم كل نشاط ابتكاري مجدد وتكافئ عليه.

ومن ناحية أخرى فإنه إذا كانت عزلة الشعوب بعضها عن البعض تؤدي إلى خلق ثقافات مستقلة ومختلفة, فان اختلاط هذه الشعوب سيؤدي بهذه الثقافات المختلفة وبالضرورة إلى ما يعرف باسم "التمثيل الثقافي (Cultural Assimilation)" وبالتالي إلى اختفاء هذه الاختلافات الثقافية وبالطبع يلعب "الانتشار الثقافي"- على نحو ما أوضحنا من قبل دوراً هاماً في هذا الصدد.

وسواء انبثق التغير الثقافي عن تجديدات داخلية, أو عن اتصال أو احتكاك ثقافي خارجي, فإن العملية التي تنتشر من خلالها الأفكار الجديدة تعد أكثر تعقيداً, حيث يلاحظ ان كثيراً من مجتمعات العالم تقاوم معظم الاختراعات- أو على

الأقل تهمل- بصفة مؤقتة, كما يلاحظ أيضاً أن النزعات التعصبية أو ما سبق أن أشرنا اليه تحت اسم "التمركز حول السلالة, قد يحول دون أن يؤدي الاتصال الثقافي إلى تبني الطرق الأجنبية للسلوك أو التفكير, وهنا نعود إلى ما قررناه من قبل من أن مدى وطبيعة المحتوى المادي للسمة أو العنصر الثقافي تعتبر أحد العوامل الهامة والمؤثرة في تقبل التجديدات أو الطرق الأجنبية للحياة, حيث يلاحظ أن التغير يميل إلى أن يكون أسرع وأكثر تقبلاً إذا ما استوعب أفكاراً ترتبط باستخدام الأشياء المادية, والعكس صحيح فيما لو امتد التغير ليشمل جوانب لا مادية في الثقافة. وقد يرجع ذلك لسببين أساسيين: أولهما: أنه من السهل أن تتأكد تفوق الأفكار الجديدة المرتبطة بعناصر مادية على الأفكار القديمة, وهذا أمر لا يتحقق بالنسبة لأفكار ترتبط بالجوانب اللامادية. فقد يسهل على الأفراد مثلاً أن يتحققوا من سمو وملائمة- أو حتى دنو وعدم ملاءمة- طريقة جديدة لإنتاج محصول معين أو آلة جديدة, بينما يصعب عليهم ذلك بالنسبة لعقيدة جديدة أو مذهب سياسي جديد. وثانيهما: أن الجوانب اللامادية للثقافة تبدو أكثر رسوخاً وتأصلاً في نفوس الأفراد الذين ينتمون إلى ثقافة من الثقافات, فالقيم الأساسية بثقافة من الثقافات, هي المحور التي تدور حوله العناصر الثقافية الأخرى, لذلك يسهل الأفراد تبني نظم جديدة للانتاج أو النقل أو الاسكان ما لم يؤد ذلك إلى قلقلة هذا المحور الأساسي, بينما يكون من الصعوبة بمكان تبني نسق قيمي متعارض- أو حتى يختلف- مع النسق القديم لأن في ذلك تهديداً, للتكامل على نحو ما أوضحناه من قبل.

وقد يحدث في كثير من الأحيان أن يميل الأفراد إلى مقاومة تبني التجديدات حتى في مجال الوسائل الفنية المادية. ولعل من أوضح الأمثلة على ذلك ما كشفت عنه الدراسات السوسيولوجية الحديثة في بلاد العالم الثالث عن مقاومة الفلاحين لاستخدام أساليب الملكية الزراعية وتمسكهم بالطرق التقليدية القديمة, رغم ما كشفت عنه- هذه الطرق التقليدية من عدم كفاءتها إذا قورنت بالأساليب الحديثة.

وعلى أية حال فان التفسير العلمـي للتغـير الثقـافي عـلى النحـو يثـير مشـكلات وصعوبات أكثر تعقيداً, الأمر الذي جعل الكثير مـن علـماء الاجـتماع يميلـون في الوقـت الحاضر إلى رفض النظريات الحتمية لتفسير المتغير في ضـوء عامـل واحـد فقـط. بـنفس الدرجة التي يعلنـون فيهـا عـن رفضـهم للنظريـات التطوريـة لما تضـمنته- مـن خـلال الاهتمام بتحديد مراحل التطور فقط- من تبسيط زائد لظاهرة أكثر تعقيداً. لـذلك كلـه وإزاء التشكك في قدرة هذه النظريات السابقة على التغير يميل التفسـير السوسـيولوجي اليوم إلى الاتجاه نحو"بناء للتفسير أقل تعقيداً" حيث يهتم فقط بالبحـث عـن "عوامـل التغير" أو "شروطه وملا بساته" التي إن وجدت, ارتبط بها عدد من التغـيرات الثقافيـة, وذلك بدلاً من البحث عن أسباب بالمعنى المعروف لمصطلح العلـة أو السـبب. وفي هـذا البناء أو الهيكل التفسيري الأكثر تفهماً لواقـع وخصـائص الظـواهر الاجتماعيـة المعقـدة يستطيع الباحث أن يستخدم بعض الأفكار العامة المرتبطة بمحـددات السـلوك الإنسـاني في تفسير التغير فهو مثلاً يستطيع أن يطبق الفكرة العامة عـن أهميـة المسـتويات "غـير الرسمية للتأثير الاحتماعي لتفسـير عمليـة إدخـال التغـير التكنولـوجي عـلى ثقافـة مـن الثقافات" .

المراجع

مراجع الفصل الثالث

أولا: مراجع باللغة العربية:

- بوتومور، ت.ب، **تمهيد في علم الاجتماع**. ترجمة: محمد الجوهري وزملائه، دار المعارف، القاهرة: 1982.
- التابعي، كمال، **تغريب العالم الثالث**، دار المعارف، القاهرة: 1993.
- الجوهري، محمد، مقدمة في علم الاجتماع التنمية. دار الكتاب للتوزيع، القاهرة. 1979.
- حسن محمد عبد الباسط، **التنمية الاجتماعية**. مكتبة وهبة، القاهرة.1982.
- الحسيني، السيد، **التنمية والتخلف: دراسة تاريخية بنائية**. دار قطري بن الفجاءة، الدوحة: 1986.
- الحلبي، علي عبد الرزاق وآخرون، **علم الاجتماع الثقافي**. دار المعرفة الجامعية، الاسكندرية: 1998.
- مصطفى، الخشاب، **دراسة المجتمع**. مكتبة الانجلو المصرية، القاهرة: 1997.
- الرشدان، عبد الله، **علم اجتماع التربية**. دار الشروق للنشر والتوزيع، عمان: 1990.
- زايد، أحمد واعتماد علام، **التغير الاجتماعي**. مطبعة الأنجلو المصرية، القاهرة: 2000.
- زايد ، أحمد، **البناء السياسي في الريف المصري**. دار المعارف، القاهرة: 1981.
- زايد، أحمد، **الدولة في العالم الثالث**. دار الثقافة للنشر والتوزيع، القاهرة: 1986.
- زايد، أحمد، **علم الاجتماع بين الاتجاهات الكلاسيكية والنقدية**، دار المعارف، القاهرة: 1984.

- الزغبي، محمد، **التغير الاجتماعي**، دار الطليعة للطباعة والنشر، بيروت: 1982.

- عفيفي، محمد الهادي، **التربية والتغير الثقافي**، مكتبة الانجلو المصرية، القاهرة: 1972.

- اندرية فرانك، **البرجوازية الرثة والتطور الرث**، دار العودة، بيروت: 1973.

- فوكاياما، **نهاية التاريخية وخاتم البشر**. ترجمة: حسين احمد أمين، مركز الأهرام للترجمة والنشر، القاهرة: 1993.

ثانيا: مراجع باللغة الإنجليزية

- Emmanuel, **A. Unequal Exchange, New Left Books**, and London: 1972.

- Ginsberge, **M., Essays in Sociology & Social Philosophy**, Heinmann, London: 1961.

- Harris, M., **The Rise of Anthropological Theory**. Crowell Comp., N.Y: 1968.

- Hagen, E.E.. **On the Theory of Social Change: How Economic** Growth. Begins Dorsey Press wood, 1962.

- Huntington, **E.Main Springs of Civilization**, John Wiley & Sons, N. Y: 1945.

- Lapiere, R.T., Social Change . **McGraw - Hill Book Company**, N.Y: 1986.

- Martindale, D., **The Nature & Types of Sociological Theory**. Houghton Mifflin Company , Boston: 1981.

- Marx & Engels, **Basic Writings In politics' & Philosophy**. Anchor Books, N.Y.: 1959.

- Mcclelland, D.C. Etal., **Motivating Economic Development**. Free Press N.Y.:1973.

- Parson, T." **Evolutionary Universals**", American Sociological Review, Vol :xxIx, No. 3,1964.

- Rocher, Guy , **Changement Social. HMH.**, Paris: 1981.

- Weber, M., The Protestant Ethics & **The Spirit of Capitalism Scribness**. N.Y: 1985.

الفصل الرابع

عوائق التغير الاجتماعي والثقافي

مقدمة

عرفنا أن المجتمعات تختلف في مدى استجابتها لعملية التغير الاجتماعي, وأن عوامل التغير ليست على درجة واحدة في التأثير على المجتمعات, وإنما هناك اختلاف بين المجتمعات في مدى تقبل عملية التغير الاجتماعي, فبعض منها يظهر التغير فيه على درجة واسعة وعميقة, وبعضها يظهر مقاومة شديدة له, مما يؤدي إلى ضيقه وسطحيته, وهذا الاختلاف يعود إلى وجود بعض العوائق التي تتوفر في مجتمع دون آخر.

ولذلك تكون عملية التغير غير مرغوبة, وتجد مقاومة لدى أفراد المجتمع. وهذه العوائق مختلفة وعديدة, ويمكن تقسيمها إلى أربعة أقسام هي:

أولاً: العوائق الاجتماعية

ثانياً: العوائق الاقتصادية

ثالثاً: العوائق الايكولوجية

رابعاً: العوائق السياسية

خامسا: العوائق الثقافية

سادساً: العوائق السيكلوجية

كما أن كل قسم من هذه الأقسام تندرج تحته جملة من المتغيرات الفرعية, متفاوتة في تأثيرها في عملية التغير الاجتماعي.

أولاً: العوائق الاجتماعية

هناك عوائق اجتماعية عديدة تقف أمام التغير الاجتماعي, وتظهر بوضوح لدى المجتمعات التقليدية أكثر منها في المجتمعات الحديثة, وأهم العوائق الاجتماعية ما يلي:

1- الثقافة التقليدية:

يرتبط التغير الاجتماعي إلى حد كبير بثقافة المجتمع السائدة, فالثقافة التقليدية القائمة على العادات والتقاليد, والقيم بوجه عام, لا تساعد على حدوث عملية التغير الاجتماعي بيسر, فالعادات والتقاليد التي تميل إلى الثبات تقاوم التغير وكل تجديد سواء أكان مادياً أم معنوياً, وكلما سادت هذه الثقافة وانتشرت, كانت المقاومة أشد وأقوى.

فالايديولوجية المحافظة التي تتبنى فلسفة تقديس القديم على أنه "ليس بالامكان الاتيان بأفضل مما كان", تؤدي إلى مقاومة كل جديد. وتسود مثل هذه المعتقدات خاصة عند كبار السن الذين عاشوا أوضاعاً مختلفة عن الأوضاع الحالية, مما يؤدي إلى الجهل بالتجديد, والتحديث عامة, وقديماً قيل "من جهل شيئاً عاداه".

وقد بين وليام أوجبيرن (W.Ogburn, 1957) أن النزعة المحافظة عند كبار السن والميل للمحافظة على القديم واستاتيكية- ثبات- العادات والتقاليد, كلها متغيرات تقاوم التجديد المادي والتغير بوجه عام[1].

وتظهر المقاومة بشكل أوسع, حينما يتعلق التغير بالقيم والمعتقدات التقليدية,

(1) W. Ogburn, **Technology &Social Change**, Appleton crofts, Co., N.Y.,. 1957, P:12-27.

ففي الهند مثلاً يعيش غالبية السكان في حالة سوء تغذية شديدة, قد تصل في بعض الأحيان إلى حد المجاعة, ومع ذلك فان طائفة الهندوس يقدسون الأبقار ويحرمون ذبحها, ويتركونها تتجول في الحقول والمزارع, مع أن عددها يقدر بحوالي 300 مليون بقرة, وقد حاول الزعيم نهرو "Nihro" اقناع تلك الطائفة بالمنطق والبرهان بخطأ هذا المعتقد, ومع ذلك فليس من مجيب, كما وأنه ليس من المحتمل ظهور اتجاه تربية الماشية من أجل الغذاء, أو أنه سيكون مقبولاً عندهم في المستقبل القريب, ما دامت التغذية على لحم البقر تخالف معتقدات الهندوس الحالية[1].

وقد استغل المستعمرون الانجليز هذا المعتقد, فكانوا يذبحون البقر ليلاً ويلقونها في أحياء الهندوس مدعين أن المسلمين هم الذين قاموا بذبحها, وذلك من أجل الايقاع بين الطائفتين الهندوسية والمسلمة. أن سيادة مثل هذه المعتقدات القديمة لدى الطوائف تحول دون إحداث عملية التغير والتقدم الاجتماعي عموماً.

وفي بعض المجتمعات العربية, هناك اختلاف في النظرة إلى القيم السائدة, فقد بين محمد الرميحي أن اختلاف النظرة إلى القيم في الكويت بين المواطنين من شأنها أن تعيق عملية التغير والتنمية الاجتماعية عموماً, وقد ذكر أن وزارة الشؤون الاجتماعية والعمل, قد قامت ببحث استطلاعي لقياس اتجاهات مقدمي الطلبات للحصول على قسائم وقروض حول مدى رغبتهم في سكن الشقق عام 1967, وبلغ عدد الحالات التي بحثت (672) حالة من (1517) طلباً, تقدم أصحابها للحصول على قسائم وقروض في الفترة ما بين 1962-1967, أي أن النسبة قد شملت (62%), وقد شمل البحث مقدمي الطلبات من العاملين في القطاع الحكومي (92.3%), والقطاع الأهلي (7.7%) وتركز المبحوثون في (22) جهة حكومية من وزارات الداخلية والدفاع والتربية والصحة.. أي أن العينة كانت على مستوى لابأس به من التعليم, فكانت النتيجة العامة للبحث أن (95.5%) من العينة

(1) سناء الخولي, **التغير الاجتماعي والتحديث**, دار المعرفة الجامعية, الاسكندرية, (ب-ت). ص:143.

رفضوا سكنى الشقق, وكانت أكبر نسبة للرافضين(67.7%) بسبب العادات والتقاليد, أي القيم السائدة في المجتمع[1]. لهذا فان القيم الاجتماعية تفرض نمطاً معيناً من الاسكان, وهذا المثل يمكن أن ينطبق على الأقطار العربية كافة, الأمر الذي يؤدي بنا إلى القول: أن هناك قيماً اجتماعية معيقة لعملية التغير الاجتماعي.

كما أن المحافظة على البناء الأسري المتعلق بالأسرة الممتدة من شأنه أن يعيق عملية التغير الاجتماعي, بعكس بناء الأسرة الصغيرة, "الأسرة النووية". وفي دراسة عن العلاقات الاجتماعية في بعض الأسر الأردنية قام بها مجد الدين خيري على عينة مؤلفة من (274) أسرة نووية تسكن في مختلف مناطق عمان السكنية, توصل إلى أن صغر حجم الأسرة يؤدي إلى العمل على استمرار التقدم المهني وإلى اكتساب أنماط سلوكية واتجاهات جديدة[2].

وأن من شأن التنظيم البيروقراطي وانتشاره أن يؤدي إلى تكون الأسر النووية[3]. أي أن عملية التغير ترتبط إلى حد بعيد- من هذه الناحية- بتكون الأسرة الصغيرة, وهو نظام اجتماعي سائد في المجتمعات الصناعية المتقدمة.

كما أن تعطيل دور المرأة في المجتمع من شأنه أن يعيق عملية التغير الاجتماعي, ففي المجتمعات ذات الثقافة التقليدية ترتفع نسبة الأمية لدى النساء, حيث تصل إلى أكثر من (90%), الأمر الذي يحد من فاعلية المرأة وتهميشها في عملية التنمية الاجتماعية, ومن الجدير بالذكر أن المرأة في المجتمعات العربية من الفئة المضطهدة, بالاضافة إلى فئة الأطفال والفقراء على حد تعبير هشام الشرابي[4].

---

(1) محمد الرميحي, **معوقات التنمية الاجتماعية والاقتصادية في مجتمعات الخليج العربي المعاصرة**, دار السياسة, الكويت 1977, ص: 25.

(2) مجد الدين خيري, **العلاقات الاجتماعية في بعض الأسر النووية الأردنية**, مكتبة المعرفة, عمان 1958, ص: 132.

(3) المرجع نفسه, ص: 142.

(4) هشام الشرابي, **مقدمات لدراسة المجتمع العربي**, الأهلية للنشر والتوزيع, بيروت, 1985, ص: 88.

أ- طبيعة البناء الطبقي:

لطبيعة البناء الطبقي في المجتمع أثر في قبول أو رفض التغير الاجتماعي. فالنظام الصارم للطبقات الاجتماعية يعيق عملية التغير الاجتماعي, لأن أنماط التفاعل فيها تكون محدودة نتيجة للانغلاق الطبقي, فالنظام الطبقي المغلق يحد من درجة التغير, كما هو في الهند والباكستان حيث أن النظام الطائفي يحدد نوع المهنة التي تكون مفروضة على فئات معينة في المجتمع, فنظام الطبقات في الهند Caste يحدد المهن التي يجب أن يتبعها أفرادها, وتنتقل بفعل عامل الوراثة, وليس بموجب الكفاءة, ويكون الميل نحو تعزيز الطرق القديمة التقليدية والالتزام بها. أي أن التماسك الطبقي يحد من عملية التنقل الاجتماعي الذي يكاد يعم في المجتمعات النامية اليوم.

ب- الميل للمحافظة على الامتيازات :

تظهر المقاومة للتغير من قبل الأفراد الذين يخشون على زوال مصالحهم, تلك المصالح التي قد تكون في المكانة الاجتماعية, أو الامتيازات الاقتصادية, أو الاجتماعية, أو غير ذلك. لهذا حينما يشعر أولئك الأفراد بأن امتيازاتهم مهددة بالزوال نتيجة للتجديد, سرعان ما تقوم المعارضة, وأمثلة ذلك عديدة في المجتمعات, فالطبقة الرأسمالية تحاول أن تبقى على علاقات الانتاج دون تغيير, الأمر الذي يجعلها تقف معارضة لكل تغيير ايجابي للطبقة العاملة في مجال علاقات الانتاج التي تتغير, بتغير وسائل الانتاج. والأمر نفسه يحدث من قبل الطبقة العاملة نحو تحقيق المزيد من الامتيازات للطبقة الرأسمالية, حيث تبدي الطبقة العاملة معارضة شديدة.

وتتعدد أشكال المقاومة بتعدد التغيرات التي تحدث في كافة أنحاء المجتمع. فقد تقاوم الأحزاب السياسية في مجتمع إنشاء أحزاب جديدة حتى لا ينقص عدد المنتسبين إليها, وحتى لا تتفرق أصوات الناخبين أثناء عملية الانتخاب. كما أن

ألأطباء مثلاً يقاومون أي تغيير في تخفيض أجورهم لصالح المرضى, وقد تقوم الجماعات المتضررة من عملية التغير بنشر الاشاعات- غير الحقيقية- ضد التغيرات المقترحة كما يقول فوستر (Foster , 1972)(1).وتظهر المقاومة في مجال استعمال الآلات الحديثة, حيث قام بتحطيم الآلات في بداية الثورة الصناعية, حينما أخذت الآلة البخارية تحل مكان الآلة اليدوية, الأمر الذي أدى، في البداية إلى الاستغناء عن كثير من العمال في مصانع بريطانيا, لهذا قاوم العمال عملية التحديث الصناعي(2).

وقد قام المؤلف بالإشراف على دراسة ميدانية في شركة الصناعات الحديدية والميكانيكية-سيمكو Simco - بمدينة قسنطينة بالجزائر, في مجال التغير الاجتماعي للعمال في المصنع, عام 1978, على عينة تضم (100) عامل.وقد دلت النتائج أن عمال المؤسسة أبدوا معارضة واضحة (79%) نحو المسيرين الاداريين, بسبب أن الادارة تباطأت في تطبيق التسيير الاشتراكي للمؤسسات الذي يتضمن حقوقا عديدة لصالح العمال المشاركين في العملية الانتاجية, وذلك لحداثة تلك الادارة, الأمر الذي أثر تأثيراً واضحاً في الحد من طموحات العمال في التغيير نحو الأفضل(3).

وتظهر المقاومة بوضوح في ميادين عديدة في أنماط الحياة المختلفة السياسية والاقتصادية والعلمية, وغالباً ما تكون هذه المقاومة نتيجة الجهل بالمتغيرات الجديدة, والخوف على المصالح المستقرة. وبطبيعة الحال, فإن المقاومة تكون قوية كلما تعرضت تلك المصالح إلى تغيير كبير.

---

(1) G. Foster , **Traditional Societies and Technological Changeop**.**Op. Cit**, p:117.

(2)Jean Pierre Rioux J., **La Revolution Industrille** (1780-1880) Editions seuil, Paris. 1971, P:210.

(3) محمد عبد المولى الدقس, **التغير الاجتماعي للعمال في المصنع**, بحث ميداني بشركة سيمكو, قسنطينة, 1978, ص: 103.

وقد دلّت كثير من الدراسات الاجتماعية النامية, على أن الاقطاعيين كانوا يقاومون الاصلاح الزراعي والتأميم للأراضي نظراً لكونها تحد من حيازاتهم للملكية الواسعة. وفي غياب المؤسسات القانونية الحديثة يظهر ما يسمى بقانون "تصادم المصالح" الذي يظهر لدى كافة فئات المجتمع مما يؤدي إلى اعاقة التغير الاجتماعي بوجه عام.

جـ- عزلة المجتمع:

إن العزلة قد تكون مفروضة على المجتمع, كما هو الحال في البلدان الخاضعة للاستعمار, وكذلك بالنسبة لحالة الزنوج في أمريكا الذين يعيشون في مناطق منعزلة خاصة بهم تعرف باسم "المناطق السوداء"(Black Belt) وقد تكون عزله ذاتية يفرضها المجتمع على نفسه, كما حدث في روسيا بعد الثورة البلشيفية عام 1917, أو اقامة اليهود في مناطق أو أحياء خاصة بهم بهدف المحافظة على أصولهم السلالية والقومية والدينية والثقافية.[1]

د- المحافظة على القيم والخوف من التغير:

غالباً ما تقف الفئات المحافظة في المجتمع عقبة أمام إحداث التغير الاجتماعي, حرصاً على أوضاعهم التقليدية وخوفاً من ضياع حقوقها المكتسبة, كما وقفت قريش في وجه الدعوة الإسلامية وحاربت ظهور الدين الإسلامي خوفاً على مركزها التجاري والاجتماعي البارز في ذلك الوقت من الضياع. وكما قاوم ملاك الأراضي الزراعية في النصف الأول من القرن التاسع, انتشار السكك الحديدية في أوروبا, لأن ذلك في رأيهم يؤدي إلى نهب الريف من ناحية, كما أنها تخيف الجياد من ناحية أخرى.

وبجانب هذا الموقف المعارض للتغير الاجتماعي من جانب الفئة المحافظة,

---

(1) محمد عبد المولى الدقس، **التغير الاجتماعي بين النظرية والواقع**، المرجع السابق، ص: 265 .

حفاظاً على حقوقها المكتسبة, فانها تخشى قبول التغير أيضاً, لما يترتب على ذلك من تغيرات في مكونات البناء وعناصر الثقافة. اضافة إلى أن الأفكار الجديدة الداعية إلى التغير غالباً ما تتعرض للمقاومة الشديدة نتيجة التعصب للقديم وتقديس بعض جوانب الحياة. وكلما كانت القيم أقرب إلى الجمود, أصبح من الصعب أن نستبدل بالأوضاع القائمة في المجتمع أوضاعاً أخرى جديدة. مثال ذلك, موقف الطائفة الهندوسية من البقر والدعوة إلى تقديسها، إنه يقف حائلاً دون قبول أي تغيير خاص بتحسين استغلال الثروة الحيوانية التي يمكن أن تلعب دوراً كبيراً في الاقتصاد القومي الهندي.

هـ- تماسك الجماعة :

في المجتمعات الريفية التقليدية يتمسك الناس بفكرة مثالية تنعكس في احساسهم بالالتزام المتبادل داخل اطار الأسرة والجماعة من الأصحاب, وتفضيلهم العام للانتماء إلى جماعة صغيرة والرغبة في انتقاد أي فرد ينحرف عن السلوك المعتاد.

و- عدم التجانس في تركيب المجتمع:

إن اختلاف الأفراد الذين يتكون منهم المجتمع من حيث النوع والسن والتعليم والمهنة, والمركز الاجتماعي, والوضع الطبقي, والديانة, يؤدي إلى عدم تجانسهم وتضارب مصالحهم, بحيث أن أي تغير جديد قد يلقى معارضة من بعض الأفراد الآخرين, وموافقة من البعض الآخر, وذلك على العكس من التجانس في تركيب المجتمع الذي يسمح باحداث التغير في مختلف مجالات الحياة الاجتماعية.

أما حسب رأي عدلي أبو طاحون في كتابه **في التغير الاجتماعي (1997)**, يرى أن العوائق الاجتماعية للتغير تتعلق بالعناصر التالية[1]:

(1) عدلي أبو طاحون, **في التغير الاجتماعي**, المكتب الجامعي الحديث, الإسكندرية, 1997, ص:241.

أ- الالتزام المتبادل داخل الأسرة والجماعات القرابية والأصدقاء

التوقعات المرتبطة بالمهام الفردية بالمجتمعات الريفية تعد من المسلمات الاجتماعية أي أنها ليست اختيارية أو متروكة لحرية الأفراد. وتبدو هذه الالتزمات قوية جداً وهامة في وقت الأزمات مثل حالات الوفاة, المجاعة وغيرها.

وهذا النمط التبادلي لا يتمشى في أغلب الأحيان مع الاتجاه الفردي والذي يميز عملية التحضر والتصنيع التي تتميز بقوة الالتزامات المتبادلة فيها, خاصة في طور الانتقال حيث يكون كالفرملة لعملية التغير. ومن الأمثلة على ذلك محاولة ادخال وسائل حديثة لصيد الأسماك في بيرو مثلاً, فهي لم تشكل سلوكاً إيجابياً نحو استعمالها من قبل الصيادين وذلك بسبب لم سيادة نظام الأسرة الممتدة أو المركبة, وبالتالي فان الزيادة في الدخل لن تعود عليه بالفائدة المرجوه بل أنها ستزيد من الالتزامات المتعلقة به ومن مسؤولياته.

ب- ديناميكيات الجماعة الصغيرة

الاحساس بالانتماء الشخصي للجماعات الصغيرة أو المجتمعات المحلية يشكل موضوعاً حيوياً لمعظم الناس, لأنه يوفر الاطمئنان السيكولوجي والارتياح والرضا النفسي مما يساهم في اتمام الأعمال اليومية, وسبب ذلك أن الجماعات الصغيرة تعطي الأفراد المنتمين إليها الاطار المريح للعمل بداخلها. ويتضح ذلك مما نراه كثيراً من تضحية الكثير من الناس بمكاسبهم الاقتصادية في سبيل الابقاء على تماسك هذه الجماعة.

مثال على ذلك: ترفض الفلاحات في بعض الأحيان غسيل الملابس بالمنزل ويفضلن الغسيل في الترعة لكي يتسامرن ويتحدثن بالرغم من توافر سبل الراحة بالمنزل.

جـ- الرأي العام

تظهر أهمية وحدة الجماعة الصغيرة في تنفيذ العديد من برامج التغيير الموجهة,

وفي نفس الوقت نلاحظ أن الرأي العام قد يؤثر بقوة على سلوك الأفراد داخل الجماعة أحياناً فيكون غير مشجع لأعضاء الجماعة المبتكرين. مثال ذلك: قام أحد القادة المحليين الناجحين في الهند بعمل مشروع لتربية الدواجن باعتباره مشروعاً اقتصادياً لسياح (تاج محل) لكن الناس قاطعوه باعتبارهم نباتيين, فتوقف المشروع.

2- النزاعات

تسود لدينا فكرة بأن المجتمعات الريفية يسودها التماسك الاجتماعي والاتفاق العام بين أهل القرية إلا أن الأمر لا يسلم من وجود بعض الخلافات والنزاعات الحزبية والتي تؤدي إلى تجزئة القرية إلى أجزاء متصارعة.

أ- التحزبات :

يجب أن تجري البرامج الموجهة للجماهير بطريقة تسمح لعدد كبير من الناس بالاشتراك فيها, وبالتالي يمكن تقليل معارضتها, ولكن المجتمعات التي تكون في طور انتقال الحزبيات والانقسامات غالباً, لذا نجد أنه إذا أخذت مجموعة أو حزب بفكرة معينة فان المجموعة المضادة سترفض هذه الفكرة دون تقييمها أو حتى التفكير فيها. وهذه الصورة أوضح ما تكون بالهند وباكستان, فاننا نجد أن الاخصائي اذا تقرب من حزب ما, ثم عرض فكرة جديدة فان الحزب الموالي له سيقبلها لمجرد أنه يواليه, والحزب المضاد سيرفضها لأنه يضاد ذلك الحزب فقط. وبالتالي سيفشل المشروع أو ينجح جزئياً.

ب- ذوو المصلحة الخاصة (الجماعات المصلحية)

إن كثيراً من التغيرات الاجتماعية والاقتصادية المشجعة عالمياً تفسر في الوقت الحاضر على أنها محددة لأمان بعض الأفراد والجماعات, فمثلا نجد أن بعض كبار الملاك الزراعيين يعارضون برامج تعليم المستأجرين أو برامج اعادة توزيع الأراضي الزراعية, وبالمثل معارضة التجار والمقرضين لإنشاء جمعيات تعاونية, لأن هؤلاء

الأفراد ذوي المصلحة الخاصة لهم قوتهم في التأثير على باقي الأفراد بالمجتمع وأبعادهم عن هذه البرامج وأكبر عمل لهم هو نشر الشائعات والتقليل من قيمة هذه البرامج.

3- مصادر السلطة :

في مجتمع القرية يقع جانب كبير من السلطة في نطاق الأسرة طبقاً للتقاليد الموضوعة وتوجد أنواع أخرى من السلطة داخل البنيان السياسي, كذلك فانه قد توجد متمركزة في أيدي بعض الشخصيات الفريدة في نوعها الذين لهم تأثيرهم المباشر على تصرفات باقي الأفراد, دون أن يكون لذلك صفة رسمية, بالاضافة لذلك توجد أنواع أخرى من السلكة خارج نطاق القرية والتي يكون لها تأثير أقوى من السلطة المحلية وهي خاصية تتميز بها المجتمعات التقليدية, والتي تشمل السلطة داخل نطاق الأسرة, وداخل البنيان السياسي والاجتماعي وسلطة الشخص الفريد.[1]

ثانياً- العوائق الاقتصادية

تأتي مقاومة التغير نتيجة لعوامل اقتصادية مختلفة, فالمجتمعات تختلف فيما بينها حسب تنوع هذه العومل, وبالتالي تختلف درجة التغير الاجتماعي, فالتجديدات التكنولوجية المستمرة, تؤدي إلى التغير السريع, كما هو حادث في المجتمعات الصناعية المتقدمة, وكذلك, فإن نشاط حركة الاختراعات العلمية المستمرة من شأنه أن يؤدي إلى سرعة التغير. وهناك متغيرات عديدة بالموارد الاقتصادية المتاحة, وبالقدرة الشرائية للمواطنين وغير ذلك. وهي عوامل تلعب دوراً مؤثراً في عملية التغير الاجتماعي, ومن أهم تلمك العوامل:

(1) علي أبو طاحون، **في التغير الاجتماعي**، المرجع السابق، ص: 245 .

1- ركود حركة الاختراعات والاكتشافات العلمية :

وهي نتيجة انعدام روح الابتكار والتجديد, وتعودِ إلى عوامل فرعية كثيرة منها: انخفاض المستوى العلمي, والمستوى الاجتماعي بوجه عام, وعدم وجود الحاجة الملحة الدافعة إلى الاختراع, مع ملاحظة أن الشعور بالحاجة وحده لا يكفي للاختراع, إذ لابدّ من توفر المستوى العلمي والتكنولوجي, فهناك مجتمعات في أمس الحاجة إلى اكتشاف ثرواتها من معادن وبترول وغير ذلك, إلا أن قصور المستوى التكنولوجي يحول دون الانتفاع بهذه الثروات الطبيعية وغيرها, من أجل تحقيق التغير المطلوب نحو التقدم والتنمية, ولهذا لابدّ من توفر الشروط التكنولوجية بالإضافة إلى المناخ الثقافي الملائم, لكي يصبح الاختراع ممكناً.

ومن البديهي أن شروط الاختراع تتطلب وجود الشخص القادر, والامكانيات اللازمة, والبيئة الاجتماعية الملائمة, فأي اختراع جديد لايجد طريقة في المجتمع, لن يؤدي إلى الهدف الذي قام من أجله, ولهذا فان الذكاء لدى المخترع لايكفي وحده ما لم يتوفر المناخ الاجتماعي الملائم, والدليل على ذلك, أنه أحياناً تسود معتقدات مختلفة داخل المجتمع تمنع انتشار الاختراع أو الاكتشاف الجديد. وقد بين نمكوف (Nimkoff) أن الاختراعات تعتمد على القدرة العقلية, والحاجة, والمعرفة القائمة[1].

ولهذا فان القبول الاجتماعي يعتمد على طبيعة الاختراع من حيث الملاءمة والتكلفة, وعلى مكانة المخترع, وثقافة الفرد المستقبل للاختراع, كل ذلك له أكبر الأثر في انتشار الاختراع الذي يؤدي بدوره إلى التغير الاجتماعي. ولذلك, فان اتاحة الفرصة أمام أصحاب المواهب, ورعايتهم وتوجيههم تؤدي لتحقيق الاكتشافات والاختراعات العلمية المتنوعة. وأن توفير الأدوات والمواد اللازمة من معامل مخبرية, وأدوات تكنولوجية وغير ذلك, من شأنه أن يشجع البحث

(1) W., Ogburn. **Technology and Social Change** . Op.Cit.,p:56.

العلمي, مما يزيد في الاختراعات ويعمق فائدتها لدى المجتمع, وعلى النقيض من ذلك فإن نقص الإمكانات الاقتصادية اللازمة يحول دون تقدم الاختراعات, وبالتالي إعاقة عملية التغير الاجتماعي.

2- التكلفة المالية :

في كثير من الحالات, يرغب الأفراد في امتلاك المخترعات التكنولوجية إلا أن ارتفاع تكلفتها المالية يحول دون تحقيق ذلك. أي أن توفر الرغبة لايكفي, ما لم تتوفر القدرة المالية التي تسمح بالاقتناء[1].

ان كثيراً من الأفراد يرغبون في اقتناء الآلات الكهربائية والوسائل المادية الحديثة, غير أن عدم وجود القدرة المالية يمنع من تحقيق تلك الرغبات. فالتأمينات الاجتماعية فكرة مرغوبة لدى المجتمعات كافة,إلا أن عدم توفر الشروط المادية لايسمح بتنفيذها, أي أن ما ينطبق على الأفراد ينطبق على المجتمعات.

ويرتبط الموقف تجاه التجديد بمدى الفائدة الاقتصادية المتوقعة منه, من ناحية عامة, فكلما تحققت فائدة أعلى, كان الإقبال أعم وأشمل.

وقد أشار روجر Rogers إلى أن قبول التجديد (التغير) لدى الريفيين يتم إذا تحققت فائدة تتجاوز (10%), أما دون ذلك فلا يؤخذ بالتجديد من ناحية عامة[2].

أما إبراهيم أبو لغد, فقد توصل إلى نتيجة مختلفة, مبيناً أن الأخذ بالتجديد يتأثر بالموقف الاجتماعي, رغم الفائدة المالية, ففي ميدان الزراعة والارشاد الزراعي, ذكر أن أخصائياً زراعياً في إحدى القرى المصرية أراد ادخال زراعة "الذرة الهجين", في المنطقة التي يعمل بها, ونجح في إقناع عدد من الأهالي بزراعة هذا النوع, وقد زاد عدد من قاموا بزراعته, فارتفع مستوى الدخل في تلك المنطقة بما

---

(1) **Ibid.,** p: 61.

(2) E. M., Rogers., and others:"**Communications of Innovations**, Free press, N.Y.: 1971, p:143.

لايقل عن (15%). ولكنهم انصرفوا عن زراعتة في الموسم التالي رغم الفائدة التي تحققت, وتبين أن السبب في ذلك يعود إلى أن نساء تلك المنطقة لم يرتحن إلى عجن دقيق الذرة الهجين[1].

أي أن الموقف الاجتماعي يجب أن يؤخذ بالاعتبار كعامل مؤثر في عملية التغير يضاف إلى العامل السابق, وأن تحقيق الفائدة المادية ليس هو العامل الحاسم أو الوحيد في تبني التجديد.

3- محدودية المصادر الاقتصادية:

إن شح الموارد الاقتصادية لدى المجتمعات من شأنه أن يعيق عملية التغير الاجتماعي, فالمجتمعات التي لا تتوافر فيها الثروة المعدنية أو الطبيعية, لاتحدث فيها تغيرات اجتماعية كبيرة, ولهذا, فان المجتمعات النامية- والفقيرة منها- لا تستطيع أن تلبي حاجات أفرادها, فتبقى على مستوى الكفاف, وينخفض فيها التراكم الرأسمالي الذي يؤدي بدوره إلى انخفاض معدل الاستثمار. في حين أن المجتمعات الصناعية المتقدمة ذات الموارد الاقتصادية العالية, تقوم فيها عمليات التغير بسهولة ويسر. فالمصادر الاقتصادية في المجتمع تساعد في انجاح خطط التنمية, بينما الاقتصاد المتخلف يعيق عملية التنمية بوجه عام وصف البرتيني الاقتصاد المتخلف بثلاث خصائص[2]:

أ - أنه اقتصاد تقليدي: ويسود الزراعة فيه أنماط بدائية الانتاج, وكثيراً ما يكون هذا الاقتصاد منكفئاً على نفسه, مفتقراً إلى انتاج كاف, مما يحعله مقطوعاً جزئياً عن باقي الاقتصاد.

---

(1) إبراهيم أبو لغد, **التقويم في برامج المجتمع**, مركز التربية الأساسية, سرس الليان: 1960, ص:14.

(2) ج.م. البرتيني, **التخلف والتنمية في العالم الثالث**, دار الحقيقة, بيروت, 1980, ص: 41-44.

ب- يتصف الاقتصاد المديني فيه بضعف الانتاج, ولاينتج إلا القليل مما يستهلك, والباقي يستورد من الخارج, أي هو اقتصاد تابع في الدرجة الأولى, ولا تتوفر فيه الجدوى الاقتصادية.

ج - يتميز باقتصاد الشركات متعددة الجنسيات التي تقوم على خدمة مصالحها الخاصة في الدرجة الأولى, وغير منسجمة في انتاجها وتشغيلها مع البلد النامي, بالإضافة إلى أن أرباحها تذهب للخارج ولا تعود بالفائدة على بلدان المجتمعات النامية.

وعموماً, يؤدي نقص الموارد الاقتصادية إلى محدودية عملية التغير واعاقتها, وغالباً "فالمجتمعات القومية في البلاد النامية تطلب مستوى من الحياة يقعدها عنه الفقر, ويحول بينها وبينه العجز المادي, حتى الأفراد فكثيرون أولئك الذين يطمعون في أنماط من الحياة يحسونها, ويحسون الحاجة اليها, وما يصدهم عنها إلا قلة الوسائل إليها"[1] .

إن الوسائل المادية, لايمكن الحصول عليها إلا بالمال, وكذلك الاختراعات والمصانع وغير ذلك. فالمقدرة المادية هي التي تساعد في الحصول على ذلك, وفي غيابها تلغى عملية التغير, وتبقى أمنية فقط, وهي تفسر لنا سبب كثرة وسرعة التغير الاجتماعي في المجتمعات المتقدمة دون المجتمعات النامية.

(1) محي الدين صابر, **التغير الحضاري وتنمية المجتمع**, المرجع السابق, ص:167.

ثالثاً- العوائق الأيكولوجية

إن تأثير البيئة الطبيعية على المجتمعات واضح سواء أكان ايجاباً أم سلباً. فالبيئة الطبيعية من مناخ وسهول وجبال وأنهار.. تؤثر في تكوين حضارة المجتمعات, فقد قامت الحضارات القديمة مثل: حضارة البابليين والأشوريين والفراعنة وغيرها, حول المناطق الغنية, خاصة حول ضفاف الأنهار, فكان ليسر الحياة وغناها الأثر الكبير في نشوء الحضارة دون غيرها. وقد بنيت حضارة الولايات المتحدة الأمريكية في العصر الحالي على الزراعة نتيجة لغنى "البلاد الجديدة".

وعلى النقيض من ذلك, فان شح الموارد الطبيعية يعيق عملية التغير, وبناء حضارة كبيرة, فالعزلة الطبيعية التي تعيشها المجتمعات نتيجة احاطتها بالصحراء أو بمنطقة جبلية وعرة المسالك, من شأنها أن تعيق اتصال المجتمع بغيره من المجتمعات الأخرى. أي أن الموقع الجغرافي في هذه الحالة يفرض على المجتمع عزلة طبيعية, "أيكولوجية", تعيق التغير الاجتماعي فيه. فبلاد اليمن مثلاً نتيجة إحاطتها بالجبال في الدرجة الأولى, ولعوامل سياسية واقتصادية في الدرجة الثانية, تأخرت عن غيرها من المجتمعات المجاورة إلا أن هذه العزلة بدأت تخف حدتها في الوقت الراهن أمام ثورة المواصلات والتقدم التكنولوجي بوجه عام.

وتؤدي العوائق الاقتصادية مع عوائق أخرى إلى تكوين الانغلاق الطبقي وإلى استاتيكية العادات والتقاليد. وركود حركة الاختراعات والتجديد وما إلى ذلك, وانطلاقاً من ذلك, فإن عملية التغير تكون بطيئة وغير واعية. وبالمقابل فان سهولة اتصال المجتمع بغيره من الجتمعات الأخرى, تؤدي إلى تفاعل اجتماعي واسع, فعملية الانتشار الثقافي-كما تبين سابقاً- تساهم إلى حد كبير في التغير الاجتماعي.

رابعاً- العوائق السياسية

تعيش المجتمعات أوضاعاً سياسية متباينة, وتؤثر هذه الأوضاع في عملية التغير الاجتماعي ايجاباً وسلباً, ويمكن تقسيم العوائق السياسية إلى قسمين:

1. عوائق سياسية داخلية
2. عوائق سياسية خارجية

وسنحاول تلمس هذه العوائق كلاً على حدا.

1- العوائق السياسية الداخلية:

هناك عوائق سياسية عديدة تقف أمام عملية التغير منها:

أ- **ضعف الأيدلوجية التنموية:** تخضع عملية التغير للسياسة الداخلية للدولة, وذلك وفق الايديولوجية التي تتبناها, فحينما تكون الايديولوجية غير واضحة, ومتأرجحة, فان ذلك ينعكس على المنهج التنموي القائم, الأمر الذي يؤدي إلى قصور في خطط التنمية. فخطة التنمية تصاغ في اطار أيديولوجي سياسي, لأن التنمية عملية سياسية في المحل الأول, في البناء والتطبيق والاشراف, فحينما تكون السياسة التنتموية غير واضحة فإنها في هذه الحالة لن تلبي حاجات المجتمع, علماً بأن هناك بعضاً من الدول النامية لم تأخذ بالتخطيط الاجتماعي كمبدأ, الأمر الذي يؤدي إلى بطء التغير الاجتماعي. كما يرجع إلى كون بعض المسؤولين لايرغبون في احداث التغير لأسباب منها: اما لقصور ادراكهم لعملية التنمية, واما لعدم وضوح الأيديولوجية التنموية لديهم.

ب- **تعدد القوميات, والأقليات داخل المجتمع:** غالباً ما تقف تعددية القوميات والأقليات أمام التغير حفاظاً على التوازن العام داخل الجتمع, فأي اصلاح

أو تغيير غالباً ما يقابل بعدم استجابة, أو بمعارضة من قبل تلك الفئات التي قد تتضرر مصالحها داخل المجتمع على عكس المجتمع المتجانس, فان عملية التغير فيه تسير بشكل أفضل, وبسهولة ويسر في تفبل عملية التغير الاجتماعي.

ج- **عدم الاستقرار السياسي**: ان وجود الاستقرار السياسي من شأنه أن يسهل عملية التغير ويؤدي إلى تحقيقها, حيث تتوجه جهود السلطة والشعب نحو التغير المنشود, وفي حال عدم توفر الاستقرار السياسي, فان جهود السلطة تكون موزعة بين اعادة استتباب الأمن, وتنمية المجتمع, ناهيك عن أن عدم الاستفرار يؤدي إلى هجرة الأدمغة نحو الخارج, مما يحرم المجتمع من الإفادة من هذه الأدمغة في عملية التغير, وان بقيت داخل الوطن تكون مواهبها انتظاراً لعودة الاستقرار مما يفوت في النهاية الفرصة في احداث عملية التغير.[1]

2- العوائق السياسية الخارجية:

وهي في الغالب مفروضة على المجتمع من الخارج, ومن أهمها:

أ- **السياسة الامبريالية**:من المعروف أن الامبريالية تفرض هيمنتها على المستعمرات, وتحارب كل تغير ايجابي قد يحدث في البلدان المستعمرة فهي تفرض السياسة التي تتلاءم مع وجودها, وهي سياسة مناقضة لمصالح الشعوب المقهورة. ناهيك عن فرض ثقافتها وحضارتها التي لا تتلاءم وثقافة المستعمرات مما يؤدي في النهاية إلى اعاقة عملية التغير.

لقد أملى الاستعمار الفرنسي لغته وثقافته على الشعوب التي حكمها من

(1) محمد عبد المولى الدقس، **التغير الاجتماعي بين النظرية والتطبيق**، المرجع السابق: ص: 233-234.

المجتعات في أفريقيا وغيرها, وقد خلف ذلك عبئاً ثقيلاً ما زالت تعاني منه المجتمعات إلى اليوم.

كما أن الامبريالية تتبع سياسة التفرقة بين أبناء المجتمع الواحد تمشياً مع المبدأ القائل: "فرق تسد" مما يؤدي في النهاية إلى الحروب الداخلية والمنازعات وإلى اعاقة التغير الاجتماعي من ناحية عامة.

ب- الحروب الخارجية: لاشك أن الحروب الخارجية تستنزف موارد مالية هائلة يكون المجتمع بحاجة اليها من أجل احداث التنمية, كما أنها قد تؤدي إلى تدمير الثروة المادية والبشرية. ومن المؤسف حقاً أن معظم المجتمعات النامية بعد أن استرجعت استقلالها, بدأت المنازعات فيما بينها مما يؤدي إلى اعاقة عملية التغير الاجتماعي لديها. ومن الجدير بالذكر أن هذه المنازعات- في الغالب- تكون مخططة من قبل بعض المجتمعات المسماه بالمتقدمة, وذلك أسباب شتى- لامجال لذكرها- إلا أن المجتمعات المتحاربة تجد نفسها في نهاية الأمر في مشاكل اجتماعية واقتصادية, تشغلها عن النهوض بمستوى معيشة أفرادها, وإلى تخلفا في النهاية.[1]

---

(1) ن.م. ، ص: 235 .

خامساً: العوائق الثقافية

تتعرض كل المجتمعات الإنسانية لظاهرة التغير, وعلى ذلك يمكن النظر إلى كل مجتمع على أنه عرضة لنوعين من القوى: قوى تعزز حدوث التغير وتعضده, والقوى الأخرى تعرقله وتحد من فاعليته. وتسعى القوى الأولى للتعجيل بالتغير واستفتاح كل الأبواب له, أما الثانية فهي تعوقه وتغلق كل الأبواب المفتوحة لاستقباله. وقد تسيطر قوى التغير على مدى زمني طويل وبالتالي يتعرض المجتمع لتحولات جذرية في طبيعته, وفي بنائه الاجتماعي, وثقافته, وعلى ذلك نكون بصدد فترة تتابع نسبي للمنشطات التي تناصر التغير السريع وترتبط به, ومن هنا تبدأ عناصر الثقافة في المجتمع مرة أخرى, وتكيف نفسها في بناء أكثر انسجاماً وتلاؤماً. وفي خلال هذه الدينامية الثنائية تنعكس لنا قوى الثبات الثقافي النسبي, والميل إلى التغير المتوازن بين القوى القائمة.

وعلى ذلك يطالعنا هيرسكوفيتش (Herskovits, 1970) بتشخيص لهذه الحالة, إذ أن ثبات الثقافة, وتغيرها, يعدان نتيجة لتداخل مجموعة من العوامل, منها ما هو بيئي (environmental) ومنها ما هو تاريخي (historical) ومنها ماهو نفسي-(psychological).ويطالب بضرورة مراعاتها في الحسبان عندما نكون بصدد اجراء أية دراسات على العمليات الثقافية. وبهذا التشخيص فانه يجعل من هذه العوامل الثلاثة متغيرات وسيطة تمارس تأثيرها من خلال تعضيد عوامل أخرى لها, فهي اذن لا تؤتى أثرها إلا بعون من غيرها. ومن ناحية أخرى قد تكون عوامل للتثبيت الاثنوجرافي, أو تكون عوامل منشطة لاحداث التغير الثقافي هي:

أ- **البيئة- أو المكان**- قد تقدم امكانيات تفيد سكانها, أو تصبح عديمة الجدوى لهم, وفي الحالة الثانية تضع البيئة العراقيل أمام التيار التكنولوجي الطاغي, كما يمكن أن تضع من العقبات ما يكفي للحد من فاعلية التواصل بين الشعوب, وبالتالي تحول دون وصول التيارات والموجات اللازمة لتحقيق التغير

المنشود. بيد أن العزلة ليست وحدها عاملاً معوقاً للتغير, وإنما هي عامل وسيط تعضده عوامل أخرى كقلة السكان وعقم الوسائل التكنولوجية وندرة وجود المستحدثات. والأمثلة على ذلك هي مجتمعات متاهات القطب الشمالي وأحراش اتوري بالكونغو, والأسيكمو. كما يلاحظ من ناحية ثانية أن البيئة قد تعوق إجراء التجارب التكنولوجية ولا تشجع عليها مثل النوير بالسودان, وسيبيريا بالاتحاد السوفيتي.

ب- **العوامل التاريخية:** تميل إلى أن تكون المخرج من أسر العوامل البيئية ومعوقاتها, وذلك من خلال ما تقدمه العوامل الأولى من منبهات أو مثيرات لأحداث التغير الثقافي, ومثال هذه العوامل الانحراف الثقافي والصدفة التاريخية, وهما عاملان قد ينبعان من داخل الثقافة أو خارجها, كالرحلات, والغزو.

جـ- **العوامل النفسية:** تتضمن ميكانيزمات تقبل الجديد وتعتنقه, أو تلفظه وترفضه, وهي مبعث السلوك الإنساني, ومظهر خاص لعملية التعلم في مستوييها المبكر, والراشد.

وعلى ذلك ينبغي النظر إلى العوامل التي تشل عملية التغير الثقافي على أنها حواجز(barriers) تنطوي على مضمون ثقافي وبالتالي فهي حواجز ثقافية, مع مراعاة أن العوامل النفسية والثقافية والاجتماعية المعرقلة للتغير, توجد في اطار اقتصادي. ومن ثم فلابدّ من مراعاة هذا العامل الاقتصادي الهام الذي يعطي للعوامل السابقة جدواها وفاعليتها. ومثال ذلك ما حدث في قرية "تزن تزون تيزان" (Tzintzuntzan) بالمكسيك حيث وضعت الحكومة المكسيكية برنامجاً صحياً لأجراء الفحوص والرعاية الطبية للمرضى بأمراض مزمنة وللحوامل قبل الولادة. كما كانت الخدمات تقدم في المدينة على بعد عشرة كيلومترات, وهنا لم يقف الاطار الاجتماعي الثقافي معوقاً, وانما العامل الاقتصادي هو الذي أعاق الحصول

على الخدمة بالمدينة, خوفاً من التكلفة وأعباء المواصلات وتكاليفها. كما لم يصبح الأطفال قوة اقتصادية بعد, منتجة في الأسرة, ولكنهم لايزالون قوة معولة مستهلكة, وبالتالي تزيد تكلفة العلاج عبئاً على عبء, ولاسيما في حالات الأطفال الذين لم يصلوا إلى مرحلة الانتاج بعد. [1]

د- نوعية التراث وطبيعته :

تتضمن بعض الثقافات- في تراثها- أهمية كبرى على قيمة الابتكار والتغير, ولذلك فهي ترى في الشيء الجديد مبرراً كافياً لفحصة وتطبيقه, فالأمريكيون مثلاً مغرمون بالجديد, وعلى ذلك فان طبيعة التراث هناك تحص على الأخذ بالجديد واحداث التغير بكل الوسائل, بينما نلاحظ في مجتمعات أخرى, أن التراث يمارس سطوة كبيرة عليهما ويتسم أيضاً بالمحافظة الثقافية منطلقاً من مبدأ "أن الشيء الذي يستند إلى عادة هو شيء ملائم على الرغم من فساده أحياناً"[2].

ومرد ذلك إلى الطابع النسقي المتكامل للثقافة (Culture Integrated System) وفي ضوء هذا الطابع يتشكك القروي مثلاً في الأشياء الجديدة ولن يقبل عليها أو يقبلها, طالما أنه غير متأكد منها. وتلعب الأمثال Proverbs الشعبية دوراً بارزاً في التثبيت الأتنوجرافي, وبالتالي في الحيلولة دون حدوث التغير الثقافي سريع الايقاع. ومن هذه الأمثال ما هو سائد في مجتمعات أمريكية وآسيوية وأفريقية. ففي أسبانيا, وعند الأمريكيين ذوي الأصل الأسباني, يسود المثل القائل:"قديم أعرفه, خير من جديد لا أعرفه", أما في ايطاليا وصقلية فان أمثالهم مؤداها:"ثق وارض بما فعله أبوك, والا حالفك الفشل" وأن "ما يقوله الأسلاف دائماً حق". وفي المجتمع القروي "بتايلاند" نجد المثل القائل "لو سرت على نهج السلف, ما عضك كلب أبداً" وفي صقلية أيضاً: "أنصت إلى الكبار, لأنهم لن يخدعوك أبداً"[3].

---

(1) M., Herskovits, **Cultural Anthropology**, **Op.Cit**., P: 220 .

(2) G. , Foster, **Traditional Societies & Technological Change**, Op. Cit, p:82.

(3) أحمد تيمور, **الأمثال العالمية, المكتبة الأهلية**, بيروت, 1981, ص:476.

واذا نزلنا مصر وجدنا المثل الشعبي يقول "من فات قديمه تاه"[(1)] "والي مالوش قديم مالوش جديد"و "اللي عرفته أحسن من اللي ما عرفتوش"[(2)]. أما الجزائر فان بيير بورديو (P.Pourdieu) يصف لنا اتجاهات فلاحي الجزائر وعاداتهم المستمدة من طبيعة تراثهم الشعبي.

ومن ذلك: "لن يفقد المستقبل معناه اذا كان مرتبطاً بالماضي, وأمكن الحياة فيه على أنه استمرار للماضي وصورة متطابقة معه". وكذلك "اسلك حيث سلك أبوك وجدك". و"لو ترسمت طريق أبيك ما صدرت منك هفوه"[(3)].

واذا كان الباحث قد اقتصر هنا على الأمثال الشعبية فهو لا ينكر أن المثل صورة مختزلة بخبرة بموقف اجتماعي. وعلى ذلك قد يكون المثل, متضارباً مع غيره وهذا التضارب لا يرجع إلى تضارب الوجدان الشعبي بقدر ما يرجع إلى اختلاف المواقف ذاتها. والمثل اذن موقف وليس إلا, وطالما أن المواقف متنوعة ومتباينة, فلابد أن تتنوع الأمثال وتتباين.

ولاينكر الباحث أيضاً أن هناك عناصر أخرى من مركب التراث الشعبي تفوق الأمثال في أهميتها وفاعليتها ومنها المعتقدات والعادات الشعبية اذ تساهم نماذج من العادات الشعبية الراسخة, في اشتداد المقاومة للجديد ورفضه كلياً[(4)]. وهذه تمثل الحواجز الحقيقية- في بعض المجتمعات وفي بعض المواقف- للحد من عملية التغير الثقافي.

---

(1) ابراهيم أحمد شعلان, الشعب المصري في أمثاله العامية, الدار القومية للطباعة والنشر القاهره, 1966, ص:165.

(2) المرجع السابق، ص:195.

(3) G. Foster, **Traditional Societies & Technological Change, Op.Cit**, P:84-85.

(4) M. Herskovits, Op. Cit., p:450.

هـ- التواكل :

ترتبط اتجاهات التواكل ارتباطاً وثيقاً بقوى التراث السائد, ولذلك ففي المجتمعات غير الصناعية - التي لم تحقق السيطرة الكاملة على قوى الطبيعة- ينسب الجفاف والفيضان إلى القوى فوق الطبيعية التي تزور الانسان سواء كانت آلهة أو أرواحاً شريرة. وعلى ذلك على الانسان أن يستعطفها, لا أن يتحكم فيها, بينما لا تقدم الأشكال الاقتصادية والتكنولوجية فيها للفلاح ما يقيم الأود فيظل خاضعاً لها, وان دل ذلك على شيء فانما يدل على "قصر نظر" كما يذهب إلى ذلك هيرسكوفيتس وبالتالي يكون التواكل بمثابة التكيف الأفضل الذي يقوم به الانسان ازاء القنوط, وكل ما يعجز عنه.

وفي كولومبيا, درست الباحثة "فيرجينيا جوتريز دي بندا" (VirginiaG. De Pineda) العوامل الثقافية التي تكمن وراء ارتفاع معدل الوفيات للأطفال في الريف الكولومبي. وأشارت إلى أسلوب اللامبالاة والغفلة التي فرضتها الأحوال الاقتصادية والاجتماعية في هذا الريف على أبنائه, فالوالدان يعدان أنفسهما بنسبة (50%) لاحتمال موت الطفل.

وعندما يموت يقولان "حتم مصيره عدم نموه" ويقال في مقاطعة سانتندر (Santander)على الطفل الجميل "لم يولد هذا الطفل لهذا العالم"[(1)].

وعلى ذلك وجدت "دي بندا" صعوبة بالغة في تدعيم الثقة بين الطبيب وبين الشعب, فكان الرد عليها "أن ألأغنياء يموتون أيضاً, على الرغم من مقدرتهم المالية على العلاج"[(2)].

ويسود الاتجاه التواكلي في ريف أمريكا الجنوبية أيضاً. وقد وصف لنا بيرسون

---

(1)G., Foster, **Traditional Societies & Technological Change**, Op.Cit.,p:85.

(2) إبراهيم أحمد شعلان, **الشعب المصري في أمثاله العامية**, المرجع السابق, ص:232.

(Pierson) قريـة كـروز داز المـاس (Cruz Das Almas) بالبرازيـل بأنهـا يسودها الاعتقاد بأن المرض يحل بالإنسان من الله عقاباً على ما اقترف من الاثم, ولـذلك يقولون باذن الله لايبرئ المريض ولا يميته.

وليس هذا الاتجاه ببعيـد عـن القـرى العربيـة حيـث نجـد التواكـل واضـحاً في مجالات شتى باستثناء هذا المجال الطبي بالـذات, اذ يسـارع المـرضى بأنفسـهم التماسـاً للشـفاء بالطـب الشـعبي والرسـمي... الـخ. كـذلك لا نجـد غرابـة في نظـرة القـرويين في "كولومبيا" للأطفال ذوي الجمال, وعندما نتفحص تراثنـا الثقـافي العـربي, فـنحن نسـمي هـذا الطفـل "ابـن مـوت". "ولـيس للحيـاة" وغيرهـا مـن الأسـماء التـي تكمـن وراءهـا معتقدات شتى. وكذلك تتجسم التواكلية في بعض الأمثال الشعبية مثل"اجري ياابن آدم جرى الوحوش, غير رزقك ما تحوش". و"زي غز الجيزة, تملى السجادة ع البحر".و"خليهـا في قشها تيجي بركة الله"[1].

وإذا تركنا المجتمع العربي, إلى ريف شمال شرق البرازيل مثلا يصعب على عـمال الصحة اغـراء الأمهـات برعايـة أطفـالهن في مراكـز الصحة في شـهر مـايو. ومـرد هـذه الصعوبة هو الاعتقاد بأن شهر مايو هو شهر العذراء مريم, ولذلك فمـن يمـوت في هـذا الشهر يكون حسن الحـظ لأن العـذراء تسـتدعيه وتسـتدعي أطفالهـا ليكونـوا بجانبهـا. وبالتـالي فـان رعايـة الأبـوين للطفـل في هـذا الشـهر معناهـا التحـدي السـافر لارادة العذراء[2].

و- معايير التواضع السائدة :

غالباً ما توجد عوائق تعرقل التغير الثقافي الموجه, ويقصد الباحـث بهـذا النـوع من العوائق العلاقة بين الرجل والمرأة. وتظهر هذه العلاقـة واضحة في حمـلات الصـحة العامة بين الطبيب والنسوة الحوامل, على سبيل المثال للتقليل من معدل

(1) أحمد تيمور, **الأمثال العامية**, المرجع السابق, ص:202.

(2) G. Foster, **Op. Cit.**, p:86.

وفيات الأطفال. والملاحظ في بعض البلاد النامية في بداية دخول الطب الرسمي بها أم المرأة الحامل كانت تفضل تجنب الرعاية الطبية خشية أن يفحصها طبيب رجل يطلع عليها, ولذلك كان الزوج هو حلقة الوصل بين الطرفين.

بيد أن التوسع في التعليم الطبي وتخريج الطبيبات سوف يحل هذه المشكلة, علاوة على أن العلاقة لم تعد الآن محظورة بالشكل السالف, ففي بعض تلك المجتمعات القروية يفحص الطبيب المرأة في الوحدة الصحية, وفي العيادة الخاصة بالقرية, وفي العيادات الخاصة بالمدن دونما حرج. واذا كان التوسع في تخريج الطبيبات حلاً لمشكلة هذه العلاقة في قليل من تلك البلاد, فانه ليس حلاً في بلدان أخرى من العالم.

فقد أشار شنيدر (Schnieder, 1971) إلى مدى مقاومة المرأة في جزيرة الياب Yab بميكرونيزيا للفحوص الطبية التي يجريها الأطباء من الرجال, وعنف هذه المقاومة للطبيبات ألأناث, وهذا هو الأغرب. ولعل سبب ذلك هو أن المرأة هناك تنظر إلى كل النسوة الأخريات على أنهن شرور يمكن أن تجذب اهتمام الرجال اليها[1].

على أن هيرسكوفيتس يرى أن سبب هذه المقاومة يرجع إلى قوة المحافظة الثقافية في مجال الرعاية الصحية بنظامها الحالي, علاوة على ردود فعل المرضى تجاه الوسائل الطبية الجديدة, والتي قد تسبب بعض الآلام عند تطبيقها, مثلما يحدث في حالات التطعيم التي أشار اليها ستيرن (Stern). وهذه وتلك تثير من المقاومة الثقافية ما لا قبل لها به.

ز- تضارب السمات الثقافية :

من المعروف أن هناك عناصر ثقافية يسود بينها الانسجام المنطقي, في حين

(1) **Ibid**. p: 91.

توجد أخرى تنطوي على تضارب بين بعضها البعض, ويؤدي هذا التضارب وعدم الاتساق إلى الحيلولة دون حدوث التغير الثقافي.

ففي المجتمعات التقليدية اذا مرض شخص ما فان تأويل المرض في الاعتقاد يخضع لنوعية الشخص وطبيعة مركزه الاجتماعي في القرية, فاذا كان مستقيماً ذا مركز اجتماعي مرموق وهيبة كبيرة, قيل بأن مرضه إبتلاء من الله, وأن الابتلاء لايكون إلا للصابرين المؤمنين. في حين لو كان المريض شخصاً مشاكساً عاقاً لا يحظى بالهيبة الاجتماعية قيل أن مرضه عقاب صارم أنزله الله به جزاء وفاقاً لما اقترف من الاثم والعدوان ومعصية الرسول. وهنا نلاحظ التضارب في تفسير المرض نفسه, عند شخصين في مجتمع واحد.

واذا كان هذا التعرض المنطقي بسيطاً للغاية, فلابد أن يشكّل عائقاً يعرقل التغير الثقافي. ففي النافاهو (Navaho) قاوم أبناؤها المسيحية وحركات الوثنية الأهلية نظراً لأن هذه المعتقدات الدينية لا تنسجم انسجاماً منطقياً مع معتقداتهم.

والأمثلة كثيرة على هذا التضارب المنطقي ففي "نيبال" بقرية "راي" Rai ساد الود بين المشرف الزراعي البراهمي وبين الأهالي بعد طول عناء, ولكي يدللوا على ثقتهم فيه دعوه ليشرب معهم مشروبهم المحلي الذي يسمى هناك باسم "راكشي-" (Rakshi) ولكنه رفض. وهنا أولوا رفضه بأنه اعتراض على صداقتهم ووأد لها فقاطعوه وتجاهلوه, ونتيجة لذلك ذهبت مجهوداته لإحداث التغير أدراج الرياح[1].

ح- النتائج غير المتوقعة للتجديد :

لايمكن أن يحدث تغير في حالة منعزلة وبلا نتائج ثانوية وأولية وثالثة على نطاق واسع في المجتمع المتغير. أنه هنا مثل حجر نلقيه في الماء فيحدث حلقات آخذه في الاتساع إلى أن يفقد تأثيره قوة الدفع. كذلك حال التجديد, حيث يترتب عليه

(1) جورج فوستر, **المجتمعات التقليدية والتغير التكنولوجي**, المرجع السابق, ص: 94.

تـأثيرات دائريـة في الثقافـة, تظـل تتسـع اسـتدارتها إلى أن ينتهـي مفعولـه في المناطق التي تبعد عن مرمى هذا التـأثير. ومـن المعـروف أن معظـم التغـيرات الثقافيـة تنطوي على أهمية كبيرة, وعلى فائدة اجتماعية أيضاً, ومـع ذلـك, فقـد يـؤدي التجديـد المرغوب فيه منطقياً, إلى ظهور نتائج ثانوية, وأخرى تبدو هامة من وجهة نظر القـائمين بالتغير في حالة التغير من الخارج ولكنها تصبح غـير مرغوبـة مـن قبـل أعضـاء المجتمـع نفسه. ومن هنا تأتي أهمية تعرف الباحث الأنثروبولـوجي عـلى عمليـات التغـير الثقـافي العامة وبذلك يقدر على تحديد رد الفعل غير المتوقع.

ومن ذلـك أن أهـل بعـض القـرى بـدأوا يعارضـون اسـتخدام الطـائرات في رش القطن بالمبيدات الحشرية, على الرغم من توفيرها للوقت والمجهود أيضاً. ومرجـع هـذه المعارضة الآن هو تسرب المبيد إلى المنازل فيقتل الطيور الداجنة, ويسمم أعلاف الماشـية فتنفق, وتموت الأسماك في المياه.. الخ.

فالتجديد هنا (رش المبيد بالطائرة) أحدث آثاراً عرضية أخـرى تكفـي لمقاومتـه والقضاء عليه.

أما في تايوان (Taiwan) فقد ترتـب عـلى حمـلات منظمـة الصـحة العالميـة في تطهير البيئة من الحشرات المنزليـة, أن ماتـت القطـط ولم تمـت الفـئران[1]. وعـلى ذلـك تكاثرت الفئران, وباتت تـأتي عـلى الأخضر- واليـابس.. وهـددت المخـزون الغـذائي حتـى صارت القطة الصغيرة تبـاع بسـتة وثلاثـين دولاراً. وعـلى ذلـك كـان الأهـالي أن يقـاوموا الحدث الجديد مثلما حدث في القرية العربية التي سبقت الاشارة إليها.

وكذلك في الاسكيمو, لاحظ الطبيـب بلـير(H.Plair) انتشـار مـرض الأكنوكـوس (echinococcus) عـن طريـق الكـلاب التـي تسـتخدم في الحمـل والجـر, وبالتـالي فـإن التحكم في المرض يعني فحص كل الكلاب.

(1)G., Foster,**Traditional Societies & Technological Change**, Op.Cit, P:100 .

وهنا تثار التساؤلات: هل توجد وسائل تقليدية للنقل غير الكلاب؟ وكيف يمكن التغلب على الدودة الشريطية في مجتمع يعتمد في غذائه على السمك النيء؟ وكيف يطهى الطعام في مجتمع يفتقد إلى الوقود؟

خلاصة القول, أن التجديد يتعرض للمقاومة إذا أحدث آثاراً جانبية سيئة, وعلى ذلك ينبغي بذل المجهودات الكبيرة للتغلب على هذه السوءات من ناحية, والتفحص الدقيق للتجديد قبل نشره من ناحية أخرى حتى لايؤتى أثاراً ضارة, وحتى لا يقاومه المستقبلون له. [1]

ق- المعتقدات الشعبية : **توجد صور عديدة من هذه المعتقدات التي تعرقل التغير على وجه العموم. ففي زامبيا, حالت المعتقدات هناك دون حدوث تغير يذكر في المجال الصحي والتعليم الغذائي, فالمرأة تحجم عن تناول البيض لاعتقادها بأنه يقلل من الخصوبة ولذلك تسبب في شحوب أطفالها وهزالهم.**

أما في الفلبين فيسود الاعتقاد بأن أكل الدجاج والكوسا في وجبة واحدة معاً يسبب مرض الجذام بينما يقرر "دوبيه" (Dube) أن أبناء قرية "سوهى مورا" بالهند يصنفون الجدري في فئة الأمراض المقدسة, حيث تزور الآلهة المريض, وتصف له طقوس الشفاء وعباداته بدلاً من الرعاية الطبية. وكذلك لا تشرب الحامل اللبن قبل الوضع, لأنها تعتقد بأن ذلك يسبب لها انتفاخاً في قناة فالوب, وتضخماً في البطن وتورم في الجنين نفسه, وبعد الوضع أيضاً ببضع شهور- لا تسقى الأم طفلها ماء خشية اخلال برودة الماء بحرارة الجسم[2].

وفي أماكن أخرى عديدة يحرم على الأطفال أكل اللحم أو السمك لسيادة

(1) **Ibid**.

(2)**Ibid**., p: 104.

الاغتقاد بأنهما يرفعان حرارة الطفل ويسببان له السخونة[1]. وأما المعوقات الثقافية للتغير (Cultral Barriers to change) حسب رأي عدلي أبو طاحون (1997) ممكن تقسيمها إلى ما يلي:

القيم والاتجاهات, البنيان الثقافي, الأنماط الحركية[2]

ل- القيم والاتجاهات والتقاليد:

أ- التقاليد Tradition

لكل مجتمع تقاليده السائده به والمسيطرة عليه والتي تؤثر على مدى تقبل المجتمع للتغير.

فمثلاً المجتمعات الصناعية يسود بها ثقافة تحفز وتدعو للتغيير والأخذ بالحديث من المبتكرات وتولي ذلك أهمية خاصة فالجديد بها يجذب انتباه الناس إليه ويدعوهم لمحاولة تجربته، فهناك علاقة وثيقة الصلة بين الاقتصاد وبين ظهور التفاليد الدافعة للتغير. وعلى العكس في المجتمعات غير الصناعية التقاليد لا تدفع للتغيير. فنجد أن التغير لا يجذب الناس إليه بل أنه ينظر إليه بشك وريبة وفي المجتمعات الزراعية التقليدية نجد أن صفة- بقاء الحال على ماهو عليه- (Consertatiom) تؤيد وتقدر من جانب الناس وبالطبع فإننا نجد الناس ذوي الأفكار الحديثة والمتطورة يلقون كثيراً من الانتقادات ويكونون عادة موضوع شك من باقي أعضاء المجتمع.

ب- الاعتقاد في الحظ والنصيب: Fatalism

إن صفة (Fatalism), مرتبطة ارتباط وثيق بالقوى التقليدية, وتعتبر أحد المعوقات الهامة لعملية التغير ولقد تمكنت المجتمعات الصناعية من أن تثبت لنفسها أن لديها قدرة كبيرة على التحكم في الظروف الطبيعية والاجتماعية وتطويعها

(1) L., Mair, **An Intoduction to Social Anthroplogy**, London, 1971, p:75.

(2) عدلي أبو طاحون, **في التغير الاجتماعي**, المرجع السابق ص:241-245.

لصالحها. ولا تعتبر أي وضع غير مرغوب فيه أمراً مستحيلاً ولكن تعتبره تحدي لقدرتها لذلك.

أصبح البشر في هذه المجتمعات يتأثرون بل ويؤمنون بأن كل شيء يمكن أن يتحقق أو أن أي خطة مناسبة تحتاج إلى محاولة جديدة.

ولكن في المجتمعات غير الصناعية نجد أن التحكم في الظروف الطبيعية والاجتماعية محدوداً جداً فمثلاً الجدب والفياضانات والأوبئة ينظر إليها على أنها من عند الله أو الأرواح الشريرة والتي لا يتخيلون السيطرة عليها بل التسليم فقط بوجودها وذلك هو ما يعتقده الفلاحون من أن المرض والموت إن هما إلا مشيئة وليس هناك مفر من مشيئة الله ولا يمكن اتقائها أو منعها.[1]

ج- التعصب الثقافي Cultural Ethnolendrism

يعتقد جميع البشر- بمختلف ثقافتهم أن أنظمتهم وطريقة معيشتهم هي الطريقة الطبيعية والمثلى بالمقارنة بالطرق الأخرى وإن جوهر الثقافة الحقيقي يتعلق بما نفكر فيه ونعمله بما يشمله من اتجاهات سلوكية وعقائد دينية وأشكال اجتماعية، وأن القيم المطلقة تؤكد أن الاعتقاد العام في رفعة ثقافة معينة من أهم القوى التي تؤدي إلى الاستقرار.

د- الشعور بالعزة والكرامة Pride and Dignity

في المجتمعات التقليدية يولي الناس اهتماما كبيرا للأشياء التي تمس بعزتهم أو كرامتهم ولو من بعيد ومرجع ذلك اعتدادهم بثقافتهم وقوميتهم ونوع الحياة التي يعيشونها.

فعلى سبيل المثال: نجد أن فكرة التعليم في المجتمعات المتقدمة مستمرة طوال فترة الحياة من المهد إلى اللحد، بينما نجد أن هذه الفكرة مخالفة لما يعتقده الناس في

---

(1) ن.م.، ص: 250 .

المجتمعات التقليدية حيث يرتبط التعليم في أذهانهم بعهد الطفولة فقط كما يتضح ذلك بوضوح في صعوبة التوسع في برامج محو الأمية بالدول التقليدية. وأيضاً فشل العديد من المشروعات الإرشادية التي تقدم خدمات بأسعار زهيدة لاعتقاد الناس بأن في ذلك مساس بكرامتهم وعزتهم.

هـ- معايير التواضع Norms of Modesty

لا تخلو أي ثقافة من الثقافات من عنصر التواضع وهذه الأفكار مصطلح عليها ثقافياً وتتباين كثيراً من ثقافة لأخرى فمثلا ما يعد سلوكاً صالحاً ومحموداً في ثقافة معينة قد يعد نفس السلوك في مجتمع آخر مستهجن مما يجعل هذه المعايير تقف كعائق لبعض برامج التغيير الموجهة.[1]

سادساً: العوائق السيكولوجية

لايتوقف قبول الناس أو رفضهم لفرصة جديدة تعرضوا لها لمجرد وجود نمط مناسب للعلاقات الاجتماعية وتوافر الظروف الاقتصادية بل أيضاً يتأثر بالعوامل السيكولوجية مثل كيفية تصور الشخص للشيء الجديد هل يتخيله مثل الأخصائي أو بوجهة نظر أخرى فالظاهرة الواحدة يفهمها كل مجتمع بطريقة مختلفة.

أولا التباين التصوري ولإدراكي بين الثقافات

(Differential Cross-Cultural Perception)

أن ما يتصوره أحصائي التنمية على أنه شيء حسن ومفيد قد يراه الشخص المستقبل عكس ذلك وهذا التصور الخاطئ يعمل كعائق لعملية الاتصال ونقل المعلومات حيث يكون لكل منهما أفكاره وتوقعاته المختلفة.

---

(1) ن.م.، ص : 280 .

أ- الاتجاه إلى الحكوميين

(Perception of The Role Government)

غالبية البرامج المستخدمة للتغيير الموجه بمعظم بلدان العالم والتي تقوم بها الحكومة من خلال هيئاتها المخصصة تواجه بالتشكيك من قبل أفراد المجتمع ويرجع ذلك إلى خبرات سابقة لهم في التعامل المباشر مع أجهزة الحكومة وخاصة البوليسية منها والضريبية لذلك يجب إبعاد أخصائي التغيير عن الأمور التي لها دخل بهما وتعتبر من الأمور المنفرة للقرويين، وبالطبع ليس كون الأخصائي ممثل الحكومة فقط هو ما يشكل عائق للتغيير بل لكونه غريباً أيضاً وغير مفهوم لجميع سكان المجتمع.

ب- النظرة إلى الهدايا (Perception of Gifts)

تميل بعض المؤسسات إلى اعطاء الفلاحين معونات في صورة أشياء كالسلع والخدمات بدون مقابل ولكننا نجد في معظم الأحوال أن الأفراد الفلاحين لا يقبلون عليها بالرغم من فقرهم ويرجع ذلك إلى نظرتهم إلى هذه الأشياء باعتبارها فاسدة أو ليست ذات فائدة لذلك فالأفضل أن تعطى هذه المنح ولكن بسعر رمزي لتلافي هذا الشعور.

ج- الاختلاف التخيلي للأدوار (Differential Role Perception)

يوجد بكل مجتمع اختلاف أو تباين لما يتوقعه الأفراد من الآخرين وما يتوقعه الآخرون منهم وذلك بمختلف المواقف وبالطبع ذلك يؤدي إلى حدوث المشاكل في المواقف الثقافية المتداخلة نظراً لاختلاف التوقعات.

مثال ذلك: يصعب إقناع مريض بمنطقة ريفية اعتاد على أن يداويه الأشخاص المحليين من العامة أن يذهب إلى طبيب مختص نظراً لأن ذلك الطبيب سيسأله عن تاريخ الحالة المرضية وما يشعر به بالتفصيل وذلك لا يتلاءم مع ما يتوقعه منه المريض- بالنسبة لما هو معتاد عليه- فتقل ثقته بهذا الطبيب.

د- اختلاف النظرة إلى الغرض الحقيقي (Differential Perception of Purpose)

اختلاف وجهات النظر أثناء القيام بتنفيذ برامج التنمية والتغيير المخطط بين كل من القائمين على وضعها وبين المنفذين من جهة وبين الأعضاء المشتركين فيها بينهم من جهة أخرى يمثل عائق من عوائق التغيير.

فمثلا قد يجد المشرفون أن هناك برنامج محبب وهناك إقبال على الاشتراك فيه من الأفراد ومع ذلك لا يستمرون في هذه البرامج دون أن يكون لذلك سبب واضح وغالباً ما يكون السبب هو أن لهؤلاء الأفراد أهداف محددة بمجرد أن يحصلوا عليها يتوقفون عن المشاركة في البرنامج. [1]

ثانياً: المشاكل الاتصالية (The Communication Problems)

بالطبع من السهولة بمكان أن تحدث عملية الاتصال بنجاح عندما يشترك كل من أخصائي التغيير وأعضاء المجتمع في ثقافتهم ولغتهم نظراً لأن الأشخاص المشتركين في اللغة يستطيعون أن يتفهموا رموزها بسهولة أكثر من الأخرى. ومن أهم المشاكل الاتصالية صعوبة اللغة والمشاكل الإيضاحية.

أ- مشاكل اللغة (Language Diffculties)

تظهر هذه المشكلة بوضوح في حالة اختلاف اللغة التي يستعملها كل من الاخصائي واللغة التي يستعملها أعضاء المجتمع المرغوب تغييره أو بمعنى آخر كلما كان كل منهما ينتمي إلى ثقافة مختلفة عن الآخر ويظهر هذا عندما تختلف اللهجات واللغات بين أعضاء البلد الواحد أو بين أعضاء البلد والاخصائي ولعلاج ذلك يجب على المرشد أن يتحدث ويستخدم لغة سهلة يفهمها الجميع.

ب- مشاكل إيضاحية (Demonstration)

تتركز هذه النوعية من المشاكل على الأمور المتعلقة بوسائل الايضاح فليس من

(1) G., Foster,**Traditional Societies & Technological Change**, Op.Cit, p: 110.

السهل في أغلب الأحوال أن يتبع ويفهم القرويون الوسائل الإيضاحية فالأفلام والشرائح والملصقات والنشرات فقد تظهر بصورة مشوشة في ذهن الأفراد غير المعتادين عليها، وقد لايدرك القرويون بين الأحداث أو الصورة المعروضة في الأفلام، مثلاً لذلك فعند استعمال الوسائل الإيضاحية يجب أن يتم ربطها أولاً بالخبرات المشتركة للقرويين ويلاحظ أيضاً مشكلة هامة هنا وهي مثلا المرشد الذي سبق ونصح القرويين نصيحة أثبتت التجربة فشلها كاستعمال نوع معين من التقاوى أو ضغط الإدارة على المرشدين لاستعمال بذور معينة ضعيفة الإنتاجية، فإن ذلك يؤدي إلى نقص أو فقد القرويين الثقة في كلام المرشدين ويؤدي إلى نتائج عكسية وغير مرغوبة.

ج- مشاكل التعلم (Learning Problems)

يجب أن يدرك المرشدان الخبرات والمعلومات وطرق تناولهما للموضوعات أن بدت له سهله إلا أنها قد لا تكون كذلك بالنسبة للقرويين، المراد أن يوصل لهم هذه الخبرات لذلك يجب عليه أن ينتبه لنواحي القصور في خبرات القرويين المراد تنميتها يساعده في إتمام ذلك على أكمل وجه بأن يكون وجوده معهم بشكل مستمر يعطي القروي الفرصة لإقناع نفسه بتبني ذلك الشيء الجديد حتى يستثمر موارده فيه بثقة أكبر ويعطيه أيضاً الفرصة لتجريب هذا الشيء الجديد وبالطبع يجب عليه ألا ينسى أن يكون كل ذلك في حدود إمكانيات القروي.[1]

(1) ن.م.، ص : 115 .

مراجع الفصل الرابع

أولاً: المراجع باللغة العربية:

- أبو طاحون عدلي, **في التغير الاجتماعي**. المكتب الجامعي الحديث, الاسكندرية: 1997.
- أبو لغد, ابراهيم, **التقويم في برامج المجتمع**. مركز التربية الأساسية. سرس اليان, القاهرة: 1960.
- البرتيني, ج.م., **التخلف والتنمية في العالم الثالث**. دار الحقيقة, بيروت: 1980.
- تيمور, أحمد, **الأمثال العامية**. المكتبة الأهلية, بيروت: 1980.
- الخريجي, عبدالله, **التغير الاجتماعي والثقافي**. مؤسسة زامتان للتوزيع, جدة: 1983.
- سناء الخولي, **التغير الاجتماعي والتحدي**ث. دار المعرفة الجامعية, الاسكندرية (ب.ت).
- خيري, مجد الدين, **العلاقات الاجتماعية في بعض الأسر النووية الاردنية**. مكتبة المعرفة, عمان: 1985.
- الدقس, محمد عبد المولى, **التغير الاجتماعي للعمال في المصنع**. بحث ميداني بشركة سيمكو, قسنطينة:1978.
- الرشدان, عبد الله, **علم اجتماع التربية**. دار الشروق, عمان: 1999.
- الرميحي, محمد, **معوقات التنمية الاجتماعية والاقتصادية في مجتمعات الخليج العربي المعاصرة**. دار السياسة, الكويت: 1977.

- الشرابي, هشام, **مقدمات لدراسة المجتمع العربي**. الأهلية للنشروالتوزيع, بيروت: 1985.
- شعلان, ابراهيم أحمد, **الشعب المصري في أمثاله العامية**. الدار القومية, القاهرة: 1973.
- صابر محي الدين, **التغير الحضاري وتنمية المجتمع**. مركز تنمية المجتمع في العالم العربي, سرس اليان, القاهره: 1962.
- فوستر, جورج, **المجتمعات التقليدية والتغير التكنولوجي**, مكتبة النهضة العربية, القاهرة: 1980.
- الهمشري، عمر أحمد، **التنشئة الاجتماعية للطفل**، دار صفاء للطباعة والنشر عمان: 2003 .

ثانياً: مراجع باللغة الإنجليزية:

- Herskovits, Melivik, **Cultural Anthropology**, Mc Graw Hill Book Co., N.Y., 1970
- Foster G. **Traditional Societies and Technological Change**. Harper &Rew, N,Y., 197
- Ogbrun, w., **Technology &Social Change**, Appleton crofts, Co., N.Y.,. 1957.
- Rogers., E.M and others:"**Communications of Innovations**, Free press, N.Y.1971.
- Rioux, Jean Pierrr, **La Revolution Industrielle**(1980-1880). Editions, du seuil, Paris. 1971.

الفصل الخامس

أولا: دور التربية وعلاقتها بالتغير الاجتماعي والثقافي

مقدمة

تتغير المجتمعات وتتطور ويصيبها التجديد في النواحي المادية والاجتماعية خاصة في هذا العصر الذي تعيش فيه والذي تحاول المجتمعات العربية أن تقفز فيه إلى الأمام قفزات سريعة لتعويض ما فاتها من عصور الكبت والانعزال والحرمان لتلحق بالركب الحضاري، لتجد لها مكاناً يتناسب مع ماضيها تبنيه عقول أبنائها وسواعدهم، ولما كانت التربية وسيلة أساسية لزيادة العناصر الثقافية الجديدة، ووسيلة المجتمع أيضاً للقضاء على المشكلات الاجتماعية التي تنشأ عن انتشار هذه العناصر الثقافية الجديدة وصراعها مع العناصر الثقافية السائدة، فإن علاقة التربية بالتغير الاجتماعي علاقة متبادلة لا نستطيع إغفالها.

ولقد نادى كثير من المربين بأن التربية في المدارس يجب أن ترتبط ارتباطاً وثيقاً بالقوى المختلفة التي تسبب التغير الاجتماعي، وفي السنوات الأخيرة اهتم المربون اهتماماً كبيراً بمشكلة تكامل المدرسة مع الحياة الاجتماعية. واختلفت آراء المربين حول مسؤولية المدرسة

في فترة التغير الاجتماعي، كيف تتعامل مع القوى الاجتماعية التي حدثت بالفعل في المجتمع وتعكسها أحسن ما يكون الانعكاس. وهذه لا شك نظرة بسيطة تجعل من التربية وسيلة سلبية تتبع المجتمع ولا تقوده، كالمرآة تعكس الضوء ولا تولده. ثم تطورت النظرة إلى التربية ونادى آخرون بأن المدارس يجب أن تقوم بدور فعال في توجيه التغير الاجتماعي وبذلك تسهم في تكوين النظام الاجتماعي الجديد.

والمدرسة جزء لا يتجزأ من النظام الاجتماعي السائد، وعلى هذا فهي تتأثر ولا شك بما يسود المجتمع من تغيرات اجتماعية، وأنها تتبع وتعكس هذا النظام الاجتماعي السائد، وهذا معناه أن التربية لا تنفصل عن المجتمع وإنما هي من لحمته وسداه، وينتج عن ذلك أن تصبح التربية عاملاً فعالاً في بناء النظام الاجتماعي المقبل للمجتمع، وبذلك ينتفي السؤال الثاني الذي يقول: هل يجب على المدرسة أن تسهم أو لا تسهم بالفعل في هذا البناء. ولكن المشكلة التي تتطلب السؤال هي كيف تسهم التربية في هذا البناء؟

دور التربية وعلاقتها بالتغير الاجتماعي والثقافي:

ولعلنا إذا نظرنا للمجتمعات الجديدة لوجدنا أن التربية أسهمت إسهاماً فعالاً في بنائها، فبناء تركيا الجديدة على يد كمال أتاتورك لم يكن ليتم وليصل إلى نتائجه لو لم تكن التربية وسيلته الفعالة، وفي عملية البناء الاجتماعي الحاضر في المجتمع العربي في مصر، تقوم التربية بمسؤولياتها الكبيرة في هذا الميدان، فالجيل الجديد في مصر- الذي يؤمن بالثورة ومبادئها، إنما هو في تكوينه الأساسي نتاج للتربية وللمدرسة بصفة خاصة. وعلى هذا عندما نادى الرئيس جمال عبد الناصر بالثورة الثقافية إنما كان يهدف إلى أن تصل مبادئ الثورة السياسية والاقتصادية والاجتماعية إلى نفوس الأفراد وأن تتغلغل في شخصياتهم، فتتجاوز السطح إلى الأعماق، والثورة الثقافية هي هدف التربية ومطلبها الأول.

والتربية على هذا الأساس عليها أن تختار القوى العلمية والتكنولوجية والثقافية

الجديـدة التـي أحـدثت التغـير في النظـام القـديم وقـدرتها، وتقيـيم أدوارهـا ونتائجها والنظرة إلى المدرسة بأنها الحليفة الأولى للوصول إلى هذه النتيجة.

ومعنى هذا أن التربية عامل هام من عوامل التغير الاجتماعي لا تعكـس فقـط فتتبع وإنما تولد التجديد فتحتل مركز القيادة.[1]

والتربية عندما تعكس التطور الاجتماعي في المجتمع فإنها تساعد عملية انتشار المخترعات الجديدة على أداء وظيفتهـا، فـإذا كانـت التغـيرات التكنولوجيـة قـد دخلـت المجتمـع الحـديث فـإن انتشـارها يحتـاج إلى أن نعـد للمصـانع مـثلاً العـمال المهـرة والمهندسين اللازمين للقيادة، ثم نعد الأسرة للتغيرات الاجتماعية المصاحبة والناتجة عنها. والتربية تقوم بهذه المهمة عن طريق المدرسة التي هي المؤسسة التربوية المقصودة.

ولكن المدرسة من ناحية أخرى تستطيع أن تتعدى هـذا الـدور، فتبشر بـالتغير الاجتماعي، وتعمل على توجيه الأنظار إليه وإعداد العقول له وهي بـذلك تعـد الأفـراد لكي يقوموا بـدورهم في أحـداث التغـير، إذ أنهـم يخرجـون مـن المدرسـة وقـد اكتسـبوا اتجاهات عقلية معينة يواجهون بها مجـتمعهم، فيعملـون عـلى القيـام بمسـؤولياتهم في تغييره وعلى هذا تستطيع المدرسة أن تسهم في بناء مجتمع جديد .

وعلى التربية في فترة التغير الاجتماعـي مسـؤولية إكسـاب الأفـراد فهـماً جديـداً وإدراكاً جديداً. ففي الفترة التي يكون فيها التغير بطيئاً وتدريجياً، فـإن مسـتوى الإدراك لدى الأفراد يكون كافياً لمواجهة المشكلات التي تظهر. وفي المجتمعـات البسـيطة تعـالج المشكلات الاجتماعية على أساس الخبرة المشـتركة للجماعـة وعـلى أسـاس حكمـة الكبـار ونضجهم. ولكن ما نراه الآن من تغير اجتماعـي سريـع عميـق تـزداد فيـه الثقافـة نمـواً وتعقيداً، وتزداد فيه أنواع الصراع الثقافي المختلفة بين القديم

(1) محمد لبيب النجيحي، **الأسس الاجتماعية للتربية**، مكتبة الانجلو المصرية، القـاهرة، 1976، ص: 237-239.

والجديد يجعل الإدراك والفهم لدى الأفراد قاصرين عن الوصول إلى حل المشكلات الاجتماعية. فازدياد الاتصال بين الجماعات المختلفة في الوقت الحاضر نتيجة سهولة المواصلات وسرعتها وكثرة وسائل الاتصال لم يترتب عليه تغير في المفاهيم والاتجاهات نحو الآخرين، فما زالت هذه الاتجاهات كما كانت قبل هذا الاتصال مما يحتاج معه الأمر في الوقت الحاضر إلى فهم جديد وإدراك جديد للآخرين وقيمهم وعاداتهم، وتسامح من جانب كل منهم نحو الآخر حتى يقوم التعامل بينهما على أساس سليم.[1]

ومن الواضح إذن أن من الواجبات الأساسية على التربية في أوقات التغير والنمو الثقافي هو اكساب الأفراد إدراكاً جديداً يتناسبان مع ما ينتاب فترة من الفترات من تغيير اجتماعي قد يشمل المجتمع بأسره. وهذا الفهم الجديد يجب أن يكون متسعاً فيشمل القواعد والأفكار التي تحكم العلاقات المختلفة بين الأفراد والمنظمات، وبين المنظمات نفسها، وبين الأفراد أنفسهم.

وواجب التربية أن تهيئ الفرص للأطفال الشباب والكبار كي يشتركوا في أعمال تعيد بناء الأفكار والاتجاهات حتى تصبح صحيحة لتحقيق الحكم الاجتماعي والعمل الاجتماعي في فترة تحكمها العلاقات المعقدة الدائمة التغير.

وعلى التربية أن تقوم بمسؤولية أخرى لا تقل أهمية في المحافظة على عقل الفرد واتزانه، هذه المسؤولية هي أن يفهم الفرد ما يجري حوله في العالم الذي يعيش فيه. فعندما يكون الفرد على معرفة بما يجري حوله فإنه يستطيع أن يشخص من الناحية الاجتماعية الظروف والمشكلات التي تواجهه .. أما إذا لم يكن على معرفة بها فإنه يصبح ولا شك ضحية الواقع الذي يواجه بدلاً من أن يسيطر عليه.

وبازدياد التغير الاجتماعي ازداد عدد المشكلات الاجتماعية كما سبق القول،

---

(1) ن.م.، ص : 240 .

ولم تزد هذه المشكلات الاجتماعية في العدد فقط ولكنها ازدادت عمقاً وشدة مما أدى إلى أن تنفصم وحدة الجماعة انفصاماً قد يؤدي إلى تمزيقها أشلاء.[1]

ولقد كانت المجتمعات القديمة، عندما كان التغير بطيئاً بسيطاً سطحياً، تعيش على مستويات قيمية تستطيع أن تحكم حكماً يسري على جميع الأشياء الجديدة، أما الآن، وبعد التراكم والتعقد الثقافي، فقد اختلفت المعايير وتعددت المستويات واتخذت كل جماعة قيمها الخاصة مما ترتب عليه اختلاف وجهات النظر. وفي مثل هذه الظروف يقل التواصل والارتباط بين أعضاء الجماعة، وتصبح الموافقة على أساس واحد من الفهم المشترك أمراً بعيد المنال.

وينتج هذا الصراع والتعدد في الآراء والاتجاهات، تعدداً لا يؤدي إلى حل المشكلة، وإنما يزيدها تعقيداً، ولهذا نجد أنه من الضروري أن تكون هناك طرق مؤكدة معترف بها لمناقشة هذه المشكلات الاجتماعية والوصول إلى حل لها، والاعتماد على الحقائق أكثر من استخدام القوة والاعتماد على انفعالات مؤقتة. وواجب التربية في هذا الصدد أن تتيح الفرصة، كل الفرصة لتفكير الفرد مع الجماعة وللتخطيط الجماعي ولاستخدام العقل والحقيقة. فإذا ما احتلت هذه المشكلات الاجتماعية اهتماماً أساسياً في البرنامج التعليمي فإن التربية بذلك تمد الأفراد بالخبرة الملائمة التي تنمي التفكير النقدي الذي يجمع الحقائق ويمحصها وينقدها ويحكم عليها. وهذا التفكير النقدي لازمة من لوازم مواقف الصراع الثقافي، يتعلم الشباب والكبار نتيجة لذلك كيف يفكرون تفكيراً فعالاً منتجاً في المواقف التي تواجههم شخصياً، وبذلك تقوم التربية بوظيفتها نحو ازدياد تكيف الأفراد في المجتمع المتغير.

الحاجة إلى التربية من جديد: (The Need for Reeducation)[2] تواجه

(1) محمد لبيب النجيجي: **الأسس الاجتماعية للتربية**، المرجع السابق، ص: 242 .

(2) عبد الله الرشدان، **علم اجتماع التربية**، المرجع السابق، ص 290-293.

التربية في هذا العصر- المتغير المتطور في جميع المجتمعات على حد سواء مشكلات عديدة لم تكن تواجهها في فترات الاستقرار الثقافي. فالتعلم الذي يحصل عليه الفرد لا شعورياً عن طريق الثقافة التي يعيش فيها يكون على درجة من الكفاية في الفترات الراكدة حيث تكون هناك عناصر ثقافية جديدة قليلة العدد. ولكن التطبيع الاجتماعي غير كاف لمواجهة المواقف الجديدة، إذ أن كثيراً من هذا التعليم ينتمي إلى أنماط ثقافية قديمة أصبحت غير صالحة بدرجات مختلفة نتيجة التغير الاقتصادي والاجتماعي والسياسي، ولذلك كان على المدرسة أن تغير منها حتى يستطيع الفرد أن يحسن التكيف.

وعلى التربية أن تتغلغل في داخل الشخصيات الإنسانية وتساعدها على إعادة بنائها فيما يختص بأنواع الولاء التي تؤمن بها، والآمال التي تصبو إليها، ووجهات النظر التي تعتنقها، والمثل الأخلاقية التي تدين بها.

ويبدو أن هذا العمل لا يقل عن بناء الشخصية من جديد، بخلق أنماط، إنه يخلق أنماطاً جديدة من الشخصية مناسبة للسيطرة على التنظيمات الاجتماعية التي تخلقها الظروف الناشئة عن العلم والتكنولوجيا. وهذا العمل من جانب التربية يسمى "التربية من جديد".

والطفل يذهب إلى المدرسة وقد (تربي) إلى حد بعيد من والديه ومن زملائه اثناء اللعب، ووقع تحت تأثير عدد لا يحصي من المؤثرات الاجتماعية منذ ولادته. وعند دخوله المدرسة يكون قد اكتسب وجهات نظر معينة، وقواعد للسلوك، ومهارات اجتماعية وميكانيكية وعادات لغوية، واتجاهات ومجموعة من المعلومات. ولا يترك الطفل هذا العالم وراء ظهره عندما يدخل من باب المدرسة، وأنما يصحب معه هذا الأساس الثقافي داخل الفصل وفي جميع المناشط التي يشترك فيها. فهو يشعر ويفكر ويستجيب في كل موقف من المدرسة على أساس ثقافته الأولى والتي تظهر بوضوح في بناء شخصيته. وطالما كان هذا العالم الخارجي الذي جاء به إلى

المدرسة يتفق في كثير من نواحيه مع الحقائق الثقافية في مجتمعه، فإن وظيفة المدرسة أن تؤكد هذا الارتباط وأن تقوى هذا التعليم، وأن تساعد على زيادة شخصيته نمواً وغناء. ولكن في العصر المتغير نجد أن التعليم الذي يلقاه الطفل خارج الدراسة لا يتفق مع حقائق الثقافة، مما يتطلب من المدرسة أن تعيد التربية وأن تطبع الفرد بطابع جديد يتناسب مع العناصر الثقافية الجديدة ومع المجتمع المتغير المتطور. والمدرسة تكسبه بذلك أفكاراً جديدة ومعلومات جديدة وأنواعاً من الولاء والآمال التي تتناسب مع الظروف الجديدة التي ظهرت نتيجة التغير الاجتماعي.

- التربية عملية إعادة البناء (Education as Reconstruction) :

على أننا يمكن أن نجمل القول فنقول أن مسؤولية التربية في فترة التغير الاجتماعي هي عملية إعادة البناء الاجتماعي وإعادة الفحص المستمر للآراء والأفكار والمعتقدات والمؤسسات الاجتماعية، وبذلك تصبح مهمة المربي الأساسية ليست في تلقين الأفراد وجهات نظر تقليدية قديمة، ولكن مهمة إعادة الفحص وإعادة البناء للتراث الثقافي في ضوء المشكلات الجديدة والظروف الجديدة، وبذلك تصبح وظيفة التربية الاجتماعية في هذه الفترة من التغير الاجتماعي هي إعادة البناء، مما يعطينا الأمل في أن التربية يمكنها أن تلعب دوراً هاماً في الوصول إلى حل المشكلات الاجتماعية والصراع الاجتماعي.[1]

وإذا ما وافقنا على هذه النظرية، وهي أن الهدف الاجتماعي الأساسي للتربية هو استمرار إعادة الفحص والبناء للأفكار والآراء والمؤسسات الاجتماعية، فإنه يجب علينا أن نوضح ثلاثة أخطاء أساسية قد تتبادر إلى ذهن القارئ.

أول هذه الأخطاء أن استمرار إعادة فحص وإعادة البناء للآراء والمعتقدات والمؤسسات الاجتماعية في المجتمع لا تعني أننا نرفض التراث الثقافي، وذلك أن

(1) ن.م.، ص : 292 .

إعادة البناء تتضمن التغير وتتضمن أساساً للإستمرار، ومعنى هذا أن هذه النظرية على درجة من الواقعية إلى حد أنها تعترف بأنه في فترات التغير الاجتماعي العميق، تكون إعادة البناء هي ثمن الاستمرار والبقاء للتراث الثقافي، وهذه النظرية تحررية أيضا إلى درجة أنها تؤكد أن التغيرات الضرورية في المعتقدات والمؤسسات يجب أن يكون قد فات زمنها: فهي واقعية تحررية في نفس الوقت. ومعني هذا أننا في مجتمعنا العربي نريد فحص آرائنا الاجتماعية وإعادة بنائها في عمل مستمر حتى نضمن لأعز ما في ثقافتنا من قيم البقاء والاستمرار، لأن القيم المختلفة يطغي عليها تيار التقدم فيجرفها غصباً أو يتركها ويمضي لتقبع في زاوية النسيان، وهذه النظرية أيضا نظرة ديناميكية لأنها تصر على التقدم وعلى أن يقوم المجتمع بالتغيرات اللازمة في الوقت المناسب حتى نضمن لمجتمعنا التقدم والتطور ومسايرة الركب الحضاري العالمي.

وثاني هذه الأخطاء التي قد يقع فيها القارئ فيما يتعلق بهذه النظرية أن إعادة البناء المستمر لا تعني أن كل شئ يجب أن يتغير في الحال أو أن جميع وجهات النظر يجب أن تكون مؤقتة لدرجة أنها لا تكون أساساً لأي عمل حيوي، فإعادة البناء والفحص المستمر تحتاج إليها أكبر احتياج فقط في المواقف التي تظهر فيها المشكلات الاجتماعية الخطيرة وأنواع الصراع العنيفة. وزيادة على ذلك فإن التفكير النقدي والمناقشة التي تبني على العقل لا تتعارض مع الإيمان بآراء وأفكار معينة واعتناق وجهات نظر معينة، بل أن هذه النظرية لتتطلب إيماناً عميقاً بالفكرة وعملاً حيوياً ينتج عنها لا يقلان عما تتطلبه من استمرار إعادة الفحص وإعادة البناء.

أما الخطأ الثالث فهو أن استمرار إعادة الفحص والبناء لا يحدث أساس عقلي بحث، ذلك لأن هذه العملية تتضمن أكثر من ذلك، فالأفكار والمثل العليا عديمة القيمة إن لم يستخدمها الفرد كمرشدات للعمل. ونحن إذن بعملية إعادة الفحص والبناء قد نظرنا نظرة تكاملية إلى الخبرة الإنسانية وإلى أن العناصر الثقافية في المجتمع تشمل الأفكار والأعمال النظرية والتطبيق معاً.

ومعني هذه النظرية أن التربية ليست شيئاً يجري بين جدران أربعة ولكن المربين يجب أن يكونوا على علم ومعرفة بالتأثيرات التربوية للظروف الاجتماعية والتكوين الاجتماعي للمؤسسات، وبتأثير الجماعات على شخصيات التلاميذ الذين يذهبون إليهم في المدرسة، ويجب عليهم أن يساعدوا تلاميذهم في فهم وتحليل القوى الأساسية الرئيسة التي تعمل في المجتمع، وفي فهم وتحليل المشكلات الاجتماعية التي تواجههم، ويجب أن يساعدوهم أيضاً في السيطرة على وسائل الاشتراك في حياة المجتمع واكتساب الاتجاهات المناسبة لهذا الاشتراك.

ومعنى هذه النظرية أيضاً أن التربية عمل يهتم بالفرد ككل ولا يهتم به من الناحية العقلية فقط، فالمواطنة في المجتمع العربي تتطلب درجة عالية من الفهم العقلي، وتتطلب أيضاً نوعاً من الالتزام الخلقي على الدين، وتتطلب كذلك نوعاً معيناً من بناء الشخصية.

وبذلك لا تعزل هذه النظرية التربية عن المجتمع وأحداثه وتغيره الثقافي بل أنها تعمل على أن يواجه الأفراد مشكلاتهم الاجتماعية وتغييرهم الثقافي، وأنها تعمل على أن يواجه الأفراد مشكلاتهم الاجتماعية وتغييرهم الاجتماعي بحزم وجرأة يتمثلان في إعادة فحص وبناء أفكارهم وقيمهم لتناسب التطور الجديد.

ولقد أشار فاروق العادلي (1990) إلى أهمية استخدام التربية للمساهمة في عملية التغير الاجتماعي والثقافي حيث قال: "إن التربية ممكن أن تؤدي إلى تغيرات اجتماعية وثقافية عميقة وواسعة المدى ولكن في ظل نظم تتمتع بالسلطة المطلقة".[1] كما أشار إلى تركيب أو بنية النظام الاجتماعي، أن هناك عناصر عدة يتكون منها هذا النظام ومن بينها البشر، والعنصر المادي، ثم عنصر التنظيم والإدارة،ثم مجموعة المعايير والقيم. وأخيراً اهتمامات واتجاهات النظام الاجتماعي

(1) فاروق محمد العادلي، **التربية والتغير الاجتماعي**، دار الكتاب الجامعي، القاهرة: 1990، ص 110.

ووظائفه وأهدافه التي يسعى لتحقيقها من خلال تلك العناصر التي تساهم بدور كبير في علمية تغير المجتمع[1]. ومن هنا تبرز لنا حقيقة علاقة النظام التربوي بهذه النظم الموجودة في كل مجتمع، ويظهر لنا هذا فيما تقوم به التربية من خلق وتنشئة للعنصر البشري الذي عليه أن يؤدي دوره في النظم الاجتماعية في المجتمع.

وفي المجتمع الحديث يظهر بوضوح اعتماد العنصر المادي في كثير من جوانبه على تطبيق النظريات العلمية في المباني والمنشآت والأجهزة المختلفة، وهو بطريقة مباشرة أو غير مباشرة حصيلة النظام التربوي المتمثل في معاهده ومؤسساته ومراكز تدريبه المختلفة. أما التنظيم والإدارة فأيضاً يعتمدان في تأسيسهما على محصلة النظام التعليم سواء عن طريق المناهج التعليمية المختلفة أو عن طريق التدريب في أثناء المهنة، أو معاهد وكليات الإدارة المختلفة. وأخيراً يرتكز ميثاق النظام الاجتماعي أيضاً وقوانينه على التربية، وذلك في تدعيمه وبنائه وتثقيفه والمحافظة عليه بواسطة ما تقدمه التربية من وسائل الحوار والنقاش والاقتناع والتنشئة عليه واحترامه. وهذا لا يتم من خلال برامج محددة أو مناهج بعينها، وإنما يتم من خلال ما يخطط من برامج ومناهج.

وتبرز لنا هذه الآثار المتبادلة بين التربية والنظم الاجتماعية، أن الأولى تشتق كل أهدافها من أهداف المجتمع التي هي نتاج أهداف هذه النظم جميعاً، وبذلك تشاركه أو تساهم إسهاماً فعالاً في إعداد الأجيال المختلفة على فهم أهداف الأدوار المهنية التي يقومون بها في مجتمعاتهم.

وهذه العلاقة لا تقف عند هذا الحد، بل تتعداها إلى السلوك الاجتماعي وهو جوهر كل نظام اجتماعي. فالتربية مسئولة بقدر كبير عن تكوين السلوك وما يرتبط به من قيم خلقية واجتماعية، وبذلك أن نوع السلوك وما يقوم عليه من التزام خلقي يمثل الدورة الدموية التي تغذي النظم جميعها.

ويعتقد معظم التربويين أن المدرسة تلي البيت كوسيلة من أهم وسائل التأثير في

مجرى الثقافة من خلال تعديل نماذج الشخصية. إلا أنه لو أراد التربويون الأخذ بهذه النظرة واستخدام المدرسة وسيلة لتحقيق تأثير ملموس ومحسوس في ثقافة الأم، للزم أن يتكون لديها فكرة واضحة عن العلاقة المتبادلة بين الشخصية والثقافة، وهذا أكثر ما يتوفر لعلماء الأنثروبولوجيا حتى الآن. وإذا ما تم لهم ذلك فقد يمكن للتربية أن تلعب دوراً أكثر فعالية وإيجابية... ودور المدرسة يصبح هنا بارزاً لأنها كنسق اجتماعي فرعي (نظام اجتماعي) تحتضن ثقافة المجتمع وتنقلها وتسهم في تطويرها.

وتساهم التربية في توسيع مجالات المشاركة في الحياة الاجتماعية وتعميقها، وهي مسئولة هامة في المجتمع الجديد للدول النامية، ولا شك أن المشاركة إحساس بالمصير المشترك والنفع لجميع أفراد المجتمع. وقد تكون المشاركة بالفكر والتوجيه وإبداء الرأي، وقد تكون بالعمل أو بذل الجهد، وقد تكون بهم جميعاً، وهذه المشاركة من أهم مشكلات التربية في المجتمع الحديث.

ولا يمكن للتربية أن تؤدي دورها في عملية التغير الاجتماعي - على ما تقول مارجريت ميد دون إتمام التفاعل بين الفرد من ناحية، والبيئة الاجتماعية والظروف الاجتماعية والتراث الإنساني من ناحية أخرى، فالفرد تحيطه بيئة اجتماعية من شأنها أن تعمل على تشكيله، وهي ضرورية ليقوم بدوره في وسط هذه البيئة. والعملية التربوية لا يمكن لها أن تتم إلا في ظل مناخ مناسب تهيؤه تلك البيئة، ومن هنا وجب أن تتمتع البيئة الاجتماعية بقدر كبير من المرونة يتيح لها التعامل مع الجماعات الإنسانية. وكما تشكل الشخصية ويعاد تشكيلها على الدوام في مراحل نموها المختلفة، كذلك وجب أن تشكل البيئة الاجتماعية وأن يعاد تشكيلها دائما بالمنظمات الاجتماعية التي ترتكز عليها البيئة، وأن تتصف بالمرونة لكي تقابل مطالب الحياة المختلفة المتجددة.

وقد نادى كثير من المربين بأن على التربية أن ترتبط ارتباطاً وثيقاً بالقوى المختلفة

التي تؤثر في التغير الاجتماعي وبالحاجات التي تكون وليدة هذا التغير. فالتربية المدرسية بوسائلها الفنية الخاصة تقوي المهارات وتذكي روح الابتكار والتجديد، ومن هذه الزاوية تعتبر عاملاً له وزنه في عملية التغير الاجتماعي. ومن هنا فإن المدارس مطالبة بإعداد أعضاء المجتمع للتعامل مع بيئتهم بنجاح من الناحيتين المادية والاجتماعية، وتزويدهم بالمهارات الضرورية للإسهام مع المواطنين الآخرين في حل المشكلات المعقدة السريعة التغير التي تواجه جماعاتهم وشعبهم وعالمهم.

والتربية ذات أثر واضح في عملية الحراك الاجتماعي بدءاً بالشخصية وانتهاء بالمجتمع، فهي العملية الدينامية التي يتأثر بها الفرد والمجتمع. وفي هذه يعتقد (إيزنشتات) أن التعليم يحل كثيراً من مشكلات التكامل، وهو في نفس الوقت يعتبر من أهم وسائل الحراك بالنسبة للمجتمعات التقليدية، إذ ينقلها - إذا ما اهتمت هذه المجتمعات بالتربية إلى مجتمعات حديثة. ولهذا يكون تخطيط وتوجيه التعليم ونموه يواجه في تلك المجتمعات بمشكلتين رئيسيتين:

أولاهما : عدم التجانس وتنوع النسق التعليمي والافتقار إلى الالتزام الصارم بمنهج مدرسي أكاديمي محدد، مع عدم إدخال أنواع أخرى من التعليم (تعليم فني - تجاري - مهني) وهذا بلا شك يؤدي إلى عدم مرونة في النظام الاجتماعي العام.

وثانيهما : تختص بطبيعة العلاقات المتبادلة بين التوسع في المجال التعليمي واتجاهات وسرعة التنمية الاجتماعية والاقتصادية. ونتيجة لهذا فكثيراً ما يسود تلك المجتمعات نسقان تعليميان متناقضان: أحدهما نسق تعليمي محافظ، ويكون موجهاً أساسا إلى الصفوة الذين يشكلون عدداً محدداً من أفراد المجتمع. أما النسق التعليمي الذي يفوق إمكانيات تلك المجتمعات فقد يصيبه الكثير من الاضطراب، وتبدو مشكلته واضحة إذ الحاجة للمال لازمة لمثل هذا النسق التعليمي، وكذلك الحاجة للمعلمين، ناهيك عن المشكلات التي تنجم عن التوسع التعليمي خاصة فيما يتعلق بالاهتمام بالكم دون الكيف.

وتبدو آثار التربية في الرقي الاجتماعي واضحة جداً في المجتمعات النامية في الوقت الحاضر، فقلة عدد المثقفين في تلك المجتمعات (الصفوة) تجعلهم يحصلون على امتيازات خاصة على ارتقاء اجتماعي سريع، هذا من ناحية، ومن ناحية أخرى تعمل التربية على تحسين أوضاع الطبقات الفقيرة من السكان، بحيث أن أقل تفوق في التعليم لدى بعض أفراد هذه المجتمعات، يؤدي إلى الارتقاء الاجتماعي الواضح. وتتجاوز آثار التربية في واقع الأمر مجرد الرقي الاجتماعي لتشمل ظاهرة الحراك الاجتماعي بأسرها، ويعني هذا التحرك المهني، ومن هنا وجب العمل على تحطيم احتكار المعرفة. بمعني أن يصبح التعليم حقاً وملكية عامة لكل فرد بلا استثناء. وهذا ما يطلق عليه (ديمقراطية التعليم) ، من أجل القضاء على الأمية والتخلف الاقتصادي والاجتماعي وغيرها من مقومات التغيير الاجتماعي.[1]

ومن الواضح أنه كلما تغير المجتمع تكنولوجيا اضطر النظام التربوي إلى مجاراة خطاه، فلا يتعين على المدرسة إنتاج أشخاص قادرين على العناية بالآلات التي يعتمد المجتمع على دورانها وحسب، بل إن الأهم من هذا أن تمد بقية السكان بالمعرفة والمهارات والثقافة الرفيعة الضرورية للتكيف بالعديد من التغيرات من حولهم تكيفاً ناجحاً، وحل أي مشكلات جديدة تنشأ من التجديدات التكنولوجية الجارية فهذا ضروري إذا كنا نريد المحافظة على أنفسنا، فإذا رأينا - كما يقول ديفيد جوسلين - أن التطور والتغير المستمرين مرغوبان، فيجب على المدارس القيام بمسئوليتها الإضافية هي إعداد أعضاء مدنيين من المجتمع للقيام بدور أكثر فعالية في عملية التغيير، وإحداث تغيرات جذرية مستمرة فيما يدرس، ولو على مستويات تعليمية أساسية إلى حد ما.

---

(1) ن.م.، ص : 40 .

أما دور التربية في ضوء التغيرات الاجتماعية والثقافية السريعة تتمثل في :

إن التغيرات الاجتماعية والثقافية السريعة في هذا العصر أدت إلى تغيير وتحديث في الكثير من الدول النامية. وقد ينطبق ذلك على الكثير من الدول النامية. وقد ينطبق ذلك على الكثير من الدول العربية وخاصة الدول الخليجية. فقد ساعد الاتصال بين المجتمعات (Communication) والاتصال الثقافي (Cultural Contact) والانتشار الثقافي نتيجة للانفتاح على العالم الخارجي والتبادل الثقافي ورغبة الكثير من هذه الدول في التحديث (Modernization) ومسايرة العصر إلى انتشار عناصر ثقافية جديدة لم تكن معروفة من قبل في هذه المجتمعات مما أدت بدورها إلى تغيرات جذرية بهذه المجتمعات.

فقد تغير نمط المعيشة في هذه المجتمعات، ونظم ومراحل التعليم، ووضع المرأة ومكانتها الاجتماعية ونمط العلاقات الأسرية ومعدل المواليد والوفيات ونظم أساليب الانتاج ونمط العلاقات الاجتماعية بين الأفراد والنظم الترويحية، وظهرت مجموعة من قبل. كما اقتنى الكثير من أفراد هذه المجتمعات مجموعة كبيرة من العناصر الثقافية المادية الحديثة التي تستخدم في العمل والمنزل لتيسير العمل مثل التلفاز والفيديو والحاسوب والأجهزة الإلكترونية التي تستخدم في المنزل والسيارات وغيرها من الوسائل والأدوات في مجال الفن والرياضة والترفيه والمعرفة.

هذا، كما إن الكثير من هذه الدول قد استعانت بمجموعة كبيرة من الخبراء والفنيين والعمال للإسهام في حركة التنمية فيها، مما أدى إلى تغير في التركيبة السكانية لهذه المجتمعات وتقديم عدد من الخدمات لهذه العمالة الجديدة والعمل على تحقيق نوع من التوازن بين المواطنين والعمالة الوافدة.

وتتسم المجتمعات التي تتعرض للتغير الاجتماعي السريع بالاختلاف في اتجاهات أفرادها إزاء التغير من حيث درجة تقبلهم للتغير والتكيف معه والعمل على

إحداثه. وقد يكون هذا الاختلاف بين الأفراد نتيجة للتغير أو مسبباً لحدوثه. فالبعض يميل إلى تقبل العناصر الثقافية الجديدة من مبتكرات ومخترعات وأفكار وقيم واتجاهات ومعارف وعادات، والبعض الأخر يميل إلى معارضة التغير والحفاظ على كل ما هو قديم وعدم الرغبة في استخدام أو تبني الكثير من الوسائل والمفاهيم والطرق والقيم الجديدة.

إن الاتجاهات الايجابية نحو التغير البناء واتجاهاته يساعد على تقبل التجديد ومحاولة التجريب لكل ما هو جديد وذي فائدة للفرد والمجتمع. وهذه الاتجاهات تعمل على انتشار العناصر الثقافية الجديدة في المجتمع وتقبلها.

ومن هنا تأتي أهمية دور التربية وخاصة التربية الرسمية في توجيه التغير ومساعدة وتهيئة الأفراد لفهمه وتقبله والتكيف معه والاستفادة منه وتوضيح التعارض بين بعض العناصر الثقافية الجديدة وبعض العناصر في الثقافة السائدة المرتبطة بها، وتدريب الأفراد وإكسابهم المرونة حتى يستطيعوا أن يميزوا بين العناصر الثقافية الهامة والنافعة والتي تتفق مع مقومات ثقافتهم وتتمشى مع حاجاتهم وحاجات مجتمعهم في هذا العصر، وتلك التي لا تحقق منفعة لهم أو لمجتمعهم، أو قد تتعارض مع مقومات مجتمعهم وأيدلوجيته ونسقه القيمي والعقائدي.(1)

وللتربية دور هام في توعية وتوجيه أفراد المجتمع لحل الكثير من المشكلات الناجمة عن التغير والقضاء عليها. إذ قد يصاحب التغير الاجتماعي السريع عادة بعض المشكلات الاجتماعية نتيجة للصراع بين بعض العناصر الثقافية الجديدة وبعض العناصر الثقافية السائدة المرتبطة بها. هذا كما إن أي تغير يحدث في أي عنصر ثقافي يتطلب بالضرورة تغيراً في بعض العناصر الثقافية أو النظم الاجتماعية

---

(1) عبد الله، الخريجي، **التغير الاجتماعي والثقافي**، مؤسسة زامتان للتوزيع، جدة: 1983، ص: 110.

المرتبطة به فإذا لم يحدث التغير بنفس السرعة فقد ينشأ ما يسميه (Ogburn, 1957) بالتخلف الثقافي أو الهوة الثقافية (Culture Lag) فزيادة عدد السيارات في مجتمع ما يتطلب بالضرورة التوسع في الطرق السريعة وتنظيم قواعد المرور حتى لا يحدث الصراع الثقافي.

وكثرة الصراعات الثقافية في المجتمع قد ينتج عنها الكثير من المشكلات الاجتماعية التي تعرض ثقافته للتفكك. وتسهم التربية في فترات التغيرات الاجتماعية السريعة في بناء النظام الاجتماعي الجديد وتعمل على الحفاظ على قيمة الهامة وتراثه الثقافي وايدلوجيته. وفي الوقت نفسه تساعد الأفراد على تقبل التغيرات الهامة والأساسية التكيف معها وتدريبهم لكي يصبحوا أداة تغير فعالة في المجتمع.

ويمكن إجمال دور التربية في مواجهة التغيرات الاجتماعية في المجتمع فيما يلي:-

أ- الأعداد المهني لأفراد المجتمع:

إن التربية المدرسية أو غير المدرسية ما هي إلا انعكاس لثقافة هذا المجتمع ومتطلباته. ومن هنا كان للتربية دور هام في بناء المجتمع. ولما كان الأفراد هم المادة الخام التي يقدمها المجتمع يتطلب إعداد هؤلاء الأفراد وتهيئتهم وإكسابهم المرونة للتكيف مع التغيرات والقدرة على النقد البناء والتفكير المنطقي والعلمي السليم، لتقييم هذه التغيرات ومعرفة الأسس والمبادئ التي ترتكز عليها حتى يمكنهم انتقاء (Selection)العناصر الثقافية الايجابية ذات الفائدة والتي لا تتعارض مع مقومات ثقافتهم. والتخلص من الكثير من العادات والمعتقدات والأفكار التي لم تعد تشبع حاجاتهم أو تناسب متطلبات مجتمعهم ومتطلبات العصر الذي يتميز بالتقدم المعرفي والتكنولوجي والتخصص. وهذا بدوره يتطلب مجموعة من المعايير الاجتماعية (Social Norms) والقيم مثل الدقة- الكفاءة- المعرفة العلمية- الاتقان- الأمانة في العمل - أهمية الوقت - وتقدير قدرات الفرد.

ويتضمن دور المدرسة الإعداد المهني لأفراد المجتمع. فالتربية المدرسية تعد الأفراد وتوجههم علمياً عن طريق اكتشاف قدراتهم وتوجيهها توجيهاً صحيحاً كما يجب إن تهتم المدرسة بالتخصص وتساعد التلاميذ على اختيار التخصصات التي تتناسب مع قدراتهم وميولهم وأيضاً خطط التنمية في المجتمع.

كما يتطلب ذلك استخدام طرق وأساليب التعليم الحديثة وتكنولوجيا التعليم لرفع مستوى أداء الطالب. كذلك الاهتمام بالإعداد المهني والفني للمعلمين وتطوير المناهج الدراسية لمسايرة المجتمع الجديد وحاجات التلاميذ في هذا المجتمع وطبيعة العصر. ودور التربية لا يقتصر على إعداد التلاميذ والمعلمين فقط بل يجب أن يتعدى ذلك ليشمل أيضاً ربط التعليم بالمجتمع. فالتربية يجب أن تسهم في تحقيق خطط التنمية بالمجتمع من خلال إعداد الكوادر الفنية والعلمية اللازمة بالإضافة إلى التدريب والتوجيه والتهيئة. وأن تسهم عن طريق البحوث والتجريب في تقديم المجتمع وتطوره.

إن الإعداد المهني للأفراد يرفع من كفاءتهم الإنتاجية مما يزيد من معدل الإنتاج وبالتالي من معدل الدخل القومي للمجتمع. كما إن رفع إنتاجية الفرد ونجاحه في العمل ينعكس على أدائه لأدواره الاجتماعية. فالرضا الوظيفي وتقدير الفرد للعمل الذي يقوم به يساعده على التكيف الاجتماعي. والتعليم أيضاً يغير من نظرة الفرد للحياة ويزيد من طموحه وتطلعاته. فالمتعلم يعرف كيف يستفيد من دخله ويخطط لمستقبله ومستقبل أولاده ويحسن الاستفادة من الخدمات التي تقدمها الدولة للأفراد، مثل المدارس والمستشفيات والأندية ووسائل الإعلام مما يعمل على تكيفه مع المجتمع وإسهامه في عملية بناء نظامه الاجتماعي، هذا يزيد من ولائه لمجتمعه مما يعمل على تماسك المجتمع.

ب- المحافظة على وحدة الجماعة وتماسكها:

قد يتعرض المجتمع لصراعات ثقافية نتيجة للتغيرات الاجتماعية السريعة. فقد تنتشر عناصر ثقافية في المجتمع دون إن ينتج عن ذلك تغير مماثل في عناصر الثقافة المرتبطة بها مثل زيادة أعداد العمالة الأسيوية في بعض الدول الخليجية. فاستخدام هذه العمالة في تربية الأبناء نتيجة لانتشار التعليم وخروج المرأة للعمل مع اختلاف لغة وعادات المربيات ونسقهم القيمي والأساليب التربوية التي تستخدم قد يؤدي إلى الكثير من المشكلات الاجتماعية. فتدني المستوى التعليمي للخادمات اللاتي يعملن كمربيات في الكثير من الأوقات وعدم خبرتهن برعاية الأبناء بالإضافة إلى اختلاف ثقافتهن عن ثقافة المجتمع الذي يعملن به قد يؤدي إلى الكثير من المشكلات الاجتماعية.

من هنا تأتي أهمية التربية في التوعية والتهيئة وإجراء الدراسات وطرح الحلول والبدائل.

وقد يحدث التخلف الثقافي أيضاً إذا ما استخدمت دولة وسائل حديثة في الإنتاج مستعينة بالخبراء والفنيين وتكنولوجيا متقدمة، ولكنها لم تطور القوى العاملة الوطنية معرفياً ومهنياً لكي تسهم بالكفاءة المتوقعة في عمليات الانتاج الحديثة وما تتطلبه من نسق قيمي مساند ومعايير واتجاهات مرتبطة بها، مثل الدقة في الأداء والاهتمام بالعمل وتقديره وتقدير الوقت وحسن التعامل من الآلة.

وقد يكون التقدم العمراني والتحديث في إحدى المناطق في المجتمع أسرع منه في مناطق أخرى. فنمط المعيشة ومستوى الخدمات قد يكون متميزاً من حيث الرفاهية والتقدم ونوعية الخدمات والكفاءة عن مناطق اخرى تتسم بالبساطة والتخلف وسوء الخدمات مما ينتج عنه تخلفاً ثقافياً في المجتمع. وهنا يأتي دور التربية في العمل على إقرار نوع من التوازن بين المناطق السكانية المختلفة من حيث مستوى المعيشة والخدمات حفظاً على تماسك المجتمع ووحدته.[1]

(1) ن.م.، ص: 115 .

ج- المحافظة على أيديولوجية المجتمع ومقوماته الأساسية:

إن انتشار الكثير من التبادل الفكري والقيم والاتجاهات والمعتقدات المتباينة في الثقافة السائدة قد يؤثر بدرجات متفاوتة على أفراد المجتمع. إذ قد تتعارض بعضها بدرجة كبيرة مع مقومات المجتمع الأساسية للمجتمع، حيث إن تبني بعض أفراد المجتمع لعناصر ثقافية تتعارض بصورة واضحة مع مقومات ثقافتهم الأصلية يجعلهم يعيشون على هامش ثقافتين مضحين بثقافتهم الأصلية.

وهنا يأتي دور التربية في إعداد الأفراد وإكسابهم القدرة على التفكير العلمي السليم والقدرة على النقد البناء لمساعدتهم على اختيار العناصر الثقافية ذات الفائدة والتي لم تتعارض مع الأيدلوجية السائدة والقيم المركزية والمعتقدات الهامة السياسية والاقتصادية والاجتماعية السائدة والقيم المركزية والمعتقدات الهامة والمفاهيم السياسية والاقتصادية والاجتماعية السائدة.

وقد يحدث عدم توازن في التنظيم القيمي للمجتمع كنتيجة طبيعية للتغيرات السريعة المتباينة. فقد يحدث تغير في ترتيب القيم بالنسبة للأفراد وأهميتها كموجهات لسلوكهم. فقد تسيطر القيم المادية على سلوك الكثير من الأفراد أو تحتل مكانة اجتماعية أعلى من السابق في سلم القيم المركزية.

وسيطرة الناحية المادية على اهتمامات الأفراد عادة ما تدفعهم إلى الاهتمام بالحصول على الثروة والنفوذ والمراكز الاجتماعية الهامة في المجتمع بصرف النظر عن المصدر والوسيلة لتحقيق ذلك. مما قد يؤثر بدوره على النواحي الروحية والأخلاقية مما يتعارض مع قيم المجتمع المركزية مثل الأمانة والعدالة الاجتماعية وتكافؤ الفرص والسعي للنجاح والاتقان في العمل والوطنية والتضحية والفداء وغيرها من القيم الهامة في حياة أفراد المجتمع.

وهذا الوضع يتطلب من التربية أن تهتم بغرس القيم الدينية وتأكيد المبادئ المحددة لأنماط الحياة والعلاقات الاجتماعية في المجتمع وأن يكون اهتمامها بالتربية

الدينية والخلقية ليس فقط عن طريق الدراسة النظرية بل يجب أن تربط الدين بواقع الحياة في المجتمع لإكساب التلاميذ الاتجاهات والقيم التي تؤكد عليها ثقافتهم. وبذلك تعمل هذه القيم والمبادئ كموجهات لسلوكهم وعلاقاتهم بالآخرين في المجتمع. وبذلك تعمل التربية من خلال قيامها بعملية الضبط الاجتماعي على مساعدة التلميذ على تكوين الضمير. وبذلك يصبح الضبط داخلياً إذ تكون الرقابة الداخلية هي المحددة لسلوكه وتصرفاته. وبذلك يصبح عدم خروجه على المعايير الاجتماعية السائدة في مجتمعه ليس خوفاً من السلطة إنما موجه من قبل سلطة داخلية محددة لسلوكه.

د- إعداد الأفراد وتهيئتهم لمواجهة التغيرات والاستفادة منها وإحداثها:

يتطلب التغير الاجتماعي والثقافي من التربية أن تقوم بدورها لإعداد الأفراد وتهيئتهم وإكسابهم المرونة والتفكير العلمي وإن تكسبهم فهما لدورهم الجديد في مواجهة التغيرات الجديدة والتكيف معها والاستفادة منها بحيث يصبحون هم أنفسهم قوة تغير فعالة في المجتمع تبتكر وتضيف وتستفيد من التقدم المعرفي والتكنولوجي في العالم. فالتربية يجب أن تعد الأفراد وتساعدهم على فهم التغيرات الاجتماعية والثقافية بأبعادها ومدى مناسبتها لظروف المجتمع الراهنة في ضوء متطلبات واحتياجات المجتمع حتى يستطيعوا إحداث التغيرات الايجابية التي يتطلبها تنظيم مجتمعهم وتحديثه لمسايرة متطلبات مجتمعهم في ضوء طبيعة العصر. ويتضمن هذا الإعداد إكسابهم القدرة على انتقاء وتقبل الكثير من الأساليب والوسائل الحديثة في العمل والإنتاج واستخدام التكنولوجيا الحديثة وتقويم اتجاهها ونتائجها ومناسبتها لمراحل التنمية في المجتمع وميادين العمل المختلفة وإعداد الأفراد وتدريبهم على استخدامها.

وهذا يتطلب بدوره من التربية أن تغير من فلسفتها وأهدافها ومناهجها وطرق

وأساليب التدريس لكي تساير التغير ومتطلباته، ويجب أيضاً أن تركز المناهج وطرق التدريس على تنمية المهارات المعرفية للأفراد وإكسابهم مجموعة من الاتجاهات والقيم التي تتطلبها التغيرات الايجابية مثل الدقة والكفاءة في الأداء والجدية والإخلاص في العمل والتعامل بكفاءة مع التكنولوجيا الحديثة والاستقلالية والاعتماد على النفس والتعلم الذاتي وأهمية المعرفة وخاصة المعرفة المرتبطة بالمجتمع والتي تعمل على تقدمه والاهتمام بالبحث العلمي وتنظيم المعلومات والاستفادة منها.

فالتنمية الاجتماعية والاقتصادية تتطلب الاهتمام بالتخصصات الدقيقة التي يحتاجها المجتمع في هذا العصر؛ وبذلك أصبح دور التربية يقتضي الاهتمام بالتخصصات لزيادة كفاءة الإنتاج والخدمات في المجتمع. وهذا بدوره يتطلب الاهتمام بالتخطيط التربوي لربط التعليم بالمجتمع ومواقع الإنتاج ومتطلبات التنمية الاجتماعية والاقتصادية بالمجتمع.

هـ- التأكيد على القيم الدينية:

إن سيطرة النواحي المادية على الأفراد في الكثير من المجتمعات نتيجة للتغيرات السريعة وانتشار الكثير من القيم والأفكار التي تؤكد على المادة والرفاهية دون التأكيد على شرعية وسائل الحصول عليها أو حسن استغلالها لمصلحة الفرد والمجتمع، جعلت بعض الأفراد يهتمون بالمظاهر المادية على حساب الكثير من القيم الدينية والأخلاقية. وهنا تأتي أهمية دور التربية في التأكيد على القيم والمبادئ الدينية وإبراز أهميتها في حياة الفرد والمجتمع وربط الدين بالحياة لمساعدة الطفل على غرس القيم الدينية لتصبح كموجهات لسلوكه في تعامله مع غيره في المجتمع وفي قيامه بدوره في المجتمع الجديد. وهذا بدوره يعمل على تحقيق التوازن في شخصية الفرد مما يساعد على تكيفه في المجتمع. ويؤدي ذلك أيضاً إلى مساعدة الأسرة في قيامها بدورها من خلال عملية التنشئة الاجتماعية. فتأكيد كل من الأسرة

والمدرسة والوسائط التربوية الأخرى على القيم والمبادئ والمثل الهامة في حياة الأفراد في المجتمع والمتطلبة اجتماعياً لنجاح الفرد في قيامه دوره لا يؤدي فقط إلى تحقيق نوع من الانسجام والتوازن في شخصية الفرد بل يؤدي بدوره إلى الضبط الاجتماعي في المجتمع مما يساعد على تماسك المجتمع واستقراره.

إن النظرة الحديثة للفرد وأهميته في إحداث التغير قد زادت من قيمة التعليم والتنمية في حياة الفرد. فالتعليم يزيد من خبرات الفرد ومهاراته وقدرته على تحديد أهمية التغيرات الاجتماعية وأبعادها والاستفادة منها وربطها بالحياة. وبذلك تكون التربية مسؤولة عن إعداد الأفراد لتحمل مسؤولياتهم الجديدة وإكسابهم القيم والاتجاهات والمعارف وطرق التفكير المتطلبة لقيامهم بأدوارهم الاجتماعية في ضوء التغيرات الاجتماعية والثقافية. فالفرد في هذا العصر أصبح دوره يتطلب منه العمل على تنمية نفسه وحسن استخدام قدراته وتحسين مستواه المعيشي والتخطيط لمستقبله ومستقبل أبنائه، وفي نفس الوقت تقع عليه مسؤولية الاسهام في تحقيق أهداف التنمية بمجتمعه.

ومعنى هذا أن دور التربية لا يجب أن يقف عند حد احتواء النظام الاجتماعي الماثل والحفاظ على هذا النظام في حالة استمرار، بل ينبغي أن يكون مداها هو كيفية قيامها بعملية تجديد وتطوير هذا النظام في ضوء مطالب وتطلعات قوة التوجيه الاجتماعي والترشيد العلمي والرغبة في الإصلاح والإنماء والتغيير الاجتماعي.[1]

(1) ن.م، ص : 293 .

ثانياً: التربية والثقافة

مقدمة

إن لكل مجتمع ثقافته الخاصة التي تميزه عن غيره من المجتمعات الأخرى. والثقافة تمثل حصيلة كل ما تعلمه أفراد مجتمع معين، وبذلك تتضمن نمط معيشتهم وأساليبهم الفكرية ومعارفهم ومعتقداتهم ومشاعرهم واتجاهاتهم وقيمهم والأساليب السلوكية التي يستخدمونها في تفاعلهم مع بعضهم البعص، وكل ما يستخدمه أفراد هذا المجتمع من الآلات والأدوات في إشباع حاجاتهم وتكيفهم مع بيئتهم الاجتماعية الطبيعية وحسن استغلال بيئتهم الطبيعية والسيرة عليها.

ويشكل أفراد المجتمع نمط معيشتهم ويعبرون عنها بأفعالهم وإنتاجهم وخبراتهم ومعارفهم وفنونهم، وبذلك يعتبرون نشيطين (Active Agents) في صنع وملاءمة وبناء أنماط معيشتهم، فكل ما تتضمنه الثقافة من معارف وخبرات وقيم واتجاهات وفنون وأنماط سلوكية، وكل ما هو من إنتاج وصنع الإنسان. يسهل حياة الأفراد في المجتمع، ويعمل على تكيفهم وإشباعهم لحاجاتهم بالطرق المتعارف عليها ثقافياً، مما يساعد على الضبط الاجتماعي واستقرار المجتمع.

ويكتسب الجيل الجديد ثقافة مجتمعة ولكنه قد يضيف إليها أو يحذف منها لتتمشى مع حاجاته ومتطلبات مجتمعه، مما ينتج عنه زيادة في الكم والكيف. ويؤدي التراكم الثقافي على مر العصور إلى سرعة التعلم وزيادة الخبرة الإنسانية نتيجة للاستفادة من معارف وخبرات الأجيال السابقة. وبذلك تتغير الثقافة من جيل إلى جيل وإن كان هذا التغير يحدث بواسطة الأفراد أنفسهم.

مفهوم الثقافة :

تعتبر الثقافة الإطار والمضمون الفكري الذي يحدد للمجتمع سماته التي تميزه عن غيره من المجتمعات، إذ تحمل بين طياتها السمات الاجتماعية المتوازنة والمستجدة، وتعتبر أيضاً ثمرة النشاط الفكري والمادي الخلاق والمرن لدى الإنسان[1]. وهذا وقد اختلف تعريف الثقافة تبعاً لاختلاف العلماء والمفكرين واهتماماتهم وأهدافهم وتخصصاتهم، ولكنها تعني في أغلب الاستعمالات اللغوية- الحذق والفطنة وسرعة أخذ العلم وفهمه، فكثيراً ما يقال بأن فلاناً مثقف ، أي بمعنى متعلم بدرجة عالية.

ويعبر عن الثقافة بالإنجليزية بلفظ (Culture)، وتعني الزراعة والاستنبات أما أصل الكلمة فهو لاتيني، وتعني الزراعة أو فعل الزراعة، أما التمجيد والتعظيم، وقد استعملها اللاتينيون بمعنى الدرس والتحصيل العملي. أما الأصل اللغوي لكلمة ثقافة في اللغة العربية، فقد جاء من مصدر الفعل الثلاثي (ثقف): أي صار حاذقاً، وثقفه بالرمح: طعنه ، ويقال ثقف الرمح أي قومه وسواه، وثقف الولد أي هذبه وجعله مهذباً.

تعريفات الثقافة:

ويرى رالف لنتن (Ralph Linton, 1957) أن الثقافة كل متناسق من السلوك المتعلم ونتائج هذا السلوك، وأن العناصر المكونة لهذا الكل تكون مشتركة بين أفراد المجتمع الواحد وتنتقل بواسطتهم من جيل إلى آخر، ويتضمن السلوك المتعلم هنا كل ما يقوم به الفرد من أفعال سواء أكانت ظاهرة أو غير ظاهرة عضوية كانت سلوك أو سيكولوجية [2].

(1) إبراهيم صقر أبو عمشة، **الثقافة والتغير الاجتماعي** ، دار النهضة العربية، بيروت، 1981 ص :11 .

(2) إبراهيم ناصر، علم الاجتماع التربوي ، دار الجيل عمان، 1991، ص:25.

وترى دورثي لي (Dorothy Lee, 1965) أن الثقافة نسق من الرموز بواسطته يعطي الأفراد معنى لكل ما هو موجود حولهم، فالسلوك الإنساني كما تحدده الثقافة نسق يربط الفرد بعالمه سواء أكان ذلك العالم هو المجتمع (Society) أو الطبيعة (Nature) أو الكون (Universe) المتعارف عليه أو الحقيقة المطلقة (Ultimate Reality) وأن سلوك الفرد في أي موقف اجتماعي ما هو إلا تعبير عن هذه العلاقة، فالإطار الثقافي لأي مجتمع يشكل تصرفات أفراده ومعارفهم وتفكيرهم وتفسيرهم لكل ما يدور حولهم، وبذلك تضع الثقافة القوانين المنطقية والمبادئ الفكرية والحدود الثابتة، فتقدم لأفرادها الدليل الذي يرشدهم في تفسير كل ما هو موجود في مجتمعهم ويوجههم إلى طرق وأساليب العمل التي تمكنهم من القيام بدورهم في المجتمع في حدود إمكانياتهم[(1)].

ومن هنا تتضح أهمية الثقافة في تزويد الفرد بالمعرفة وطرق التفكير وأساليب العمل وأنماط السلوك المختلفة والمعتقدات وطرق التعبير عن المشاعر والمعدات والأدوات التي تساعده على فهم العالم من حوله وتفسيره والسيطرة عليه والتحكم فيه في حدود إمكانياته. كما أنها تسهل عملية التفاعل الاجتماعي بين الأفراد.

فالفرد في أي موقف اجتماعي يتصرف بناء على معرفته بتوقعات الآخرين منه وتفسيره الشخصي للموقف ودوره الاجتماعي ومكانته الاجتماعية في علاقته بالآخرين الذين يتفاعل معهم.

كما يتعلم الفرد من ثقافته النماذج المختلفة المحددة ثقافياً للإثابة والعقاب وأساليب تحقيق الأهداف. فالفرد يتعلم نماذج السلوك السائدة في مجتمعه نتيجة طبيعية لمعيشته في هذا المجتمع وتفاعله مع الآخرين في الكثير من المواقف الاجتماعية. وتكرار استخدام هذه النماذج السلوكية يكسبها صفة التلقائية، فيؤديها الفرد أوتوماتيكيا دون مواجهة أي صعوبات.

---

(1)Dorothy Lee, **Freedom and Culture** , <u>Op.Cit</u>., pp.1-3 .

وتساعد اللغة المكتوبة والتعبيرية واللغة الصامتة (Silent Language) الفرد في توصيل أفكاره ومشاعره للآخرين مما يسهل عملية التفاعل الاجتماعي والاتصالات (Communications) بين أفراد الثقافة الواحدة.

ومما تقدم نرى الثقافة تتضمن مجموعة هائلة من العناصر المرتبطة ببعضها البعض وعلى درجة كبيرة من التعقيد، هذه المجموعة المتشابكة من العناصر الثقافية تضع الحدود لسلوك الإنسان ونشاطه وتحدد نمط شخصيته وإمكانياته في التعامل مع بيئته المادية الطبيعية والاجتماعية[1].

ولما كان تعريف إدوار تايلور (E. Taylor, 1861) للثقافة يتميز بالشمول رغم عدم حداثته فإننا سنشير إليه في هذا الصدد لنوضح مدى تشابك عناصر الثقافة، إذ يرى Yylor أن "الثقافة هي ذلك الكل المعقد الذي يحتوى على المعرفة والمعتقدات والفن والأخلاقيات والقانون والعادات وغير ذلك من القدرات والسلوك الشائع الاستخدام الذي يكتسبه الإنسان كعضو في المجتمع.[2]

أما تعريف كلباتريك (Kilpatrick) فهو أن الثقافة " كل ما صنعته يد الإنسان وعقله من الأشياء، ومن مظاهر في البيئة الاجتماعية، أي كل ما اخترعه الإنسان أو ما اكتشفه وكان له دور في العملية الاجتماعية" [3]. ويعني هذا التعريف أن الثقافة تشمل : اللغة والعادات والتقاليد والمؤسسات الاجتماعية والمستويات والمفاهيم والأفكار والمعتقدات إلى غير ذلك مما نجده في البيئة الاجتماعية من صنع الإنسان، وقد توارثه جيد بعد جيل، وبمعنى آخر يرى كلباتريك أن الثقافة جانبين هما : الجانب المادي والجانب غير المادي.

---

(1) المرجع السابق، ص: 187.

(2)E. N., Taylor, **Primitive Culture**, John Murray Co., London, 1871, P: 1.

(3)عبد الله الرشدان **علم اجتماع التربية**، مرجع سابق ، ص: 227.

أما كلكهون (Kluckhon, 1945) فلقد عرف الثقافة بأنها "وسائل الحياة المختلفة التي توصل إليها الإنسان عبر تاريخه الطويل، السافر منها والضمني، العقلي واللاعقلي، والتي توجه سلوك الناس في وقت معين وترشد خطواتهم في مجتمعهم". ويتضمن هذا التعريف الجوانب المعنوية والمادية للثقافة، وأيضاً إشارة واضحة إلى زمن محدد، لأن الثقافة لا تبقى على حالها، وإنما تتغير بتغير العصور والأزمنة[1].

أما فيرث (Firth, 1951) فأنه يقول: " إذا نظرنا إلى المجتمع على أنه يمثل مجموعة من الأفراد فإن الثقافة طريقتهم في الحياة، وإذا اعتبرناه مجموعة العلاقات الاجتماعية، فإن الثقافة هي محتوى هذه العلاقات، وإذا كان المجتمع يهتم بالعنصر الإنساني، وبتجمع الأفراد، والعلاقات المتبادلة بينهم، فإن الثقافة تعني المظاهر التراكمية المادية واللامادية التي يتوارثها الناس، ويستخدمونها ويتناقلونها. وللثقافة محتوى فكري ينظم الأفعال الإنسانية، وهي من وجهة النظر السلوكية، سلوك متعلم، أو مكتسب اجتماعيا وهي فوق كل ذلك ضرورية كحافز للفعل[2].

مما سبق يمكننا القول أن الثقافة في جوهرها هي شكل الحياة الإنسانية كما يرسمها البشر الذين يعيشون تلك الحياة بما فيها من معتقدات وأساليب للفكر وغيرها. وأن الثقافة هي الحياة التي يرسمها الناس في زمان معين ومكان معين، والقيمة المهمة التي تعنينا هنا، هي قابلية تلك الثقافة للتعلم، وهذا هو الجانب التربوي الذي نعطيه اهتماماً خاصة في هذا المجال.

كما أن الثقافة تعني العبقرية الإنسانية بغية تحوير عطاءاتها وإغنائها وتنميتها. كما تدل الثقافة أيضاً على استمرار الإنسان بصورة منهجية على تنمية ملكاته الفكرية بدارسة الآداب والعلوم والفنون وكذلك بالملاحظة والتفكير. كما تدل كلمة

---

(1) المرجع السابق، ص: 227 .

(2) محمد عاطف غيث، **قاموس علم الاجتماع**، الهيئة المصرية العامة، القاهرة، 1980 ص: 110

ثقافة اليوم على جملة الوجوه الفكرية والأخلاقية والمادية والمذاهب القيمة، وأساليب الحياة التي تميز حضارة من الحضارات.

ومن ناحية أخرى، فالثقافة ليست أمراً عارضاً عابراً زائلا، بل هي أمر أساسي يتساءل الإنسان المعاصر بصورة تساؤل قلق في مواجهة عالم يتغير تغيراً شاملاً كلياً، وأن موضوع الثقافة يرتبط بموضوعات أخرى مثل التنمية الثقافية، التنمية المادية والتجديدات الثقافية وغيرها.

وإذا كانت الثقافة كما قلنا سلوكاً مكتسباً فإن اعتمادها على التعليم يجعل ارتباطها بالتربية أمراً هاماً، إذ أن التربية هي الوسيلة التي يتعلم بها أفراد المجتمع هذه الأنواع المختلفة من السلوك، حتى يستطيع الفرد أن يندمج في الجماعة وأن يتكيف معها للثقافة والمثقفين مكانة خاصة في المجتمعات الإنسانية، فيرى هشام الشرابي في كتابة: " **مقدمات لدراسة المجتمع العربي، 1997** "، أن المثقف هو المستوعب للثقافة وأنه يتميز بصفتين أساسيتين :

1- الوعي الاجتماعي (Social Conscience) الذي يمكن الفرد من رؤية المجتمع وقضاياه من زاوية شاملة، وتحليل القضايا على مستوى نظري متماسك.

2- الدور الاجتماعي (Social Role) وهو النشاط الذي يؤديه صاحب الوعي الاجتماعي بكفاءة وقدرة في مجال اختصاصه المهني وكفاءته الفكرية[(1)].

أي أن مجرد العلم لا يضفي على الفرد صفة المثقف بصورة آلية، لأن العلم اكتساب موضوعي ، ولا يشكل ثقافة في حد ذاته، إلا إذا توفر لدى المتعلم الوعي الاجتماعي، وهو العامل الذي من خلاله فقط يصبح الفرد مثقفا حتى ولو لم يعرف القراءة والكتابة ودون الوعي الاجتماعي - كما يقول الشرابي - يكون أمياً حتى لو كان طبيباً أو استاذاً جامعياً.

---

(1) هشام الشرابي، **مقدمات لدراسة المجتمع العربي**، الأهلية للنشر والتوزيع، بيروت 1977، ص: 100.

كما أن الشرابي لا يميز بين المثقف ومصطلح الأنتلجنسيا (Intelligentsia) التي تعني **الصفوة المثقفة أو النخبة المثقفة**، وأنما يعتبرها شيئاً واحداً. ونعتقد أن مجال الأنتلجنسيا هي الثقافة ببعدها الحضاري (المادي والفكري) وهي تتميز عن المثقفين بكونها " النخبة" (Elite) أي المتربعة على قمة الهرم الثقافي والتي تتميز بالوعي الاجتماعي والدور الاجتماعي. وهي تشكل القمة في هرم المثقفين لتأثيرها في المجتمع. فالنخبة كما يقول (1988 زرتمان Zartman) هي الجماعة التي تكون في القمة وتمارس القوة في المجتمع، وإمتلاك القوة يتفاوت بين الناس[1].

أما (بوتمور T.B. Bottomore, 1972) فيقصد بالنخبة تلك الفئة التي لها وضع مميز في المجتمع ولها دور ووظائف. أي أن الأنتلجنسيا هي "النخبة المثقفة" التي تمتهن الثقافة ولها تأثير كبير في المجتمع، فعملية التأثير هي المميزة لها عن سائر المثقفين، ويعتقد (1973 جولدنز A.W. Gouldner) أن الأنتلجنسيا ذلك الجزء من الطبقة الجديدة المتعمق في المعرفة "التقنية" أما المثقفون (The Intellectuals) فهم الجزء الآخر القادر على النقد ، المتفهم للسياسة من ناحية عامة كما أنهم الأفراد الذين يمتيزون عن باقي أفراد المجتمع بالخبرة والمعرفة وقد يحصلون عليها عن استعداد وخبرة، أو ألتزام مترتب على وظيفتهم المهنية التي تستدعي استخدام مثل هذه الخبرة والمعرفة، أي أن لديهم القدرة على التحليل والتركيب والتمييز والاختيار، والقدرة على مواجهة المواقف الجديدة بنجاح، أو حل المشكلات الجديدة بابتكار الوسائل الملائمة.

ويلاحظ من مضمون هذا التعريف للمثقفين أنه يتشابه في تعريف الأنتلجنسيا إلى حد كبير، وربما إلى درجة التطابق مما يدل على صعوبة الفصل بين المثقفين والأنتلجنسيا، أي أن هناك إشكالية (Problematic) في المعني، وإذا تقدمنا أكثر في تحليل أدبيات المثقفين والأنتلجنسيا، نلاحظ أن كثيراً من المفكرين يخلطون بين

(1) سعد الدين ابراهيم، **الأنتلجنسيا العربية**، منتدى الفكر العربي، عمان 1988 ص143.

المعنيين والبعض يميز بينهما، والصعوبة تأتي في تحديد مفهوم الثقافة، ولكن يمكن القول أن مصطلح القول يدل على جميع أنماط السلوك المتعلم الذي نكتسبه من خلال عضويتنا في المجتمع. أو هي مجموعة القيم المادية والمعنوية التي يأخذ بها الإنسان، وتضمن المعارف العلمية والفكرية والوسائل المادية التي تخلق القيم، أي أنها تضم الجانب المادي والفكري للمجتمع، فيكون تعريف المثقف هو القادر على فهم وامتلاك القدرة على تحليل الواقع الاجتماعي دون أن يمارس العمل على تغييره أو التأثير فيه.

فئات الثقافة:

وقد قسم هشام الشرابي المثقفين إلى أربع فئات :

1- **فئة المثقفين الملتزمين**، وهم الذين يتوفر عندهم الوعي الكامل مع الممارسة الكاملة، والممارسة الكاملة مع الوعي الكامل، وهم الذين لا يمكن التفريق بين حياتهم الخاصة والعامة وهؤلاء يكونون الطليعة المثقفة وعليهم تقوم عملية التغير الاجتماعي، وهم بطبيعة الحال لا ينتمون إلى طبقة واحدة، وإنما الذي يجمعهم هو الوعي الكامل لقضاياهم والممارسة الواحدة.

2- **فئة أنصاف الملتزمين** ، أولئك العاملون بالكلمة لا بالممارسة المباشرة، وهم يتمثلون في الأدباء والكتاب والمفكرين العاملين اجتماعياً، ولهم تأثير في الوعي الجماهيري، الذي من شأنه أن يحدث تغيراً اجتماعياً على الأمد الطويل، ولهذا فإن حياة هؤلاء لا تفرض عليهم نمطاً معيناً، فهم ملتزمون معنوياً وممارستهم فكرية فقط.

3- **فئة العاملين في حقل التعليم**، كالمعلمين والأساتذة، وتأثيرهم يشبه تأثير الفئة الثانية، وهم يمارسون العمل الاجتماعي، دون الإنخراط المباشر في صراعات المجتمع وانهماكاته، وتأثيرهم الجيلي، يأتي بعد مدة طويلة من الزمن، تؤثر على الأمد الطويل في تكوين القوى الطليعة وتحريكها.

4- **فئة التكنوقراط والمهنيين في الصناعة والإدارة والخدمات**، وهم في المجتمعات كافة، يشكلون الفئة الأكثر بعداً عن الوعي الأيدلوجي والسياسيين، وبالتالي فإن التزامها مهني فقط وعملها في مجال اختصاصها، وتأثيرها في التغير الاجتماعي يكون جذرياً وعميقاً ولكن بعد فترة طويلة معتمدة على العلم والتكنولوجيا.

وانطلاقا من هذا التصور لفئات المثقفين يمكن تسمية الأولى (المثقفين الملتزمين) بالنخبة المثقفة (Intelligentsia) أما الفئات الأخرى فيمكن تسميتهم بالمثقفين (Intellectuals) وهم أصحاب الطاقة العلمية والفنية والفكرية.

ويمكن تقسيم النخبة المثقفة حسب فاعليتها إلى قسمين : فالأكثر فاعلية هي النخبة المثقفة الطليعة، وهي تمارس العمل موجهة التغير الاجتماعي بشكل ملحوظ، وغالباً ما تكون ممارسة في السلطة، والمراكز القيادية المختلفة في المجتمع (كالأحزاب والنقابات والجيش). أما النخبة المثقفة الثانية، فهي الثانية فهي النخبة المثقفة الفاعلة، وهي تمارس العمل الملتزم المؤثر في التغير الاجتماعي، ولكنها لا تشغل موقعاً قيادياً.

- **خصائص الثقافة :**

للثقافة خصائص مختلفة من أهمها ما يلي:

- **الثقافة الإنسانية** : أي خاصة بالإنسان وحده دون سائر الحيوانات.

- **الثقافة المكتسبة:** إذ يكتسب الفرد الثقافة بحكم انتمائه لجماعة ما لذلك الإطار الاجتماعي الذي يعيش الفرد فيه .

- **الثقافة ثابتة ومتغيرة:** فعناصر الثقافة ومكوناتها منها ما يظل ثابتاً ولا يعترية التغيير كالقيم الاجتماعية والعقائد الشرعية والأصول الدينية، ومنها ما يخضع للتغيير والتطوير كالجوانب المادية، ومن المعلوم أن بعض الثقافات تكون

قابلة للتغير أكثر من غيرها، كما أن درجة التغير وأسلوبه ومحتواه تختلف من ثقافة إلى أخرى.

- **الثقافة ضمنية أو معلنة (واضحة):** فهي ضمنية لأن بعض دلالاتها لا تفهم إلا من خلال السياق الذي تأتي فيه، وهي مستخفية في تلك الجوانب التي تشمل عالم الروح وعالم الطبيعة وما ينطوي تحتها، وعلنية الثقافة تظهر في سلوك الأفراد وتصرفاتهم، وأحاديثهم، كما تظهر في الأمرو المادية كالاختراعات والمكتشفات والأجهزة الحديثة أو المنتجات الصناعية وغيرها.

- **الثقافة متنوعة المضمون:** إذ تختلف الثقافات في مضمونها بدرجة كبيرة قد تصل أحياناً إلى درجة التناقض، والمثل على ذلك أن بعض المجتمعات تسمح بتعدد الزوجات، بينما تعبره مجتمعات أخرى جريمة يعاقب عليها القانون.

- **الثقافة قابلة للانتشار والنقل:** ويتم هذا الانتشار والانتقال بعدة طرق أهمها التعليم، حيث تلعب اللغة دورها الكبير في هذا المجال، وكذلك وسائل الاتصال الحديثة (كالاذاعة ، والتلفاز، والأقمار الصناعية، والصحف ، والمجلات.... ألخ)، التي تقوم بتحطيم الحواجز بين الثقافات وتعمل على النشر الثقافي.

- **الثقافة مستمرة:** فالثقافة ملك جماعي وتراث يرثه، جميع أفراد المجتمع، وينتقل من جيل إلى آخر، كما أنه لا يمكن القضاء على الثقافة ما إلا بفناء المجتمع الذي يمارسها، أو ظهور ثقافة جديدة من منطلق عقائدي جديد قوي ومسيطر، وهذا أمر يصعب تنفيذه على أرض الواقع.

- **الثقافة متعلمة**

- بما أن الثقافة تمثل نماذج السلوك المتعلمة فإن الإنسان يتعلمها من الجماعة أو الجماعات التي ينتمي إليها عن طريق عمليتي التلقين والمحاكاة فتكتسب الثقافة عن طريق التعلم، الذي يحتاج بدوره إلى التفاعل الاجتماعي الذي يوفره المجتمع الانساني لأفراده.

وتنتقل الثقافة من جيل إلى جيل. وتدفقها عل مر العصور يمثل التراث الثقافي (Cultural Heritage) ، ويشير التراث الثقافي إلى مجموع النماذج الثقافية التي يكتسبها الفرد من الجماعات التي ينتمي اليها، ويضيف كل جيل إلى هذا التراث. كما أنه لا تنتقل كل العناصر الثقافية من جيل إلى جيل. إذ قد تختلف بعض العناصر الثقافية وتختفي لعدم الحاجة إليها أو لعدم تحقيقها لحاجات الأفراد في الوقت الراهن أو لأن عناصر ثقافية جديدة أكثر نفعاً أو أكثر قيمة تكون قد حلت محلها.[(1)]

الثقافة مشتركة بين أفراد المجتمع:

إن الثقافة بمعناها الاجتماعي تكون مشتركة بين أفراد المجتمع الواحد، ولا يمكن أن يمتلكها فرد واحد حتى عدد قليل من الأفراد. فالأختراع إذا لم يستخدم فإنه لن يمثل عنصراً من عناصر الثقافة. والثقافة باعتبارها مشتركة بين أفراد المجتمع، تعني أنها متفق عليها ومستخدمة في المجتمع. وقد تكون هذه العناصر الثقافية مشتركة بين أفراد المجتمع ككل ولها صفة العمومية، وبذلك تسمى بالعموميات الثقافية أو مشتركة بين فئات معينة في المجتمع مثل الجماعات المهنية أو الطبقية أو المعرفية.

الثقافة تشبع حاجات الأفراد في المجتمع

تعمل الثقافة على إشباع حاجات الأفراد العضوية والمكتسبة . فاستناداً إلى (Reinfrocement) مبدأ التدعيم أو التعزيز تتكرر الاستجابة إذا ما حققت اشباعاً للفرد وتنطفئ تدريجياً حتى تزول إذا لم تحقق هذا الاشباع. وخلال الفترة بين الاشباع والانطفاء تكون الاستجابة موجودة ولكنها في حالة خمول،
وبذلك قد تظهر تحت ظروف معينة وهذا ما يسمى بالاسترجاع التلقائي
(Spotaneous Reinforcement) ولكن إذا لم يحدث ما يعزز الاستجابة فإنها لن تتكرر .

(1) عمر احمد همشري، **التنشئة الاجتماعية للطفل**، المرجع السابق، ص: 188.

وهذا لا يعني أن كل عناصر الثقافة تعمل على إشباع حاجات الأفراد كل الأوقات وإنما الاشباع هنا نسبي ويختلف من زمن إلى آخر. ويرى جورج ميردوك (George Murdock, 1940) أن الحالات التي لا تعمل فيها الثقافة أو بعض عناصرها على إشباع حاجات أفرادها، حالات ثانوية أو مؤقتة، وتمثل عناصر الثقافة التي هي في طريقها إلى الزوال[1].

الثقافة تساعد على التكيف :

أن التغيرات الثقافية وعملية التغير نفسها تمثل عملية تكيف، فالعناصر الثقافية التي لا تحقق حاجات الأفراد عادة ما تزول وتحل محلها أخرى تعمل على تكيف الفرد في ثقافته مما يساعد على استمراريتها. والفرد في بدء حياته يكون بحاجة إلى رعاية الراشدين لعجزه عن إشباع حاجاته بنفسه، ولكن بتقدم السن يتعلم الطفل نتيجة للخبرة مجموعة كبيرة من الاستجابات والأساليب لتحقيق الأهداف لاشباع حاجاته معتمداً على نفسه في الوقت المناسب .

ومن هنا نرى أن ثقافة المجتمع تعمل على تكيف الفرد في مجتمعه وقيامه بأدواره الاجتماعية المتوقعة منه بعد اكتسابه لمجموعة كبيرة من المعارف والخبرات والعادات والتقاليد والقيم والاتجاهات والأنماط السلوكية السائدة في مجتمعه. وبذلك تعمل الثقافة على تكيف الفرد في مجتمعه.

والثقافة في مساعدتها لأفراد المجتمع على الكيف لا تعني بالضرورة أن كل عناصر الثقافة دائماً وفي كل الأوقات تساعد على ذلك. فقد يتعلم الفرد من ثقافته بعض الاستجابات التي قد تؤدي إلى الحاق الضرر به، وبذلك فعملية التكيف وتحقيق البقاء عملية نسبية، وهذا يعني أنه ليس بالضرورة أن كل عنصر من عناصر الثقافة في كل الأوقات له خاصية التكيف.

---

(1)George Murdock, **Uniformities of Culture**, American Socialogical Review, 5, 1940,p: 366.

- **وظائف الثقافة :** [1]

للثقافة وظائف متعددة، من أهمها ما يلي:

أ- الوظيفة الاجتماعية:

تتمثل الوظيفة الاجتماعية للثقافة بما يلي:

أ- توحيد الناس في مجتمع خاص بهم، وذلك من خلال تراكيب اللغة والرموز والمعتقدات والقيم ، وغيرها، حيث تبدو الثقافة كعالم ذهني وأخلاقي ورمزي يشترك فيه أعضاء المجتمع، وبفضله يتسنى لهم التواصل وتحقيق الانتماء إلى كيان واحد.

ب- تأطير الناس من خلال التراكيب المؤسسية الاجتماعية (الحقوقية والقرابية والسكنية ، والمدرسة والمهن، والهيئات المختلفة)، ومن خلال هذه التراكيب تنسج العلاقات الاجتماعية وتتحقق المصالح.

ج- المحافظة على المجتمع وضمان إستمراريته وتطوره، إذ من المعلوم أن لا مجتمع دون ثقافة، ولا ثقافة دون مجتمع، كما أن استمرار الحياة في المجتمع هو استمرار لتكيف الفرد مع بيئته وبخاصة الثقافية منها.

د- توفير مجموعة من القوانين والنظم التي تتيح التعاون بين أفراد الثقافة الواحدة والاستجابة لمواقف معينة استجابة موحدة لا تعتريها التفرقة.

---

(1) عبد الله الرشدان ، **علم اجتماع التربية** ، المرجع السابق ، ص :227.

ب- الوظيفة الفردية (الإنسانية):

تتمثل الوظيفة الإنسانية بما يلي:

أ- تكوين أو إنتاج الشخصية الثقافية للفرد، القادرة على أن تمثل ثقافة مجتمعها وفهمها واستيعابها، ما يساعده على التكيف مع مجتمعه، وإقامة علاقات اجتماعية طيبة مع أفراده داخل الثقافة الواحدة.

ب- حماية الإنسان من المخاطر والكوارث الطبيعية والبيئية، والثقافة هي أداة الإنسان في حل مشكلاته المختلفة التي يواجهها في إطار البيئة، وبالتالي فإن لكل عنصر من عناصرها غاية ووظيفة محددة.

ج- مساعدة الفرد في التنبؤ بالأحداث المتوقعة والمواقف الاجتماعية المحتملة، والتنبؤ بسلوك الفرد والجماعة في مواقف معينة، ومعني هذا أننا إذا عرفنا الأنماط الثقافية التي تسود الجماعة التي ينتمي إليها الفرد، أمكننا أن نتنبأ بأنه سيسلك بحسب هذه الأنماط الثقافية في معظم المواقف التي يواجهها.

ج- الوظيفة النفسية:

وهي وظيفة "القولبة" لأفرد المجتمع، أي اكتساب هؤلاء أنماط السلوك وأساليب التفكير والمعرفة وقنوات التعبير عن العواطف والأحاسيس ووسائل إشباع الحاجات الفيسولوجية أو البيولوجية والروحية. وهو ما أصبح يعرف بمصطلح "التدامج الاجتماعي " أو " التنشئة الاجتماعية". وغاية هذه الوظيفة مساعدة الأفراد على التكيف مع الثقافة واكتسابهم لهويتهم الاجتماعية الثقافية، ومن هنا تكتسب أهميتها الكبرى.

- **عناصر الثقافة** [1] :

تنقسم الثقافة إلى ثلاثة عناصر، هي: العموميات الثقافية والخصوصيات الثقافية والمتغيرات الثقافية.

أولا: العموميات الثقافية:

العموميات الثقافية هي وجوه ثقافية يشترك فيها جميع أفراد المجتمع، وتعد بمثابة الملامح الرئيسة المحددة لثقافة مجتمع ما، وهي التي تميزها عن غيرها من الثقافات. والعموميات الثقافية غالباً ما تكون أكثر عناصر الثقافة استقراراً، ومن هذه العموميات الثقافية غالباً ما تكون أكثر عناصر الثقافة استقراراً، ومن هذه العموميات اللغة، واللباس الشعبي، وطريقة الأكل، وأسلوب التحية والاستقبال والوداع، وطراز المباني، وأسلوب الاحتفالات في الأفراح والتعبير عن الأحزان، وغيرها وبذلك تشكل العموميات الثقافية القاسم المشترك بين أبناء المجتمع الواحد، وتكون عنصر تجميع وتألف بينهم، وتؤدي إلى ظهور اهتمامات مشتركة تجمعهم، وتولد بينهم شعوراً بالتضامن وبالمصير المشترك، فاللغة العربية على سبيل المثال، هي من أهم العموميات الثقافية التي يمتاز بها المجتمع العربي عن غيره من المجتمعات، وهي إحدى قواسمه المشتركة، ونسبة إليه سمى العرب بهذا الاسم، وهي إحدى الوسائل المهمة للتربية في هذا المجتمع لنقل المعرفة والمعلومات عن الموروث الثقافي إلى الدارسين.

ثانياً : الخصوصيات الثقافية:

توجد داخل المجتمع نفسه مجموعة من الثقافات الفرعية (الخصوصية) التي تميز قطاعات رئيسية في المجتمع، وهي جزء من الثقافة الكلية للمجتمع، ولكنها تختلف عنها في بعض السمات والمظاهر والمستويات. لذا فإن الثقافة الفرعية (الخصوصية) هي ثقافة قطاع متميز من المجتمع لها جزء ومستوى وما للمجتمع من خصائص

(1) عمر احمد همشري، **التنشئة الاجتماعية للطفل**، المرجع السابق، ص: 192.

بالإضافة إلى انفرادها بخصائص أخرى، وبالتالي، فأن الخصوصية الثقافية هي ملامح وخصائص ثقافية تتميز بها فئة معينة عن غيرها من الفئات في المجتمع الواحد.

وهناك عدة أنواع من الخصوصيات الثقافية ، نذكر منها ما يلي[1]:

- **الخصوصيات العمرية:** فكل جماعة عمرية لها خصوصيتها الثقافية التي تتميز بها عن غيرها من الأعمال، فللأطفال ثقافة خاصة ومختلفة عن ثقافة الشباب، وللشباب ثقافة خاصة ومختلفة عن ثقافة الكبار.

- **الخصوصيات المهنية** : فلكل جماعة مهنية خصوصيتها الثقافية التي تتميز بها عن غيرها، فالأطباء مثلاً ثقافة خاصة بهم، وللمهندسين ثقافة خاصة بهم، وللتجار ثقافة خاصة بهم.... الخ.

- **الخصوصيات الجنسية:** فللذكور خصوصية خاصة بهم، وللإناث خصوصية خاصة بهن، يترتب عليها خصوصيات في التعامل، وفي اللباس، وفي وسائل التسلية وفي الأدوار التي يلعبها كل منهما في المجتمع.

- **الخصوصيات الطبقية:** لكل طبقة من طبقات المجتمع خصوصيتها الثقافية الخاصة بها، فخصوصيات الطبقة الأرستقراطية تختلف عن خصوصيات الطبقة الوسطى أو الدنيا.

- **الخصوصيات العرقية:** لكل عرق من الأعراق عناصره الثقافية التي تميزه عن الأعراق الأخرى، فخصوصيات الشركس الثقافية تختلف مثلاً عن خصوصيات الشيشان، وللأرمن خصوصيات ثقافية أيضاً تميزهم عن غيرهم من الأعراق.

- **الخصوصيات العقائدية:** لكل عقيدة عناصرها الثقافية الخاصة بها والتي تميزها عن غيرها من العقائد فخصوصيات العقيدة الإسلامية تختلف عن خصوصيات العقيدة المسيحية أو اليهودية.

---

(1) عبد الله الرشدان ، **علم اجتماع التربية**، المرجع السابق ، ص، 227.

- **الخصوصيات التعليمية :** لكل مرحلة من المراحل التعليمية عناصرها الثقافية الخاصة بها والتي تميزها عن غيرها من المراحل. ولكل نوع من أنواع التعليم (الأكاديمي أو المهني أو الفني) عناصره الثقافية التي تختلف عن عناصر غيره من أنواع التعليم، وللتعليم الخاص خصوصياته الثقافية التي تميزه عن التعليم الحكومي.

ثالثا : المتغيرات (البدائل) الثقافية:

المتغيرات الثقافية هي ملامح ثقافية لم تستقر بعد، وقد تظهر في المجتمع بفعل رواد التغيير ، أو تكون وافدة على المجتمع من الثقافات الأخرى التي يتم الاحتكاك بها، وقد تجد هذه المتغيرات أو البدائل البيئة المناسبة لتنبت وتترعرع في المجتمع. إلا أنها لا تأخذ دورها كخصوصيات ثقافية ولا كعموميات. فهي ليست من العموميات بحيث يشترك فيها جميع أفراد المجتمع، وليست من الخصوصيات بحيث يشترك فيها فئة من أفراد المجتمع، وليست من الخصوصيات بحيث يشترك فيها أفراد طبقة أو أفراد مهنة معينة مثلاً وقد تتحول هذه المتغيرات أو البدائل على مر الزمن إلى خصوصيات ثقافية أو إلى عموميات، ومثالنا على ذلك اقتصار استعمال الحواسيب في الشركات الكبرى في بداية الأمر، ومع مرور الزمن وبعد ان أثبتت الحواسيب جدواها وأهميتها في الحياة العامة والخاصة، شاع استعمالها في البيوت والمكاتب والمدارس، وتحول استعمالها بالتالي إلى عمومية ثقافية.

وجدير بالذكر، أن بعض هذه المتغيرات أو البدائل الثقافية قد تجد مقاومة شديدة من قبل المحافظين في المجتمع، إلا أن صفتها التجديدية أو الإبتكارية تجعلها تتغلب على هذه المقاومة، وتتجذر في الثقافة وتصبح جزءاً لا يتجزأ منها، وقد يختفي بعضها الآخر لعدم ملاءمته للمجتمع وطبيعته. من هنا نرى أن دور التنشئة الاجتماعية والتربية يجب أن لا يقتصر على نقل الموروث الثقافي ونقده ومعالجته وتنقيته فحسب، وإنما يجب أن يمتد إلى مساعدة الفرد طفلاً كان أم راشداً على

تمحيص هذه المتغيرات أو البدائل الثقافية ونقدها وبيان إيجابياتها وسلبياتها، ومساعدته على فهمها والتكيف معها.

وبالإضافة إلى التقسيم السابق للعناصر الثقافية، هناك تقسيمات أخرى في هذا المجال، فقد قسم علماء الإنسان عناصر الثقافة إلى قسمين أساسيين، هما:

1- **العناصر المادية:** ويقصد بها ما أنتجه الإنسان، ويمكن اختياره بالحواس.
2- **العناصر غير المادية:** ويقصد بها العناصر التي تتضمن قواعد السلوك والأخلاق والقيم والعادات والتقاليد والأساليب الفنية التي تستعملها الجماعة.

تصنيفات الثقافة:

1- **المكونات المادية** : أو ما يطلق عليه القطاع المادي للثقافة (الأدوات، والأثاث، والملابس، والمباني، ووسائل النقل...ألخ)
2- **المكونات الاجتماعية:** أو ما يطلق عليه القطاع الاجتماعي للثقافة وأيضاً البناء الاجتماعي إذ يشمل مفهوم المجتمع على جانبين أساسيين وهما البناء الاجتماعي الذي تمثله العلاقات الاجتماعية المنظمة الثابتة نسبياً بين أفراد المجتمع، والجانب الثقافي الممثل في أسس تلك العلاقات والقواعد التي تقوم عليها.
3- **المكونات الفكرية:** أو ما يطلق عليه القطاع الفكري للثقافة (اللغة، والفن، والدين والعلم ، والعادات والتقاليد ...الخ).

- **مستويات الثقافة :** [1]

يمكن النظر إلى الثقافة على أنها نظام كلي ينقسم إلى أنظمة فرعية يطلق عليها المستوى الأول للثقافة، وتنقسم هذه الأنظمة الفرعية على أنظمة فرعية أخرى يطلق

(1) عمر احمد همشري، **التنشئة الاجتماعية للطفل**، المرجع السابق، ص: 195.

عليها المستوى الثاني للثقافة، وتنقسم هذه بدورها على أنظمة فرعية أخرى يطلق عليها المستوى الثالث للثقافة، وهكذا. وتستمر عملية انقسام النظام الكلي للثقافة إلى نظم فرعية (مستويات) صغيرة كلما أمكن ذلك، وبمعنى آخر فهناك ثقافة أم وثقافات متفرعة عنها، ولتأخذ على سبيل المثال الثقافة الشرقية التي هي جزء من الثقافة العالمية، إذ تنقسم إلى ثقافة صينية وثقافة هندية وثقافة باكستانية وثقافة عربية... ألخ (المستوى الأول). وتنقسم كل ثقافة من هذه الثقافات إلى ثقافات فرعية أخرى (المستوى الثاني)، وينقسم المستوى الثاني إلى مستوى ثالث ورابع.... الخ، وكلما أمكن ذلك. ولنأخذ الثقافة العربية على سبيل المثال التي هي ثقافة فرعية من الثقافة الشرقية ويمكن النظر إلها على أساس أنها ثقافة كلية إذا ما أخذت منفصلة عن الثقافات الشرقية الأخرى، وتنقسم الثقافة العربية إلى ثقافة أردنية وثقافة مصرية وثقافة فلسطينية وثقافة سورية وثقافة لبنانية وثقافة جزائرية .... ألخ، وإذا ما أخذنا الثقافة الأردنية مثلا فيمكن تقسيمها أيضاً إلى ثقافة الشمال وثقافة الوسط وثقافة الجنوب، أو ثقافة إربد وثقافة جرش وثقافة البلقاء الشمال وثقافة الوسط وثقافة الجنوب، أو إلى ثقافة أربد وثقافة البلقاء وثقافة الزرقاء وثقافة الكرك وثقافة معان وثقافة الطفيلة،.......الخ. وعلى هذا الأساس يمكن تحديد ثقافات فرعية في كل مجتمع وفقاً لمتغيرات عديدة كالعمر أو المستوى التعليمي أو المهني أو الانتماء الطبقي أو الديني أو غيرها، وبذلك تعد الثقافة الفرعية ثقافة قطاع متميز من المجتمع لها جزء ومستوى ما للمجتمع من خصائص

بالإضافة إلى انفرادها بخصائص أخرى كما هو مبين في الشكل رقم (3).

شكل رقم (3)
المستويات التركيبية للثقافة

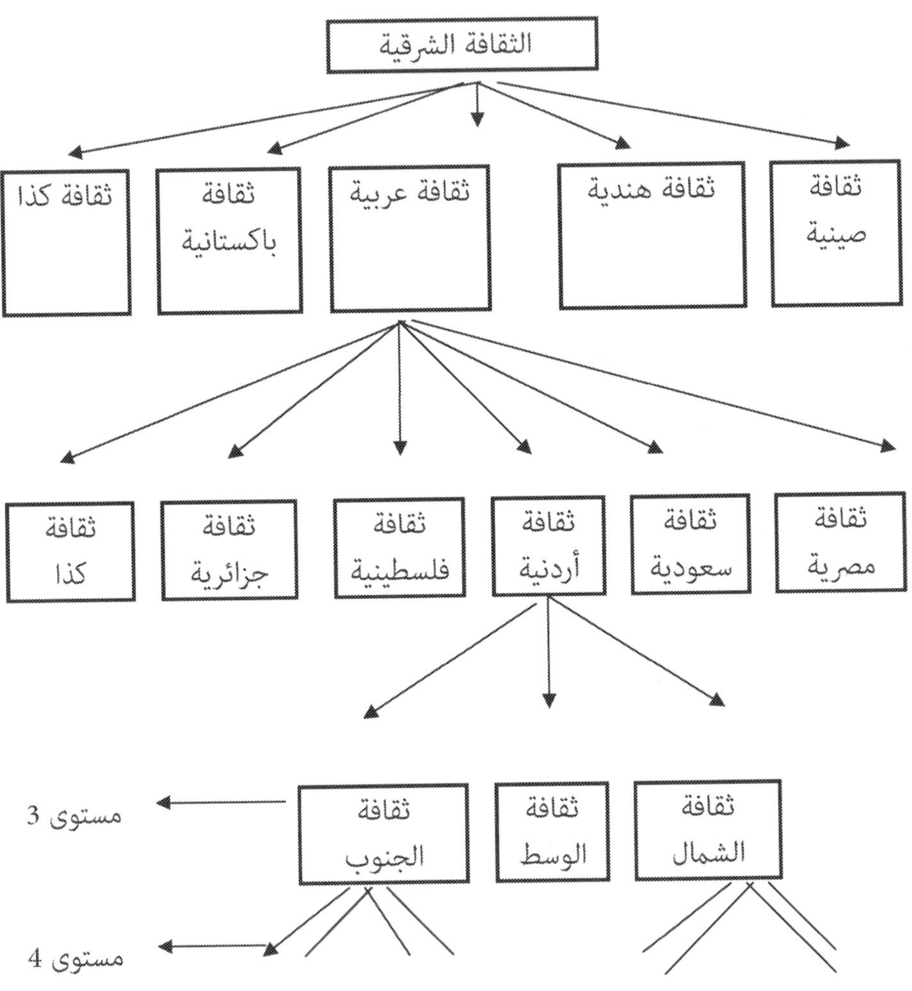

التكامل الثقافي Cultural Integration

إن الثقافة في حفظها لكيانها والمحافظة على نمطها العام تعمل على إدماج المتغيرات المختلفة في كيانها بحيث يقدر لها البقاء والاستمرار ككيان له نمط عام وهذا ما يسمى باسم تكامل الثقافة ، وبعبارة أخرى هو العملية التي يتم بها "اندماج عنصر ثقافي جديد في حياة جماعة من الجماعات سواء كان هذا العنصر الثقافي قد انتقل إلى هذه الجماعة عن طريق الاتصال بجماعة اخرى أو كان تجديداً من داخل الجماعة"[1]. ونسارع فنقول أن العناصر اللامادية يصعب اندماجها في الثقافة إذ أنها تحتاج إلى وقت وجهد أكثر مما تحتاجه العناصر المادية، والعناصر اللامادية ترتبط ارتباطاً كبيراً بنسيج الحياة التي يعيشها مجتمع من المجتمعات، وهذا التكامل معناه أن هناك قدراً معيناً من الانسجام الداخلي والارتباط الوظيفي بين عناصر الثقافة المختلفة وبالتالي بين عناصر المجتمع المختلفة ، يضمن للثقافة عدم انحلالها، لأن عدم وجود هذا التكامل في الثقافة يسبب اضطراباً للفرد ويفقد المجتمع كفاءته وتظهر داخل الجماعة. ومن مظاهر عدم التكامل في الثقافة أن يكون هناك نظام ديمقراطي يسود الناحية السياسية بينما تكون هناك اتوقراطية في الناحية الاقتصادية، والاقطاع والاستغلال في الناحية الزراعية، ولعل هذا هو الوضع في مصر قبل الثورة. أما من الناحية الاقتصادية فقد كانت تسودها الاتوقراطية والاستغلال والاحتكار وسيطرة رأس المال على جميع مقومات الحياة، وفي الناحية الزراعية ساد الاقطاع واستغلال الفلاح وزادت الملكية زيادة كبيرة كانت نتيجتها أن انحصرت الأراضي الزراعية في يد عدد قليل جداً من أفراد الطبقة الحاكمة، وهذا كله يدل على أن الثقافة المصرية لم تمتلك التكامل الثقافي الذي تتمتع به ثقافات أخرى كثيرة والذي تنشده الثقافات التي ترجو لنفسها الاستقرار والثبات[2].

(1) عبد الله الرشدان، **علم اجتماع التربية**، المرجع السابق، ص: 238-239 .

(2) ن.م .

وليس معنى التكامل الثقافي أن تظل الثقافة على حال واحدة من الجمود والثبات أو إن يكون التكامل تاماً، وإنما أيضاً أن الثقافة يمكن أن تمر بعملية تغيير وتحويل نتيجة مرونتها. وتتحدث روث بنديكت (Ruth Benedict , 1942) عن النمط الثقافي الذي يسود ثقافة من الثقافات فعندها نتفحص العناصر المكونة لمحتوى ثقافة ما، فإننا نجد أن هذه الثقافة تدور حول مركز معين هو النمط الثقافي . ولقد استطاعت الثقافات في جميع مستوياتها التطورية أن تحقق هذا التكامل، ولقد أجريت (بنديكت Benedict) بعض البحوث في هذا الصدد على أربع مجموعات بدائية من قبائل الهنود الحمر سكان السهول، وقبائل الزوني في الساحل الجنوبي الغربي، وقبائل الكواكيوتل في الساحل الشمالي الغربي والدبوان في ميلانيزيا.

وانتهت إلى أن النمط الثقافي العام الذي يميز كل ثقافة من هذه الثقافات هو على التوالي : الديونيزي أو المهووس، والابولوني أو المعتدل، وجنون العظمة، والنمط الشبيه بالفصامي الهذائي، وهذه الدرجة العالية من التكامل لا تستطيع أن تصل اليها جميع الثقافات.[1]

إلا أن عالماً أنثروبولوجيا آخر هو (أوبلر Opler) قد انتقد بنديكت في أن الثقافة لها طابع واحد تخضع له جميع أنواع السلوك الموجودة في المجتمع، وقال أن هناك محاور متعددة لكل ثقافة لا محوراً واحداً، وتبدو غالبية الثقافات كأنها غير متكاملة إذا أخذنا بنظرية بنديكت.

ويقدم اوبلر مثالاً لذلك عن المحاور والتعبيرات السلوكية المختلفة التي نتبعها في الثقافة عندما يصف ثقافة كريكاهوا أباتشي (Chricahua Apache)، فهو يقول أنه من بين المحاور الأساسية إن الرجال لهم السيادة على النساء من الناحية الفيزيقية

(1) أحمد الخشاب، **دراسات انثروبولوجية واثنوجرافية**، مكتبة الانجلوالمصرية، القاهرة، 1957، ص: 70 .

والعقلية والأخلاقية، فقادة القبيلة جميعهم من الرجال وجميع الوظائف المهمة يتولاها الرجال ، ويحتل الرجل على العموم مركز الاحترام والتقدير بالنسبة للمرأة.

والاختلاف بين النظريتين أن بنديكت ترى أن التكامل الثقافي يدور حول محور واحد، أما أوبلر فيرى أن التكامل الثقافي يدور حول محاور متعددة، أما إذا كان هناك محور واحد فهو من قبيل الاستثناء لا القاعدة.

مراحل التكامل الثقافي:

يمر التكامل الثقافي بثلاث مراحل حتى تصبح العناصر الجديدة جزءاً لا يتجزأ من الثقافة:

المرحلة الأولى: هي تقديم العناصر الجديدة للمجتمع وتعريفه بها عن طريق الوسائل العديدة ابتداءً من الاستعمال الفردي إلى استخدام حملات الدعاية، وقد يحاول الأفراد الذين لهم مصالح في بقاء الوضع الراهن أن يسدوا الطريق على العناصر الثقافية الجديدة في هذه المرحلة.

وقد تكون هذه المقاومة قوية قوة الإيمان بالقديم والشك في الجديد. وترجع مقاومة الأشخاص للتجديد المادي والاجتماعي إلى كونه خطراً يتهددهم ويهز كيانهم وتكامل شخصياتهم هزاً عنيفاً، ومنهم من يلجأ إلى الهروب منه ليريح نفسه من الاعتراف بالجديد ومناقشته، وهكذا فإن العاملين الأساسيين المعوقين لعملية تكامل العناصر الثقافية الجديدة هما: المجهودات القصدية الواسعة التي يقوم بها أصحاب المصالح الخاصة وكذلك جمود الأفراد الإنسانيين على نمط ثقافي معين أو ما يسمى باسم (Intertia).[1]

المرحلة الثانية: هي مرحلة قبول العناصر الثقافية الجديدة، والعناصر المعارضة السابقة تتجمع هنا لتحديد ومنع قبول العناصر الجديدة واستعمالها، وإذا ما مرت

(1) علي عبد الرازق الحلبي، **علم الاجتماع الثقافي**، المرجع السابق، ص: 189 .

العناصر الجديدة من المرحلة الأولى بسلام فإن عليها في هذه المرحلة أن تدعم قواها، وأن تثبت أن لها فائدة وأنها تحقق حاجة من الحاجات الأساسية في المجتمع. وعليها كذلك أن تكمل خوض المعركة ضد القديم ، وهذه المعركة التي لا تفتر في أية مرحلة من المراحل.

المرحلة الثالثة: هي مرحلة التكامل والاندماج، فإذا ما استطاعت العناصر الثقافية الجديدة أن تمر بالمرحلتين السابقتين بنجاح، فإن هذه العناصر الجديدة يجب أن تحتل مكانها في النمط الثقافي في زمان ومكان محددين، على أن عدم الوصول إلى التكامل الثقافي التام يسبب مشكلات اجتماعية خطيرة.

مكونات التكامل:

التكامل في الجماعة أو المجتمع، هو الرابط التي تربط الناس بعضهم ببعض، وهذه الروابط تختلف من جماعة إلى أخرى، ولهذا نجد جماعات تامة التكامل وأخرى غير تامة ، وليس معنى هذا أن هناك طرفين للتكامل، ولكن في الواقع نجد درجات متعددة. ومثال ذلك أن الأسرة تكون عالية التكامل من حيث الانتاج الاقتصادي، ضعيفة التكامل من حيث الروابط العاطفية، ما هي إذن المكونات التي تسهم في عملية التكامل؟

1- التكامل الآلي والعضوي:

يقال أن التساند الذي يترتب على تقسيم العمل يعتبر عاملاً تكاملياً، وخير ما نفهم به هذا الموضوع أن نبرز العوامل أو الأسباب التي تجعل الأفراد يبقون في الجماعة أو ينصرفون عنها وتعطينا الأسرة خير مثال على ذلك، ما الذي يقرر أن الرجال والنساء الذين تزوجوا سيبقون متزوجين؟ أحد العوامل هو كفاية تقسيم العمل بين الزوج والزوجة، لأن الزواج وإن كان علاقة جنسية، إلا أنه علاقة اقتصادية مهمة أيضاً، ولذلك كان الزواج تنظيماً فعالاً لاشباع الحاجات اللازمة

للبقاء. ومعنى ذلك أن تقسيم العمل في الأسرة وبالتالي في الجماعة أو المجتمع يؤدي إلى التساند، فأعضاء الجماعة الواحدة يحتاج احدهما للاخر ، والحاجة المتبادلة تربط الجماعة معاً. وقد أشار دور كايم إلى أن هذا النمط من التكامل الجماعي المترتب على تقسيم العمل يعتبر تكاملاً آلياً (Mechanical) وهناك نمط آخر من التكامل يحدث عندما يعمل الأفراد في عمل متشابه، فيسمى التكامل حينئذ تكاملاً عضويا(Organic) [1] والعمل المتشابه هنا هو العمل الذي تعمله جماعة معينة في مقابل عمل الجماعة الأخرى المختلف ، ولذلك فالآلية والعضوية هنا مقتصرة على الجماعة لا على المجتمع. لأن دور كايم (1955) يقصد عكس ذلك بالنسبة للمجتمع ككل.

وهناك ميل عام إلى اعتبار الأصدقاء أحسن الناس، وأبناء الثقافة التي ننتمي اليها أفضل البشر ، والمجتمع الذي نعيش فيه أفضل المجتمعات، ولكننا نلاحظ أن اشتداد هذا الميل أو ظهوره في اتجاهات السلوك يميز المجتمعات المنعزلة . ولذلك فإن الاتصال الثقافي بثقافات أخرى قد يعدل هذه الميول، عن طريق اطلاع الفرد على أنماط أخرى في الحياة قد تكون أفضل من نمطه عند المقارنة، وعند ذلك قد يؤمن الفرد بالنسبية الثقافية حين تقدر كل ثقافة في ضوء ظروفها وقيمها.

2- التكامل الاجتماعي النفسي:

ذكرنا سابقاًً أن التكامل قد يشتمل على اتفاق أو رضا عام حول معايير الجماعة، والرضا العام هو في الواقع ظاهرة اجتماعية نفسية ولكن هنالك ما هو أكثر من الرضا العام يشتمل عليه التكامل، هو ذلك الشعور بالاشباع والراحة الذي نسميه الروح المعنوية ، فالزوج مثلاً يرتبط بزوجته عن طريق اعتمادها الاقتصادي احدهما على الآخر، وعن طريق تعاليم الثقافة ازاء السلوك الزواجي. فإذا كانت الجماعة تعتقد أن الزواج رابطة لا ينبغي أن تفصم، اصبح الطلاق نادراً، ولكن هذه

(1)W.H Ogburn & Nimkoff: **Handbook of Sociology**, London: 1960, P:86-87.

الندرة لا تنطبق على حالات الانفصال، ولذلك فإن إمكانية الطلاق العاطفي برغم وجود الروابط الزواجية الرسمية ، يصور وجود العوامل الاجتماعية النفسية في التكامل، وإذن فالتماسك الجماعي يقوم إلى حد ما على الروح المعنوية وهي شعور يبني أساساً حول الإشباع أو عدمه.

العوامل المؤثرة في التكامل:

نعني بالعوامل المؤثرة في التكامل، تلك التي ترتبط بزيادة التكامل أو قلته، ونلخصها على النحو الآتي[1].

1- **حجم الجماعة:**

تعتبر الجماعة ذات الحجم الصغير أكثر تكاملاً من الجماعة ذات الحجم الكبير وهذا راجع إلى كثافة العلاقات في الجماعة الأخيرة واتساع مداها.

2- **التجانس:**

يرتبط حجم الجماعة بتضامن الجماعة على أساس كم التفاعل بطريقة مباشرة وعلى أساس فرص الاتفاق أو الرضا العام بطريقة غير مباشرة. ومن السهل أن نحصل على اتفاق في جماعة صغيرة ومن الصعب أن نحصل عليه في جماعة كبيرة، وهذا ما يجعلنا ندخل التجانس كعامل من عوامل التكامل في الجماعة، فالتجانس أكثر ظهوراً في الجماعة الصغيرة منه في الجماعة الكبيرة، والتجانس ينبع من التشابه، وخصوصاً التشابه في المهنة أو الأهداف أو التنظيم الأسري ، وينبع اللاتجانس من الاختلاف في هذه المسائل.

(1) محمد عاطف غيث ، **علم الاجتماع ،دراسات تطبيقية**. دار النهضة العربية للطباعة والنشر، بيروت ، 1974، ص 251-253.

3- **التنقل الفيزيائي :**

يعمل التنقل الفيزيائي ضد التكامل ، لأن التكامل يفترض البقاء في الجماعة او الرغبة في البقاء ، ولما كان التنقل عملاً يفرق الفرد أو الأفراد ويبعدهم عن الجماعة، فإنه يصبح بهذه المثابة عاملاً من عوام انعدام التكامل. وإذا كان التحرك يتجه إلى ترك ثقافة والانتماء إلى ثقافة أخرى فإن مشكلة التكيف للقيم الجديدة تصبح أهم موضوع يواجه الفرد. كما كان التحرك داخل النمط الثقافي قد يكون للحصول على الأصدقاء واكتساب المعارف الجدد.

يجب أن نميز بين نمطين في الهجرة، الأول عندما تهاجر جماعة بأسرها والثاني عندما يهاجر عضو واحد أو أعضاء متفرقون منها. ففي الحالة الأولى ولا سيما الجماعات المختلفة نسبياً لا تفقد الجماعة غالباً وكذلك الحال في الأسرة، والمشكلة هنا هي مشكلة التكامل في المنطقة الجديدة، وفي الحالة الثانية حين يكون المهاجر عضواً واحداً في الأسرة، تصبح حياته معرضة للاضطراب كما أن حياة أسرته تتعرض أيضاً لعدم الاستقرار.

التخلف الثقافي Cultural Lag:

عندما يصيب التغير المجتمع، فإن عناصره المختلفة تتغير بنسب متفاوتة. والعناصر التي يصيبها التغير بنسبة أقل من العناصر الأخرى توصف بأن لديها تخلفاً ثقافياً، وقد توصل اجبرن (1922) إلى صياغة هذا اللفظ عندما قال : "أن الأجزاء المختلفة للثقافة الحديثة لا تتغير بالسرعة نفسها. وحيث أن هناك ارتباطاً واعتماداً متبادلاً بين هذه الأجزاء، فإن التغير هو في جزء من ثقافتنا المترابطة"[1]، ومعنى هذا أنه إذا حدث تغير في ناحية معينة من نواحي المجتمع، فإن بعض النواحي الأخرى التي ترتبط بهذه الناحية المتغيرة، لا بد لها أن تتغير أيضاً ، فإذا لم تتغير تكون قد أصابها تخلف ثقافي .

---

(1)W.H. Ogburn : **Social Change**, New York: 1922,pp:200-201.

مكان التخلف الثقافي:

لو افترضنا أن هناك ثلاث مراحل ، يمكن تصورها ذهنياً في عملية التغير الثقافي، وإن تلك المراحل التصورية هي المرحلة الأساسية ،أي النقطة التي يبدأ منها التغيير، أن ثم المرحلة الانتقالية، ثم المرحلة النهائية، فإن التخلف الثقافي أو الهوة الحضارية تكون في المرحلة الوسطى، مرحلة الانتقال، ويمتاز التخلف الثقافي بصفة عامة بأنه مظهر من مظاهر عدم التكيف والتلاؤم مع الوضع الجديد، فلو تخيلنا الملاءمة السديدة أجوبة، وتخيلنا المواقف التي تنشأ عن تفاعل العلاقات الاجتماعية المختلفة أسئلة ، لوجدنا أن الأسئلة التي تنشئها العلاقات الجديدة الناجمة عن التغير لا تجد ملائمة. بل نجد أن الاجابات هي إجابات قديمة عن أسئلة لم يعد لها وجود، أسئلة أنشأتها علاقات انتهت وتغيرت، هذا التخلف الزمني بين التغير الاصلي والتغيرات الفرعية، والذي يمتاز فيها السلوك بعد المقدرة على التوافق ، ويفقد فيها النطق الاجتماعي المعايير والقيم والمقننة التي يستلهمها، هو الذي اصطلح على تسميته بالتخلف الثقافي[1].

فمثلاً حين قامت المصانع ، مضت فترة قبل أن تظهر قوانين العمل والعمال وقبل أن تتمكن من تحديد ساعات العمل أو تقرير التعويض عن الاصابات أو اتخاذ الوقاية الصحية، وذهبت ضحاياً كثيرة في فترة التخلف الثقافي بين قيام المصنع ووجود التشريعات والتنظيمات المنظمة للعمل. وما يزال المصنع يلائم نفسه وتظهر تأثيرات جديدة يتناولها الاصلاح وهكذا.

ومثال آخر ، فقد أدى انتشار الوعي الصحي، وفعالية الخدمات الطبية، علاجية ووقائية ، وديمقراطية توزيعها بحيث اصبح من السهل على أي مواطن إن يصيب منها، أدى ذلك إلى هبوط معدل الوفيات وخاصة بين الأطفال ، ومرت فترة تختلف ثقافي قبل أن يعرف تنظيم النسل باختراع موانع الحمل وهكذا.

---

(1) محيي الدين صابر: المرجع السابق ، ص:93.

عوامل التخلف الثقافي:

هناك عوامل كثيرة تؤدي إلى التخلف الثقافي، وهذه العوامل تنشأ أساساً من طبيعة الشخصية الاجتماعية التي هي إلى حد كبير نتاج ثقافي ، ومن هذه العوامل[1]:

1- **المحافظة على القديم:**

ففي كل مجتمع نجد قيماً اجتماعية معينة، تكون أهدافها ومعاييرها الاساسية ويكتسب الطفل هذه المعايير خلال علمية التنشئة الاجتماعية ، وتدخل هذه القيم في نسيج تكوين شخصيته وتصبح جزءاً لا يتجزأ من ذاته الاجتماعية، وهذه القيم الاجتماعية هي محور شخصيته، وكل تغير يهدد هذا القيم يصبح خطراً يهدد تكامل الشخصية ووحدتها.

2- **اختلاف سرعة التغير في عناصر الثقافة:**

تحدث التغيرات التكنولوجية بصورة سريعة في المجتمع ، ويتقبلها بسهولة لأن نتائجها واضحة وملموسة في تحسين مستوى المعيشة ورفع الأجر المادي، ولكن التغير في النواحي الفكرية والاجتماعية يقابل بكثير من الشك والحذر ، بل قد يلقى مقاومة إيجابية، ومما يساعد على اختلاف سرعة التغير في الميادين المختلفة ما يراه أصحاب المصالح الخاصة من توجيه العمل وتيسيره في ناحية والانحراف به وتعويقه في نواح أخرى تهدد مصالحهم الخاصة.

3- **المدة التي يستغرقها التخلف الثقافي [2] وطبيعته:**

يختلف الزمن الذي يستغرقه التخلف الثقافي، فقد يكون زمناً مناسباً ومعقولاً، وقد يمتد فيطول حتى يبلغ ألفي عام، مثل نظام التغذية الديني الذي التزمه قادة

---

(1) محمد لبيب النجيحي: المرجع السابق ، ص237.

(2) عبد الله الرشدان، نعيم جعنيني ، **المدخل إلى التربية والتعليم** ، دار الشروق للنشر والتوزيع عمان، 1999، ص :206-208.

دينيون رعويون في مجتمع قبل ألفي عام تقريباً، فإنه ما يزال متبعاً في هذا العصر الذي يقوم فيه الغذاء على أسس علمية تقدر القيمة الغذائية تقديراً علمياً وتصنف تصنيفاً كيميائياً دقيقاً.

أما من حيث طبيعة التخلف الثقافية فقد يكون هيناً أو مقبولاً يتحمله المجتمع ويجد له علاجاً لاصلاحه، مثل نقص ساعات العمل أو اتخاذ الوقاية الطبية اللازمة في المصانع وقد يكون من الخطورة بحيث لا تزيله وتبعده إلا ثورة أو حرب.

وتلك الجماعات المتخلفة نسبياً لا تفقد تكاملها ، وفي حالة هجرة فرد أو أكثر تصبح حياته معرضة للاضطراب، كما أن أسرته تتعرض أيضاً لعدم الاستقرار لافتقادها لهذا العضو أو ذاك.

4- **التثقيف (Enculturation)** ويعني أيجاد كل فرد ثقافته [1] ويتم من خلال مجموعة العمليات والمؤثرات التي تؤثر على الطفل (الكائن البيولوجي) وتجعل منه كائناً اجتماعياً، ويؤكد من تناول هذا الموضوع بالدراسة والبحث أن الأسرة هي الخلية الأولية في المجتمع، والأهم في عملية التثقيف. وخلال مراحل حياة الطفل ونموه شيئاً فشيئاً يبدأ في الابتعاد عن السلوكات البيولوجية والاقتراب من أنماط السلوك الثقافية. ومن الجدير بالذكر أن الطفل في سني حياته الأولي يمكن تثقيفه بثقافة جديدة لأن الثقافة لا تنتقل وراثياً بل هي مكتسبة واجتماعية.

وكل مجتمع من المجتمعات البشرية، من خلال عمليات التطبيع الاجتماعي يؤكد ضرورة تكيف أطفاله مع ثقافتهم الوطنية ، والتي تحتاج لجهود كبيرة والى زمن طويل وتدريب وتعلم مناسب ، إلى أن يصبحوا ناضجين وواعين وقادرين على التصرف بمعقولية تجاه ما تحدده وتتطلبه ثقافته الأصلية، وهم قادرون على التعلم والتثقيف بالثقافة التي يريدها لهم المجتمع، إذا توافرت الشروط الموضوعية والذاتية المناسبة.

(1) محيي الدين صابر: المرجع السابق، ص:93.

وبعملية التثقيف يتمكن الجيل الصاعد من التحكم في مجموعة كبيرة من سلوكاته وأفكاره وعاداته وقيمه... الخ ، التي لها علاقة قوية بالهوية الشخصية ووحدة الثقافة، وطرق الاتصال والتفاعل وإقامة علاقات اجتماعية كثيرة تتكون على أساسها العمليات الاجتماعية داخل محتوى الثقافة، وهناك قاسم مشترك للمعتقدات والسلوكات والقيم والعادات يجب أن تتوافر عند الإنسان ليصبح منتمياً لثقافة معينة، وإلا أصبح يعيش في حالة من الاغتراب الاجتماعي، ولكي يصبح الفرد كائناً اجتماعياً فإن عليه أن يتعلم ويقلد الأنماط والسلوكات والقيم الخاصة بالثقافة، وتكوين تفاهم مشترك بينه وبين أعضاء مجتمعه، وعلى هذا الأساس يكون أفراد ثقافة ما متشابهين إلى حد ما في الكثير من الصفات. ولكن لا يصل ذلك إلى حد التطابق الكامل.

5- التثاقف (Acculturation)

التثاقف هو عملية التغير من خلال الاتصال الثقافي الكامل، ويقصد بالاتصال الثقافي هنا: الاتصال بين ثقافتين الذي يؤدي إلى زيادة أوجه التشابه بينهما في معظم الميادين الثقافية وكان باول (Powell) أو من استخدم هذا المصطلح في عام 1880م للإشارة إلى الاستعارة الثقافية.

ويعرفه (هيروسكوفيتس) - أول من استخدم مصطلح التثاقف - بـ "الظواهر التي تنجم عندما يحدث اتصال مباشر ويستمر بين جماعات من الأفراد ذوي ثقافات مختلفة مع حدوث تغير في الأنماط الثقافية لإحدى الثقافتين أو لهما معا" ويؤكد بيلز إلى أن نمط التغير الناجم عن الاتصال بين الثقافة يسمى بالتثاقف. إذن يقصد بالتثاقف تأثير الثقافات بعضها ببعض نتيجة الاتصال بينهما أيا كانت طبيعة هذا الاتصال أو مدته. وقد عرف (رال لنتون وروبوبرت ردفيلد) التثاقف بأنه: "التغير الثقافي في تلك الظواهر التي تنشأ حين تدخل جماعة من الأفراد الذين ينتمون إلى

ثقافتين مختلفتين في اتصال مباشر، مما يترتب عليه حدوث تغير في الأنماط الثقافية الأصلية السائدة في إحدى الجماعتين أو فيهما معا.

وعرفه (راديكليف براون) بأنه " تغير الحياة الاجتماعية بفعل تأثر أو سيطرة الغزاة الفاتحين الأوروبيين، وخاصة في القارة الأفريقية وقد ارتبط هذا الدور بالبغي الأوروبي (الاستعمار)، وشكل معه وسيلة أساسية للسيطرة على الشعوب الأوروبية، إذ أن هناك فارقا كبير بين (Acculturation)
(Transchulturation) فالأخيرة تعني تبادلا متساويا، أما الأولى فتعني عملية نقل لثقافة معينة بل تفرضها؟".

هناك عدة تسميات له، مثل الاتصال الثقافي ، والامتزاج الثقافي، ويعني التغير الثقافي ، الذي يحصل في ظروف معينة عندما يحدث اتصال بين ثقافتين - أو أكثر- متناقضتين تناقضاً ظاهراً"[1]، وجميع المجتمعات في حالة اتصال مما يؤدي إلى تغييرات وعلاقات بين الثقافتين المتصلتين، مما يؤدي إلى تبادل وأخذ الكثير من العناصر الثقافية . ويتضمن التثاقف عدداً من المتغيرات والعمليات التي تؤثر على عملية التثاقف وهي[2].

- **درجة الاختلاف الثقافي** فيما يتعلق بالايدولوجيا والتكنولوجيا والبناء الاجتماعي والقيم ... الخ.
- **ظروف الاتصال وشدته:** فالاتصالات قد تكون ودية أو عدائية، وقد تتخذ شكل الاستعمار أو الاتصال على نطاق واسع. وحين يطول الاتصال مع مرور الزمن تختلف طبيعة التثاقف.
- **مواقف السيادة أو التبعية:** قد تستند إلى ميدان المساواة، ولكن المألوف أحياناً أن تحتل ثقافة معينة وضعاً مستبداً، بحيث تخضع للمجتمع التابع لممارسة القوة العلنية.
- **وسائط الاتصال** ومن أهمها البعثات التبشيرية والتجار والطلاب ورجال العلم.. الخ. والتي تؤثر على طبيعية عملية التثاقف.

(1) فهمي سليم الغزاوي وآخرون ، **المدخل إلى علم الاجتماع**، دار الشروق ، عمان: 1992، ص:185.
(2) ن.م.، ص:186.

- **اتجاه التدفق :** ويعني إلى أي مدى يتخذ تدفق التجديدات طريقاً واحداً وهل يتم بطريقة تبادلية بين فئات الثقافتين المتصلين ؟ ويترتب على المتغيرات السابقة نتائج تتمثل في إحلال بعض السمات أو المركبات الثقافية الجديدة مكان القديمة، أو إضافة الجديدة مع القديمة، وهنا تتعايش السمات القديمة والجديدة، أو التوافق الذي يحصل بواسطته اندماج السمات الثقافية الجديدة والسمات القديمة ، لتشكل نسقاً رئيسياً أو فرعياً جديداً، فيحصل ما يسمى **بالتجديد** وهو التوصل إلى بناءات ثقافية لها جذور في أي ثقافة من الثقافات المتصلة. وقد يحصل اندماج وخاصة عندما تفقد ثقافة معينة استقلالها ، ولكنها تظل قائمة كثقافة فرعية معزولة داخل الثقافة الكبيرة.

وقد تحصل أحياناً عمليات تفكك ثقافي حين يؤدي الاتصال إلى فقدان جانب من الثقافة دون ظهور جانب يحل محله، أو يحصل انقراض حيث تفقد ثقافة معينة أفرادها ولا تستطيع أن تؤدي بعد ذلك وظيفتها.

إن عملية التثاقف لا تتم في جانب واحد من الثقافتين المتصلتين ببعضهما، فعلاقات التفاعل متبادلة بين الثقافتين ، ولكن تعصب المجتمعات الصناعية جعل باحثيها يصورون أن العلاقة ليست تبادلية، حيث يؤكدون على أن ثقافتهم المتقدمة هي التي تعطي فقط ولا تأخذ ولكن الأبحاث المحايدة أظهرت بوضوح خطأ هذه

التصورات ، حيث بينت أن الكثير من العناصر الثقافية في المجتمعات المتقدمة استعيرت بالفعل من الشعوب النامية . فأخذت أمريكا الكثير من العناصر الثقافية من الهنود الحمر مثل: استعمال السجاد والصوف والفضة، كما أخذوا عن الأفارقة موسيقى الجاز وغيرها [1].

(1) عبد الله الخريجي، **التغير الاجتماعي والثقافي**، جدة ، 1983، ص: 112 .

مراجع الفصل الخامس

أولاً: مراجع باللغة العربية:

- أبو عمشة، إبراهيم صقر، **الثقافة والتغير الاجتماعي**، بيروت: دار النهضة العربية: 1981.
- إبراهيم، سعد الدين، **الانتلجنسيا العربية**، منتدى الفكر العربي، عمان: 1988.
- الخريجي، عبد الله، **التغير الاجتماعي والثقافي**، جدة، 1983 .
- الرشدان، عبد الله، **علم اجتماع التربية**، دار الشروق ، عمان:1999.
- الرشدان، عبد الله، نعيم جعييني، **المدخل إلى التربية والتعليم**، دار الشروق للنشر والتوزيع، عمان:1999.
- الشرابي، هشام، **مقدمات لدراسة المجتمع العربي**، الأهلية للنشر والتوزيع، بيروت: 1977.
- صابر، محي الدين، **التغير الحضاري وتنمية المجتمع**، مركز تنمية المجتمع في العالم العربي، سرس الليان ، القاهرة:1962.
- العادلي ، فاروق محمد، **التربية والتغير الاجتماعي** ، دار الكتاب الجامعي- القاهرة : 1990.
- الغزاوي، فهمي سليم، وآخرون، **المدخل إلى علم الاجتماع**. دار الشروق، عمان:1992.
- غيث، محمد عاطف، **علم الاجتماع: دراسات تطبيقية**، دار النهضة العربية للطباعة والنشر، بيروت : 1974.

- غيث، محمد عاطف، **قاموس علم الاجتماع**، الهيئة المصرية العامة، القاهرة: 1980.
- ناصر، إبراهيم، **علم الاجتماع التربوي** ، دار الجيل عمان: 1991.
- النجيحي، محمد لبيب، **الأسس الاجتماعية للتربية**، مكتبة الانجلو المصرية، القاهرة:1976.
- همشري، عمر احمد، **التنشئة الاجتماعية للطفل**، دار للنشر والتوزيع، عمان :2003.

ثانياً: مراجع باللغة الانجليزية:

- Dorothy Lee, **Freedom and Culture**. Free Press, N.Y., 1965.
- Horton, Paul ,and Hunt, Chester, **Sociology**. PrenticeHall, N.J., 1972.
- Murdock, George, **Uniformities of Culture**, American Sociological Review, 5, (1940).
- Ogburn , W., & , Nimkoff,. H., **Handbook of Sociology**. London,: 1960.
- Ogburn; W. **Social Change**. Macmillan Company, N.Y., 1:1922.

الفصل السادس

رؤى وتصورات ودراسات عربية مستقبلية في التغير الاجتماعي والثقافي

مقدمة

إن التغير الاجتماعي عملية مستمرة فإذا كانت المجتمعات قد تطورت عبر تاريخها الماضي والحاضر فإنها تستمر في التغير مستقبلاً وأن نظريات التغير الاجتماعي قد أكدت - بصورة مختلفة - على مفهوم الزمن المستمر الذي لا ينقطع وليست له نهاية محددة. ومن ثم فإن الحياة الاجتماعية تنبئ دائماً عن متغيرات جديدة وتتوالى فيها الأحداث على اختلاف أنواعها وتتفجر فيها ثورات تكنولوجية واقتصادية وسياسية، وتتفجر فيها أيضاً صراعات مختلفة ولذلك فإن الحياة الاجتماعية تستمر دائمة التدفق والتغير.

ولقد كانت العلوم الاجتماعية حتى وقت قريب تكتفي برصد التغيرات الماضية والحاضرة في تاريخ المجتمعات أو بتطوير نظريات تفسر طبيعة التغير من خلال ما هو متاح من مادة حول ماضي المجتمعات وحاضرها. ولكن القائمين على شؤون العلوم الاجتماعية وعلى شؤون الاقتصاد والسياسة في عالمنا المعاصر قد هالهم تراكم التغيرات السريعة التي تضرب هذا العالم وتتسبب في

تفاقم مشكلاته يوماً بعد يوم. ووجد هؤلاء أن هناك آفاقاً في العلم يمكن أن تفتح للمشاركة في وضع حلول لمشكلات خلقها الإنسان بنفسه من فرط إسرافه في أحكام العقل والسعي نحو التقدم، وأصبح المستقبل يحمل في طياته خطراً يهدد حياة الإنسان وإنجازاته. وجاءت علوم المستقبل لكي تطرح أمام الإنسان صيغا بديلة لمستقبله بحيث تجعله أكثر آماناً وأقل خطراً. فإذا كان الإسراف في استخدام العقل والسعي نحو التقدم هما السبب في مشكلات العالم المعاصر، فان مشكلات هذا العالم لا يمكن أن تحل إلا باستخدام العقل ذاته والغرض ذاته نعنى السعي نحو التقدم. أن الدراسات المستقبلية هي محاولة - باستخدام معطيات العلم والعقل - نحو خلق مستقبل أفضل للبشرية ونحو ضبط التغيرات الاجتماعية والاقتصادية التي أدت إلى ما نحن فيه من مشكلات.

لقد تزايد الاهتمام بدراسات المستقبل، وجاء هذا الاهتمام كنتيجة لكثرة المشكلات الاجتماعية والاعتقاد بأن هذه المشكلات كانت نتيجة لقرارات خاطئة أخذت في الماضي، وقد بدأ هذا الاهتمام من الوعي بأن مستقبل الشعوب لا يجوز أن يترك للصدفة بل أن الشعوب يمكن أن تختار مستقبلها، ولعل هذا هو الذي دفع البعض إلى النظر إلى المستقبل باعتباره مشكلة اجتماعية، فالعالم الذي نعيش فيه يعج بالمشكلات مثل النمو السكاني الهائل أو الانفجار السكاني، وسباق التسلح، والتلوث الذي يهدد الجنس البشري، والتعصب العنصري، وإذا ما استمر الحال على هذا النحو فإن المستقبل يمكن أن يأتي بمشكلات متزايدة. وهذه المشكلات وغيرها يمكن أن تستمر وتتفاقم ويصبح التغلب عليها أو التحكم فيها أمراً بعيد المنال. في هذه الحالة يصبح المستقبل مشكلة أو يصبح بمعنى آخر قضية من القضايا التي يجب أن تشغل الناس بعامة والمتخصصين منهم في العلوم الاجتماعية بخاصة.

وأولى هذه الدراسات دراسة حليم بركات **بعنوان: "تغير الأحوال والعلاقات في المجتمع العربي" (1999)** [1]

تركز هذه الدراسة على فهم واقع المجتمع العربي وتغييره في مسألة الإندماج الاجتماعي وتحقيق تعددية الواحد عن طريق إلغاء تمركز السلطة والثروة في ايدي قلة من الأفراد والجماعات على حساب الآخرين والمجتمع، كما يبحث ايضاً في اعادة توزيع السلطة والثروة وترسيخ قيم المساواة والعدالة والحرية والعلاقات الأفقية التي تنزع نحو روح التعادل والزمالة، كبديل للعلاقات العمودية السائدة في الوقت الحاضر والتي تتسم بالنزوع.

كما يتعلق هذا البحث بمفهوم التغيير التجاوزي أي التغيير الثوري الشامل أو التغير في مختلف جوانب الحياة الاقتصادية والاجتماعية والثقافية، وذلك في ضوء تفاعل العلم والفن والفلسفة بدلاً من تجزئة المعرفة الانسانية كما هو حاصل في الأمن الحاضر.

وكي نتمكن من أن نرسم اطاراً عاماً لعملية التغيير التجاوزي في المجتمع العربي في نهاية القرن العشرين ونحن نقترب من أفق بدايات القرن الواحد والعشرين، نتوقف عند جوانب اساسية من الواقع العربي الحاضر - أي حالة الاغتراب، وأزمة المجتمع المدني، ومسألة العولمة، وفشل مختلف نماذج التنمية الاقتصادية التقليدية ومخططاتها ومشاريعها الاعتباطية - تمهيداً لتقديم تصور بديل للمستقبل العربي يستند إلى مقولات التغيير التجاوزي أو التحول الثوري والتنمية البشرية المستدامة الشاملة عن طريق تنشيط المجتمع المدني، الذي هو في صلب قيام ديمقراطية تنبثق من الواقع الاجتماعي العربي وتوازن بين الحرية والعدالة الاجتماعية كما بين التعدد والتوحد.

---

(1) حليم بركات، **المجتمع العربي في القرن العشرين تغير الأحوال أو العلاقات**، مركز دراسات الوحدة العربية، بيروت : 2000 ص:11-13.

في مثل هذه الديمقراطية المتوازنة الخلاقة قد نجد لأنفسنا محوراً ونقاط ثبات نسبية غير مطلقة تقبل التحرك والتحول والتغير فتتجاوز ذاتها وواقعها من دون أن تفقد توازنها وسيطرتها على مصيرها.

ثانياً: دراسة فاطمة الزهراء اورزويل، بعنوان: **المجتمع العربي القديم والابداع النسائي (1996)** [(1)]

المجتمع العربي القديم والإبداع النسائي :

يهدف هذا البحث إلى كشف ملامح الابداع النسائي في مجال الشعر، كشكل ثقافي ساد المجتمع العربي القديم، حيث ساهمت المرأة في انتاجه، وحملت تصوراتها ومواقفها من العالم والأشياء. الهدف من اختيار الشعر هو ابراز موقف المجتمع العربي من مساهمة المرأة في الميدان الثقافي، على أساس أن ابداعها الشعري كان تعبيراً عن الذات النسوية المتميزة من جهة، وعن الواقع الاجتماعي الذي مارس رقابته على هذا الابداع وحدد مساره من جهة ثانية.

لقد انتجت المرأة العربية الشعر في ظل شروط ذاتية وموضوعية، فحددت المواضيع التي تناولتها، وحاولت كشف جانب من التصورات السائدة في المجتمع العربي القديم عن قيم الذكورة والأنوثة وادوار الجنسين، واستنطاق الشعر النسائي الذي كان اسير هذه التصورات، التي تحكمت في نظرة المبدعة لذاتها، ومن ثم انعكست على ابداعها.

كيف اقتحمت المرأة مجال الابداع في مجتمع أبوي تسيطر عليه قيم الذكورة؟ كيف تقبل المجتمع مساهمتها؟ لماذا تباينت مواقف الوسط العربي تجاه المرأة التي انتجت الشعر والمرأة التي احترفت الغناء؟ هل كان الابداع النسائي اداة تجاوز وتحرر

(1) فاطمة المرنيسي وآخرون ، **صور نسائية**، ترجمة جورجيت قسطون ، المكتبة العربية، القاهرة: 1996، ص:153.

أم العكس؟ هل غير نظرة المرأة إلى ذاتها وساهم في تطوير علاقتها بالعالم؟ هذه التساؤلات يطمح البحث في الاجابة عنها.

الواقع، فان هذا البحث ينطلق من هاجس الاهتمام بقضايا النساء في المجتمع العربي القديم من وجهة نظر نسوية عربية معاصرة، بهدف كشف التصورات التي تشكلت في ظل شروط تفصلنا عنها عدة قرون، ولكنها استمرت تمارس تأثيرها على الواقع العربي طيلة تاريخه. أن البحث عن هذه الجذور، يشكل مدخلاً ضرورياً لفهم الواقع النسائي العربي الراهن في ارتباطه بتراثه وحاضره على السواء، ونقطة التقائه وتمايزه مع واقع النساء في مجتمعات مغايرة، حتى نتجاوز النظرة الاحادية السائدة التي تفسر معطيات الواقع النسائي العربي المتأثر بعوامل خارجية (تأثير الغرب والمؤسسات الحديثة على الأسرة والمرأة..) دون إعطاء اهمية للشروط الذاتية التي تشكل ذهنية ونفسية الإنسان العربي رجلاً كان ام امرأة، وتحدد سلوكه ومواقفه التي قد تتناقض كثيراً مع مظاهر التحديث التي غزت حياته في مختلف المجالات.

كان المجال الثقافي العربي مقتصراً على الذكور فقط، لا دخل فيه للنساء إلا نادراً، لذلك فإن المجتمع العربي الذي فتن بالشعر وقدس مبدعيه، ابى على الشاعرة هذه القدسية، فكانت رحلتها في عالم الشعر عسيرة، وخاضت صراعاً من أجل اثبات الوجود والموهبة، وتحطيم النظرة المحقرة للمرأة وعدم الاعتراف بها كمبدعة. وبالتالي كانت انطلاقتها مأساوية في بدايتها، لأن الوسط وقف ضدها، واذا اعترف بها فهو يحرمها المساواة بالرجل .

أن التصورات الأبوية السائدة في المجتمع العربي القديم لا تزال فاعلة في واقعنا الراهن، هذا الواقع الذي ظل في تطور بطي، وتفاعلات المرأة فيه كفيلة بتبديل التصورات حولها وحول اسهامها في الثقافة والإبداع والسياسة[1].

(1) فاطمة المرنيسي وآخرون، **صور نسائية** : ترجمة "جورجيت قسطون، المرجع السابق، ص:166 .

ثالثاً: دراسة عبد الباسط عبد المعطي **بعنوان: "التغير الاجتماعي في قرية ليبية" 1994** [(1)]

دراسة ميدانية لقرية البردي التابعة لمدينة طبرق والتي اهتمت بدراسة التغير في النظام الاجتماعي الذي ركز على ملامح التغير من خلال خمسة وجوه: التنشئة الاجتماعية ونظام التعليم، والزواج، والعلاقات الاجتماعية، ومشكلات الصراع وعلاقات التعامل.

بينت الدراسة أن هنالك تغيراً في نظام الزواج الذي فضل الزواج الخارجي على الزواج الداخلي بعد أن كانت القرية تنتمي إلى المجتمع الريفي والصحراوي والقبلي الذي يفضل نظام الزواج الداخلي. كما اظهرت الدراسة أن هنالك علاقات اجتماعية مجمعة كالتعاون وعلاقات اجتماعية مفرقة كالصراع.

رابعاً: دراسة نعيمة عبد الله حسين، **بعنوان: "التغير الاجتماعي والتباين القيمي"، (1994)** [(2)] **"دراسة ميدانية" .**

أظهرت هذه الدراسة أن للتعليم دوراً كبيراً في إحداث عملية التغير، وللتعرف على فوائد التعليم فقد كشفت لنا معطيات هذه الدراسة الميدانية، أن (59.5 %) من أفراد العينة أكدوا أن التعليم يساعد الشباب على تحمل المسؤولية، تليها نسبة من أكد أن التعليم يوفر الكوادر الوطنية للمجتمع حيث بلغت نسبتهم (48.0%)، أما من أكدوا أن التعليم يساعد على تطوير الوعي عند الشباب فقد بلغت نسبتهم (48.0%)، أما من أكدوا أن "التعليم يساعد على تطوير الوعي عند الشباب فقد بلغت نسبتهم (42.9%). ونلاحظ هنا أن الفوائد السابقة أكد عليها أفراد العينة بنسب عالية، وهذا يدل على ادراكهم لأهمية التعليم ودوره في احداث تغيير ايجابي في المجتمع.

(1) أحمد بيلي، **النظام السياسي والتغير الاجتماعي** ، مكتبة النهضة المصرية ، القاهرة: 1999، ص:117

(2) محمد أحمد الزعبي، **التغير الاجتماعي** ، مطبعة الداودي ، دمشق: 2000، ص:183

كما اتضح أن (37.7%)، من أفراد العينة اكدوا أن التعليم ساعد الشباب على الإبداع والابتكار "يلي ذلك نسبة من أفراد العينة بلغت (36.9%)، أكدت أن التعليم ساعد الشباب على شق طريقه في الحياة" في حين أكدت نسبة من أفراد العينة بلغت (27.0%)، أن التعليم قادر على تغيير المجتمع وتحديثه.

خامساً: دراسة مجد الدين عمر خيري **بعنوان: "الأسرة النواة الأردنية وتحليلها في مدينة عمان"** (1994) [(1)]

وقد ركز الباحث على جانبين : الجانب الأول يتعلق بالخصائص والمميزات البنائية التي تتصف بها الأسرة النواة الأردنية، وهي خصائص تميزها عن الأنماط الأسرية الأخرى في المجتمع، وتتعلق هذه الخصائص بأمور مثل درجة التعليم، والمستوى الاقتصادي ، والحجم، ودرجة التماسك الداخلي، والرعاية الاجتماعية للأقارب.

أما الجانب الثاني فيتعلق بأنماط العلاقات الاجتماعية المختلفة التي تعيشها الأسرة النواة مع الأقارب ومع الوحدات الاجتماعية الأخرى كالجيران والأصدقاء، وزملاء العمل. ويوضح لنا هذا الجانب أن الأسرة النواة الأردنية المدروسة، مثلها مثل الأسر النواة في مجتمعات عربية اخرى ليست منعزلة أو معزولة اجتماعياً؛ بل، على العكس ، فهي تعيش علاقات اجتماعية واسعة وبناءة مع أسرة كل من الزوج والزوجة ، ومع الأقارب الآخرين، خصوصاً اخوة كل من الزوج والزوجة. اضافة إلى ذلك، فهي تعيش علاقات اجتماعية واسعة مع وحدات من غير الأقارب مثل الجيران، وزملاء العمل، والأصدقاء. وهذه العلاقات تعمل على دمج الأسر النواة بعضها ببعض، كما تعمل على دمجها في المجتمع كافةً. ولا شك أن تحليل هذين الجانبين يسد ثغرة واسعة في الأبحاث والدراسات حول الاسرة الأردنية؛ كما يسد نقصاً واضحاً في المكتبة العربية .

(1) مجد الدين عمر خيري، **الأسرة والأقارب**، منشورات الجامعة الأردنية ، عمان،1994، ص:9-11.

خلصت الدراسة إلى أن الأسرة النواة المدروسة، تتميز بخمس خصائص بنائية رئيسية تتعلق بجوانب معينة مثل المستوى التعليمي - الاقتصادي المرتفع . وتتعلق بجوانب مثل الحجم، والسكن المستقل عن اسرتي التوجيه، والزواج القرابي، ورعاية الأقارب، والتماسك الداخلي. كما خلصت إلى توضيح العلاقة بين هذه الخصائص البنائية وطبيعة المجتمع الحضري الحديث في الأردن، خصوصاً ما يتعلق بتركيز المجتمع الحضري الأردني على الحراك المهني والجغرافي، وعلى حصول الأفراد على تدريب طويل الأمد ليتمكنوا من تأدية ادوارهم في النظام البيروقراطي - الصناعي المتزايد النماء.

كما اظهرت الدراسة أن الأسر النواة الأردنية المدروسة مع الوحدات غير القرابية المذكورة اعلاه تتقدم احياناً على علاقاتها مع وحدات قرابية مثل الخالات، والعمات، واولاد الخال، وأولاد الخالة، وأولاد العم .. الخ. وتشير النتائج الميدانية المعروضة إلى أن هذه العلاقات تتأثر بالمعايير الاجتماعية وبعوامل تتعلق بالقرب الجغرافي وتشابه النظرة إلى الحياة، اكثر من تأثرها بالعوامل الاقتصادية الصرفة.

سادساً: دراسة هشام الشرابي، **بعنوان: "النظام الأبوي وإشكالية تخلف المجتمع العربي"، (1991)** [1]

والتي تصف مفهوم النظام الأبوي أو البنية الأبوية عن نموذج الأبوية كما عهدته (وتعهده)المجتمعات القديمة أو التقليدية السابقة لعصر ـ الحداثة، في بناه السياسية والاجتماعية والنفسية . يشير الشرابي إلى نظامين مترابطين لا إلى نظام واحد، النظام الأبوي التقليدي أو القديم، والنظام الأبوي الجديد أو المستحدث. والنظام القائم في المجتمع العربي اليوم ليس نظاماً تقليدياً بالمعنى التراثي ، كما انه ليس معاصراً بالمعنى الحداثوي، بل هو خليط غير متمازج من القديم والحديث، من التراثي والمعاصر: نظام غريب يختلف عن أي نظام آخر.

---

(1) هشام الشرابي، **النظام الأبوي وأشكالية تخلف المجتمع العربي**، مركز دراسات الوحدة العربية، بيروت: 1991، ص:5-17.

قال الشرابي لقد حدث تغيير كبير في المجتمع العربي من جراء اصطدامه بالحضارة الغربية الحديثة. إلا أن هذا التغيير لم يؤد إلى استبدال النظام القديم بنظام جديد، بل فقط إلى تحديث القديم دون تغييره جذرياً، فانبثق عنه النظام الأبوي المستحدث وحضارته المخضرمة التي نعيش في ظلها. يدعى هذا النظام الفريد من نوعه التراث والحداثة معاً واللذان يشكلان المقولتين التحليليتين الرئيسيتين لواقع التخلف العربي ونظامه الأبوي المستحدث .

كما يسعى هذا البحث إلى تحليل النظام الأبوي (المستحدث) كنظام اجتماعي، من خلال نظام السلطة القائمة فيه وفي بناه المختلفة (من العائلة إلى الدولة)، ويسعى من ناحية اخرى إلى الأخذ به، على انه نظام ذهني (أو نفسي-)، من خلال العقلية السائدة فيه والمتمثلة في انماط خطاباته وممارساته الفردية والجماعية.

يرى الشرابي أن حجر الزاوية في النظام الأبوي (والأبوي المستحدث) يقوم على استعباد المرأة، ونفي وجودها الاجتماعي كإنسان والوقوف بوجه كل محاولة لتحريرها، وانه ليس للأنوثة من وظيفة فيه إلا تأكيد تفوق الذكر وتثبيت هيمنته.

وعليه فإذا كان لهذا المجتمع أن يبقى وان يستمر فلا بد من تغييره تغييراً جذرياً شاملاً. كما أنه يحتاج إلى رؤية بعيدة المدى وإلى نوع من الممارسة الجماعية التي لا تنتهي. هذا التغيير يتخذ الزمن اطاراً له ويستمر في مراحل تتراكم فيها نتائج الأعمال التي نقوم بها أفراداً وجماعات، إلى أن تتحول الكمية إلى نوعية فيصبح التغيير جذرياً شاملاً.

إن الثورة الحقيقة في العصر الجديد الذي نحن على اعتابه هي ثورة النفس الطويل. ودون ثورية النفس الطويل لن يحدث تغيير حقيقي بل مجرد طفرات مؤقتة وتغييرات لا تلبث أن تزول. ولن يكون هناك تغيير أو تحرير دون إزاحة الأب رمزاً وسلطة، وتحرير المرأة قولاً وفعلاً.

سابعاً: دراسة أحمد ظاهر، التي قامت على "**فكرة إبراز دور التعليم في تغير اوضاع المرأة في الخليج "(1988)** [1]

على فرضية أن التعليم يتيح مزيداً من الفرص أمام المرأة للمشاركة في الحياة العامة وفي عملية التغير ذاتها، فضلاً عن أنه يغير من مكانتها داخل الأسرة وبالتالي مشاركتها في صنع القرار كما اكدت هذه الدراسة أن التعليم النظامي فتح أمام المرأة الخليجية.

ثامناً: دراسة حسن الساعاتي **بعنوان: "الشباب في مجتمع متغير"، (في مصر) (1988)** [2]

تهدف إلى توضيح حياة الشباب في مجتمع اليوم المملوء بالمتاعب والمصاعب. الشباب هم اولئك الذين تتراوح أعمارهم بين خمسة عشر عاماً وعشرين عاما، وان سن الخامسة عشرة هو سن المراهقة الذي يتسم بالنضج الجنسي بيد أن هذه السمة، وان كانت رئيسية، إلا أنها ليست كافية اذا لم ننوه بأنه العمر الذي لا يتحقق فيه الزواج، لأن الشباب، في هذه السن، في مرحلة اكتساب المعرفة في دور العلم لكي يكونوا مهيئين بعد ذلك للحصول على وظيفة تمكنهم من الحياة والزواج في مستقبل الأيام، وهذه الحقائق تتشكل عن حياة الشباب في مواقف متناقضة، لأنهم ناضجون جنسياً على الرغم من انهم غير ناضجين اقتصادياً.

إن تعريف الشباب ليس كاملاً إن لم ندخل الجانب السيكولوجي. فالشباب سيكلوجياً، جسور ومتمرد ومشاكس بحكم قوته البدنية وخبرته الهزيلة، ومغامر ومتعجل في اتخاذ القرار من غير بصيرة، ثم هو مثالي ومتعصب لقلة خبرته في

(1) يوسف خضور، **التغير الاجتماعي بين النظرية والتطبيق**، منشورات جامعة دمشق، دمشق: 1994، ص:295.

(2) مراد وهبة ، **الشباب والمثقفون والتغير الاجتماعي** ، مكتبة الأنجلو المصرية، القاهرة: 1988، ص:113-115.

المواقف التي لا تتحمل الحسم. وفي النهاية الشباب قلق وكاره لأي روتين. وهذا يفسر لنا رغبته الجادة في تبنى التطرف في الملبس، والصخب في الموسيقى، والخروج على التقاليد المرعية في العلاقات الاجتماعية .

وهذا التعريف البيولوجي السيكولوجي الاجتماعي للشباب هو تعريف معقد بل معضل وذو ابعاد، ونؤثر عليه تعريفاً موجزاً فنهيب بالتعريف الاجرائي فنقول انه سن الشباب وهذا التعريف يفضي بالباحث إلى استدلال، (بفضل خبرة الأنا - الآخر) ما يراه ملائماً. وأيا كان الأمر، فقد اثبت الشباب وجودهم، اذ هم يشكلون قطاعاً ضخماً من السكان سواء على المستوى القومي أو الدولي. وهم لهذا يستحقون الالتفات اليهم والاهتمام بهم، ليس لمجرد كثرتهم، ولكن ايضا لدورهم في التطور الاجتماعي.

وهذا يفضي إلى مناقشة القدرات الأساسية للشباب، إذا أننا قد تجاهلنا بعضاً منها، وقد تم هذا التجاهل حتى من اولئك المحتكين بهم، وقد كان هذا هو مسلك جيل الكبار الذي همش الشباب. وشباب اليوم لهم قدرة على مواصلة التعلم بمعونة وسائل الاعلام الجديدة، ولهم ميل وقدرة على تكوين علاقات اجتماعية متباينة وذلك بمعونة الفرص التي تسمح لهم بالانخراط في مواقف الحياة المتباينة في غير ما قيد، ثم انهم في حيوية متجددة وحركة متصلة، ويتمتعون بغذاء صحي في مجتمع الرفاهية، ولديهم قدرة ابداعية هائلة، ورغبة لإثبات وجودهم بفضل ما ينجزونه من أعمال يتصورون انها هامة.

والآن يمكننا أن نتصور مشاعر الشباب، بكل ما يملكون من خصائص وقدرات، وهم يحيون في مجتمع رأسمالي سريع التغير. فمما لا شك فيه انهم يشعرون بالضآلة والحرمان والمرارة، وانهم مكبلون وهامشيون. ومن ثم يشعرون بالاحباط والاغتراب في بيوتهم وفي مجتمعهم. وعندما تختلط هذه المشاعر كلها، في مرحلة

النمو، فالنتيجة الحتمية شعور، مـن غـير شـك ، بتـوتر رهيـب، وقلـق مـريض بدرجات متفاوتة.[1]

ومن الأهمية بمكان مناقشة تعبير الشباب الذي يعاني من هذه الأمـراض، سـواء كان هذا التعبير شعورياً أو لا شعورياً، تعبيرا يتخذ اساليب متباينة بسـلوك ذاتي هـادئ، بغض النظر عما اذا كانت هذه الاساليب مقبولة أو مرفوضة من المجتمع، أو مـن جيـل الكبار. ويلجأ بعض الشباب الذي يتصور نفسه عاجزاً عن التأثير في المواقف الاجتماعيـة ، إلى الدعة والكسـل أو إلى السـخرية، اذ هـو لا يـؤمن بـأي شيء ولا يثـق بـأي فـرد، أو ينغمس بالخمر أو المخـدرات مـن بـاب الهـروب ومـن غـير مبـالاة لخطـورة الوقـوع في براثنها. ويتبنى بعض الشباب اسلوباً عسكرياً وينغمس في حركات ايديولوجية أو دينيـة، وتنتابه الحمية تجاه قادة مثاليين فيذعن لها اذعاناً متعصـباً. ويتبـع الـبعض الآخـر مـن الشباب المفكرين الاجتماعيين النخبويين فيستلهم افكارهم ويسترشد بها. وأحياناً يتفوق بعض هؤلاء الشباب ويؤسسون لأنفسهم مستقبلاً باهراً.

مما لا شك فيه اننا ننشد دفع الشباب إلى احترام القانون، والى أن يكونوا مواطنين صالحين ومشاركين بجدية في تنمية المجتمع وهو امر يتطلب احداث تغييرات اجتماعية باجراءات فعالة حتى يمكن تخفيف آلام الشعب إن لم نستطع ازالتها. ومن هذه الزاوية فإن تبني الايديولوجيا الحقة امر هام، بل أن اسلوب تطبيق هذه الايديولوجية المنتقاة هام للغاية، وذلك لأنه كثيراً ما يفضى التطبيق السيء أو التطبيق الذي ينطوي على سوء طوية إلى اوضاع تكون اسوأ حالاً من الوضع السابق.

ويبدو أن اوضح تغير في مجتمع اليوم الذي احدث تأثيراً هائلاً في الشباب هو الحادث في ميدان الإعلام بفضل الكلمة المطبوعة في مختلف المواد المنشورة.

---

(1) ن.م. ، ص: 117 .

والكلمة المسموعة عبر المذياع والتلفاز. والصورة المتحركة على شاشة التلفاز، والمساواة الاقتصادية بين الطبقات في المجتمع، واسلوب التصرف الاقتصادي لهذه الطبقات، والقيم الاجتماعية التي تحدد اسلوب الاستهلاك، وبالأخص السيولة الاستهلاكية للطبقات المرفهة.

تاسعاً: دراسة سامية الساعاتي بعنوان: **"دور المثقفات المصريات في التغير الاجتماعي"،(1988)** [(1)] .

ينصب هذا البحث على الدور الفعلي الذي قامت به المثقفات المصريات وأثر هذا الدور في التغير الاجتماعي وبخاصة في عملية التنمية التي تهدف إلى نقل المجتمع المصري من مجتمع تقليدي إلى مجتمع متقدم في اساليب الانتاج وفي العلاقات الاجتماعية. وجدير بالذكر أن الدور الفعلي للمثقفات المصريات كان كثيراً ما يتعارض مع الدور المعياري الذي حددته لهن الثقافة المصرية العامة، ومع الدور المتوقع أي فكرة الرجل عنها وتوقعاته منها. [(2)]

أن اسهام المثقفات المصريات الحقيقي في عملية التغير الاجتماعي وبالذات في عملية التنمية لا يمكن تتبع مساره الا من خلال خروج المصريات إلى العمل خارج بيوتهن وتكسبهن، وذلك بعد تعلمهن في مختلف مراحل التعليم وتحررهن فكرياً بالتدريج.

أن دور المثقفات المصريات هو الوجه الآخر للعملة لقضية تحرير المرأة المصرية، ولو كانت قضية المرأة ترتبط إلى درجة كبيرة بالتغير الجذري في النظام الاقتصادي من حيث تشغيل النساء في شتى المجالات وفي نطاق واسع، فانه لا بد من القول بادئ ذي بدء أن نمو الصناعة في مصر لم يأخذ شكل ثورة صناعية أو انقلاب صناعي

(1) مراد وهبة، **الشباب والمثقفون والتغير الاجتماعي**، المرجع السابق، ص:195-199.

(2) إبراهيم بيومي مدكور، **معجم العلوم الاجتماعية**، الهيئة المصرية العامة للكتاب، القاهرة: 1975، ص:514-515.

كالذي حدث في انجلترا مثلاً ، في القرنين الثامن عشر والتاسع عشر، وانما كان بالتدريج البطيء احياناً والسريع نسبياً احياناً اخرى كما حدث في الخمسينات والستينات من سنوات ثورة (23) يوليو. وعلى الرغم من ذلك فإن النمو الصناعي في مصر وبخاصة في اطار سياسة التصنيع التي اخذت بها الدولة بعد سنوات قليلة من بدء الثورة عام (1952)، كان له كثير من الآثار المماثلة لتلك التي ظهرت في كثير من الدول الاوروبية التي حدث فيها الانقلاب الصناعي، ذلك الانقلاب الذي نجم عنه اهم ظاهرة اجتماعية في العصر الحديث وهي ظاهرة خروج المرأة إلى العمل لأن عملها خارج بيتها لم يعفها من أداء دورها الرئيسي في الأسرة، بل انه اضاف إلى هذا الدور دوراً هاماً، هو دور الكسب من العمل، الذي كان من قبل وقفاً على الذكور وحدهم دون الإناث. وقد واكب هذه الظاهرة ظاهرة اخرى اشد اثراً في رأينا في قضية تحرير المرأة، تلك هي تعليمها في مختلف مراحل التعليم وتحررها الفكري التدريجي.

لقد كانت هذه الظواهر الثلاث وهي : تعلم المرأة وتحررها، واشتغالها هي المسؤولة عما صار يعرف "بالانقلاب النسوي" الذي امتاز به القرن العشرون والذي ظهرت آثاره واضحة للعيان في كل مكان.

ومما لا شك فيه أن تعليم المرأة في جميع مراحل التعليم بما في ذلك مرحلة التعليم في المعاهد والجامعات، هو الذي دفع عجلة التغيير النسوي في مصر دفعة قوية، ذلك لأنه اوجد عند المرأة وعياً واضحاً لذاتها ومركزها ومكانتها، ودورها في المجتمع بعامة، وفي الأسرة بخاصة .

وقد ترتب على تحرير المرأة، تخلصها تدريجياً وبدرجات متفاوتة من سيطرة الرجل وسلطان التقاليد والحرمان السياسي الذي كان مفروضاً عليها، كما ترتب عليه تشغيلها في مختلف المهن المتخصصة سواء ما كان منها صناعياً أو زراعياً أو

تربوياً أو طبياً أو تشريعياً أو تنفيذياً أو غير ذلك من المهن التي كان يعتقد انها وقف على الرجل وحده.

وقد كان ذلك في الوقت نفسه مصباحاً لظاهرة الحد من الفروق الطبقية، لأن التعليم وبخاصة التعليم العالي اتيح اول ما اتيح لبنات الطبقات المتوسطة ثم الراقية وما أن انتشر تعليم الفتيات بين هاتين الطبقتين حتى انتشرت من بعد ذلك ظاهرة اشتغالهن بشتى المهن خارج بيوتهن.

ونجم عن ذلك أن الفجوة التي كانت تفصلهن عن فتيات الطبقة الدنيا العاملات اخذت تضيق شيئاً فشيئاً على مر السنين وذلك للتفاعل الاجتماعي الحادث في المجتمع الجديد، الذي دفع كلاً من الطبقة الدنيا من جهة والطبقتين العليا الوسطى من جهة اخرى، إلى التقارب إلى درجة كبيرة في مستوى الطبقة العاملة أي الطبقة الدنيا المتطلعة الواعية، ذلك لأنه لا يمكن انكار أن التقدم الاجتماعي الاقتصادي الحديث في كل المجتمعات المتقدمة قد ادخل على الطبقة الوسطى والطبقة العليا، مظاهر معينة كانت لحقب كثيرة تعد من خصائص الطبقة العاملة أي الطبقة الدنيا وحدها.[1] ومن بين هذه الخصائص اشتغال نساء الطبقة الوسطى بالوظائف الكاسبة ، أي التي تدر دخلاً منتظماً ذا قيمة يعتمد عليه، وذلك نتيجة ضعف ثم تلاشى ظاهرة توريث المرأة دخلاً ثابتاً من أرض زراعية أو عقار أو استثمار مال معين. وهي ظاهرة كانت شائعة أن لم تكن عامة، بين اسر الطبقتين العليا والوسطى. وهكذا حل محل ظاهرة تأمين مستقبل المرأة على هذا النحو، تعليمها في مختلف مراحل التعليم، وتوظيفها. وقد اصبح هذا النظام الجديد من الأنظمة الشائعة في النسق الاجتماعي الشامل في المجتمع المصري الحديث.

أما تحرير المرأة التي تمثل في مساواتها بالرجل فيما يتعلق بممارسة حق الانتخاب فقد كان ثمرة تعليمها وخروجها للعمل واشتغالها بشتى الوظائف.

(1) مراد وهبة ، **بحوث العربية الاجتماعية**، مكتبة الأنجلو المصرية ، القاهرة: 1980، ص:197.

وجدير بالذكر أن ما حدث من تغير نتيجة لخروج المرأة المصرية المتعلمة المتخصصة الواعية من بيتها للعمل في مختلف ميادين الانتاج والخدمات يشبه ما حدث للمرأة في المجتمع الغربي الحديث ولكن مع تفاوت في الدرجة والشدة .

خلاصة القول اننا نود أن نوضح أن تعليم المرأة في مصر في العصر الحديث وبخاصة التعليم العالي المتخصص كان هو مفتاح تحررها ونهضتها ووعيها وتغيرها في المجتمع، والدليل على ذلك أن رائدات التحرر في مصر كن كما سنرى من المثقفات المتعلمات الواعيات.

عاشراً: دراسة احمد صبيح بعنوان: "**تطور مكانة وتعليم المرأة في دول الخليج العربي**"،**(1988)** (1)

فالدراسة في معظمها دراسة عن التعليم وبصفة خاصة تعليم البنات في دول الخليج مع التركيز على دولة الإمارات العربية المتحدة، دون الاهتمام بتغير وضع المرأة ومكانتها. ولعل السبب في ذلك هو الاعتقاد الضمني بأن تغير المستوى التعليمي للمرأة يعني بالضرورة تغير وضعها ومكانتها أو أن وضع المرأة يتغير بنفس القدر الذي يتغير به مستواها التعليمي .

وغني عن البيان أن التعليم ادى إلى تغير في وضع المرأة الخليجية واحدث نقلة نوعية في مكانتها، غير أن الباحثين يعترفون بأن عملية التغيير هذه ما زالت تسير في استحياء شديد، وأنها تواجه العديد من المصاعب والعراقيل بسبب القيم الموروثة السائدة التي تعارض تعليم المرأة ودخولها معترك الحياة العملية، مما حدا ببعض الباحثات إلى اعتبار أن هذا التغير الذي احرزته المرأة الخليجية هو مجرد بوادر تغيير في المركز الاجتماعي والسياسي لا اكثر، وان الحديث عن التغيير في البنى الاجتماعية الاقتصادية لم يئن أوانه بعد، ومرد ذلك كما تقول الباحثة - إلى العقبات القانونية والثقافية التي لم تستطع عملية التحديث أن تتجاوزها.

(1) أحمد زايد واعتماد علام ، **التغير الاجتماعي** ، المرجع السابق ، ص:306.

الحادي عشر: دراسة الطابي بعنوان: "**تأثير التعليم والعمل على وضع المرأة في قطر"(1987)** [1].

دلت هذه الدراسة على أن تغير وضع المرأة ومكانتها يرتبط بتغير اتجاهات المرأة نحو المشاركة في التنمية ونحو الزواج ونحو العمل خارج المنزل فضلاً عن وجود اتجاهات ايجابية نحو تعليم المرأة وعملها. وتؤكد الدراسة أيضاً على أن متغيري التعليم والعمل يعتبران من أهم العوامل التي تترك آثاراً على معتقدات الفرد واتجاهاته، وأن مزيداً من التعليم والعمل في كل قطاعات الاقتصاد سوف يمكن المرأة من أن تستخدم قدراتها ومعدل مشاركتها كامرأة متخصصة، وسوف يزيد وعيها بالطرق المحتملة لتغير وضعها وتحسينه.

الثاني عشر: دراسة عبد الله الهمالي بعنوان: "**التحديث في المجتمع الليبي المعاصر" (1986)** [2] وقد توصل في دراسته إلى أن الهوة الاجتماعية والاقتصادية بين قرى الجماهيرية ومدنها بدأت بالتقلص، وان المجتمع العربي الليبي بدأ يسير نحو المساواة والعدالة الاجتماعية نتيجة للتطبيقات السياسية والاقتصادية والاجتماعية الجديدة في تحديث المجتمع الليبي ، وتحوله من مجتمع متخلف إلى مجتمع عصري متقدم قائم على تكافو الفرص أمام الأفراد وعلى جمهرة للتعليم وعلى وضع وسائل الاتصال في خدمة الشعب وتوعيته.

الثالث عشر: دراسة فهد الثاقب: "**حول الأسرة في المجتمع الكويتي" (1986)** [3]

والتي هدفت إلى تبيان طبيعة التغيرات التي طرأت على بناء الأسرة ووظائفها.

---

(1) ن.م. ، ص: 310

(2) عبد الله الهمالي، **التحديث الاجتماعي** ، الدار الجماهيرية، طرابلس الغرب: 1981.

(3) محمد الرمحي، **مدخل لدراسة الواقع والتغير الاجتماعي في مجتمعات الخليج المعاصرة** مؤسسة الوحدة، الكويت : 1975، ص95.

أكدت هذه الدراسة أن هناك اتجاهاً قوياً لدى الأسرة الكويتية نحو التحول إلى الأسرة النووية (أكثر من نصف الأسر نووية بالفعل كما أن معظمها يفضل هذا النوع من الأسرة) كما لوحظ أن حجم الأسرة ينخفض مع ارتفاع المستوى التعليمي لرب الأسرة، وكذلك كثافة العلاقات القرابية مع أهل الزوجة أو الزوج . ومع وجود هذا الاتجاه القوي نحو التغير في الأسرة (من حيث الشكل وطبيعة العلاقات)، إلا أن هناك مؤشرات قوية تدل على استمرار الروابط التقليدية داخل الأسرة الكويتية، حيث تظهر أشكال من الاتصال وتبادل المساعدات بحيث لم يؤثر التحضر- والتحديث كثيراً على تفكك الروابط القرابية. وهكذا فإن تحديث بناء الأسرة لا يمنع استمرار الروابط التقليدية طالما أن المجتمع يعيش فترة انتقالية .

الرابع عشر: دراسة أمينة الكاظم بعنوان:" **نسق القيم في المجتمع القطري" (1985)** [1]

كشفت هذه الدراسة أن أهم عوامل التغير هي التعليم وتحلل القيم القرابية تدريجياً في ضوء ظهور وانتشار الأسرة النووية. كما تغيرت قيم الزواج فأصبح الاختيار له على اساس فردي ووفقاً لمعايير خارجة عن نطاق القرابة. وتغيرت ايضاً القيم المتصلة بالسلوك الانجابي فظهر اتجاه نحو انخفاض معدل الانجاب (متمثلاً في عدد الأطفال) خاصة بين المتعلمين. وأضافت هذه الدراسة بعداً آخراً لتغير نسق القيم في المجتمع القطري يرتبط بالإحلال التدريجي لمعايير التفرقة الطبقية محل المعايير القبلية (حيث اتضحت في اذهان عينة الدراسة معايير التمييز الطبقي المتصلة بالدخل والمهنة وغيرها من مؤشرات الطبقة الاجتماعية).

ولكن التأكيد على تغير نسق القيم في اتجاه الحداثة لا يعني انها تتغير بشكل كامل، فما تزال بعض القيم التقليدية تواصل استمراريتها وهي في كثير من

(1) ن.م. ص:105 .

التحليلات تشكل عقبة في طريق الحداثة، وهـذا امـر متوقـع في مجتمـع انتقـالي، فقـد ابرزت إحدى الدراسات أن هناك تأرجحـاً في السـلوك الاجتماعـي للأفـراد وأيضـاً في بنـاء القيم الموجهة لمختلف السـلوكيات الاجتماعيـة فمـثلاً نجـد في بعـض السـلوكيات التـي يؤديها الأفراد طاعة للقيم القبلية والعائلية بينما أن هناك سـلوكيات اخـرى تعـبر فعـلاً عن استيعاب الأفراد لقـيم التحـديث، ولـو أن ذلـك كـان بصـورة جزئيـة، إلا انهـا بقـدر ضآلتها تشهد أن تغيراً قد حدث في المجتمع حتى يتخلى تدريجياً عن ملامحـه التقليديـة في اتجاه اكتساب ملامح المجتمعات الأكثر حداثة.

الخامس عشر: دراسة فاروق امين بعنوان: **"الأسرة في البحرين"(1983)** [1]

والتي اكدت أن مجتمع ما قبل النفط كانت الأسرة فيه وحـدة انتاجيـة، وكـان التقسيم العشائري هو الأغلب، ولذلك فقد كانـت الأسرة الممتـدة اوسـع انتشـاراً. وأدى التغير الذي اصاب المجتمع بعد النفط وما ترتب عليه من انتقال الاقتصاد التقليـدي إلى اقتصاد حديث إلى التحلل من أهمية الإنتساب إلى العائلات الكبيرة، الأمـر الـذي أفسـح المجال أمام نمو وازدياد الأسر النووية. وصاحب ذلك تغير في نمـط السـلطة داخـل الأسرة فتحولت من سلطة مطلقة ومتمركزة كلهـا في يـد الجـد (أو الأب) إلى سـلطة متسـامحة تتوزع فيها المسؤوليات على أفرادها كل حسب أهميته.

السادس عشر: دراسة جهينة العيسى بعنوان: **"التغير في بناء الأسرة القطرية المعـاصرة " (1982)** [2]

بينت الدراسة حدوث تغير في نمط الأسرة من الشكل الكبـير الممتـد إلى الشـكل الصغير المستقل، الأمر الذي ترتب عليه تغير دور الزوج ومسؤولياته ودور الزوجة

(1) محمد الرميحي ، **قضايا التغير السياسي والاجتماعي في البحرين** ، مؤسسـة الوحـدة، الكويـت، 1976، ص:126.

(2) يوسف خضور ، **التغير الاجتماعي بين النظرية والتطبيق** ، المرجع السابق، ص:296-299.

ومسـؤولياتها وضـعف دور الجيـل الأكـبر (مـن الأجـداد والأعـمام والجـدات والعمات والخالات)، وتغير دور الأبناء مع اكتسابهم مزيـداً مـن التعلـيم فأصـبحوا اكـثر حرية في قراراتهم، كما ضعف نسق السلطة التقليدية .

السابع عشر: دراسة جهينة العيسى وأبو بكر باقادر: **"أهمية النفط في إحداث التغير الاقتصادي والاجتماعي "(1982)** [1]

أظهرت الدراسة أهمية العوامل الثقافية وتقدمها عـلى العوامـل الاقتصـادية في ترتيب عوامل التغير الاجتماعي. فيأتي التعليم الرسمي (المتمثل في زيادة عـدد المـدارس) في مقدمة العوامل، ويـأتي بعـده التطـور الاقتصـادي (المتمثـل في اكتشـاف الـنفط)، ثـم التطور السياسي (المتمثل في تطبيق الإدارة الحديثة)، ثم التعرض لوسائل الإعلام. ويبـدو التحول الاجتماعي وكأنه قد حدث من خلال منظومة العوامل هذه ولكنها لو رتبت من حيث الأولوية لجاء التعليم (الذي هو القناة الرئيسية لنقـل الثقافـة الحديثـة بمـا فيهـا من نظم انتاجية ادارية وسياسية)، على رأس العوامل جميعاً .

الثامن عشر: دراسة السيد الحسيني وجهينة العيسى بعنوان: **" تغير قيم الزواج لدى الشباب القطري" (1981)** [2]

أكدت الدراسة أن انساق القيم تميـل إلى التغـير في طريـق الـتخلص مـن القـيم التقليدية واكتساب القيم الحديثة كما دلت أن هناك " اتجاهاً قوياً نحو احـداث تحـول هام في معايير الزواج بالنسبة للمجتمع القطري الذي تحتل فيه العائلة أو القبيلة مكانة بارزة داخل البناء الاجتماعي"، الأمر الذي يعنى " توقع تغير بعيد المدى

---

(1) جهينة العيسى وأبو بكر بإقادر، **أهمية النفط في إحداث التغير الاقتصادي والاجتماعي**، الدار القوميـة للطباعة والنشر، القاهرة: 1982، ص:150.

(2) جهينة سلطان سيف العيسى، **التحديث في المجتمع المعاصر**، شركة كاظمة للنشر والتوزيـع والترجمـة، الكويت: 1979، ص:220.

على مستوى الاتجاهات نحو قضية الزواج". ويتجه هذا التغير نحو تحرير الزواج من الالتزامات القبلية بدرجة كبيرة، وتأكيد البعد الفردي أو الشخصي في عملية الاختيار للزواج فضلاً عن توسيع مدى الاختبار، والميل نحو وجود نظرية ليبرالية لدى أفراد الجنسين نحو بعضهما البعض.

التاسع عشر: دراسة جهينة العيسى : **"تغير أنساق القيم في دول الخليج في ضوء فرضيات التحديث" (1980)** [1]

أبرزت هذه الدراسة أهمية التعليم في تغيير نسق القيم حيث كشفت عن علاقة طردية بين تغير القيم وبين التعليم، كما بينت أن الدور الذي يلعبه التحضر ووسائل الاتصال الجماهيري والاتصالي الثقافي والتعليم من الأدوار المهمة والمؤثرة في تحديث اتجاهات القيم، ويأتي التعليم على رأس هذه القائمة. وقد اكدت الدراسات انه كلما زادت حصيلة الفرد التعليمية (كما تعكسها عدد سنوات الدراسة) كلما كان اكثر أخذاً بالإتجاهات الحديثة (فقد كانت العلاقة بين التعليم وبين ارتفاع الدرجات على مقياس التحديث علاقة طردية).

العشرون: دراسة هشام الشرابي بعنوان: **" مقدمات لدراسة المجتمع العربي" (1980)**، [2] والتي طرحت عدداً من القضايا الهامة والحساسة خاصة في مجال التنشئة الاجتماعية محاولاً أن يجمع بين التحليل النفسي والعرض الاجتماعي. ومن أجل الوصول إلى تشريح المجتمع العربي، يقول الشرابي: "اتبعنا في بحثنا منهجاً يجمع بين التحليل النفسي والعرض الاجتماعي، وكان منطلقنا الأساسي سلوك الفرد الاجتماعي وعلاقته بالتربية العائلية والتثقيف الاجتماعي المعبرة عن هذا

---

(1) ن.م، ص: 170 .

(2) هشام الشرابي ، **مقدمات لدراسة المجتمع العربي**، المرجع السابق، ص: 65-77.

السلوك"[1]، لأن المجتمع بثقافته السائدة لا يفرض عن طريق نظامه الاقتصادي وتركيبه الطبقي اشكال توزيع السلطة والمكانة فقط بل يقوم بعملية اخضاع افراده للتربية والتنشئة التي تستهدف الحفاظ على ما هو قائم في المجتمع. كما تناولت هذه الدراسة دراسة الأسرة في المجتمع العربي مفترضاً إياها مؤسسة اجتماعية تقوم بدور الوسيط الرئيسي بين الفرد والحضارة الاجتماعية. يقول: أن منطلقنا الأساسي في هذا البحث هو أن العائلة كمؤسسة اجتماعية تعتبر الوسيط الرئيسي- بين شخصية الفرد والحضارة الاجتماعية التي ينتمي اليها، وان شخصية الفرد تتكون من ضمن العائلة، وان قيم المجتمع وانماط السلوك فيه تنتقل إلى حد كبير من خلال العائلة وتتقوى بواسطتها.

ويصل الشرابي إلى صفات اساسية في الفرد العربي ذات جذور تبدأ من طفولته وتترعرع في البيئة الاجتماعية من بينها : الاتكالية والعجز والتهرب. فالطفل يتعلم كيف يقمع عدوانيته تجاه سلطة الأسرة، ثم كيف يتحاشى مواجهتها خوفاً من أن يتعرض للعقوبة وهو يتعلم البكاء كمظهر من مظاهر الرضوخ. كما أن روح الاقتحام تذبل عند الطفل العربي يقول الشرابي: " أن الفرد يواجه الحياة بصورة دفاعية ويتحمل آلامها بهدوء وكبت داخلي، إن المجتمع يقضي- أن تحل روح الخضوع محل روح الاقتحام، وروح المكر محل روح الشجاعة وروح التراجع محل روح المبادرة".

يرى الشرابي أنه لا بد من تغيير علاقات معينة تشكل القاعدة الاساسية التي يقوم عليها مجتمعنا وهو علاقتنا بأطفالنا والتي يجب أن يسودها الحب والاحترام والفهم كما أن علاقتنا بالمرأة يجب الا تقوم على الدونية والاضطهاد، وعلاقتنا بعضنا ببعض يجب أن تبتعد عن الفردية والتنافس ومن بعد هذا نستطيع الوقوف امام التحدي الغربي المستمر تجاه الغرب.

(1) ن.م.، ص : 80 .

الحادي والعشرون: دراسة جهينة سلطان العيسى بعنوان: " **التحديث في المجتمع القطري" (1979)** [(1)]

والتي تناولت عملية التحديث، ودينامي
اته وعوامله واهمها تطور النظام التعليمي والنظام الاقتصادي متمثلاً في التنمية الصناعية وبخاصة النفط والذي ادى إلى عدد من الظواهر الحديثة مثل تغير البناء الاجتماعي للسكان وتنوع المهن بعد أن كانت محصورة في الرعي والصيد والغوص كذلك تزايد الهجرة وتكوين مجتمع المدينة، وتطور النظام السياسي وانتشار وسائل الاتصال الجماهيري.

جاءت الدراسة محدودة لأنها قامت على بحث ميداني يدور على التحديث بين العمال في قطر، وهذا بدورة اقتصر على عمال صناعة النفط. ويبدو أن الكاتبة نظرت إلى العمال كصفوة أو حملة تحديث أو ترمومبتر لقياس التحديث في القيم والاتجاهات نتيجة للعمل، وتقيم فرضيتها على اساس منطقي وواقعي يبرر التركيز حول العمال حيث تقول :

"أن الأفراد يصبحون اكثر تحديثاً من خلال الخبرات التي يكتسبونها في مراحل حياتهم، أي أن خبرات العمل بصفة خاصة تجعل الفرد حديثاً وتزداد درجة تحديثه كلما زادت خبرة العمل فنعتقد أن العمل في مؤسسة معقدة تكنوقرطية وحتى وان كانت بيروقراطية ... لها قدرات معينة على تغيير الأفراد". [(2)]

الثاني والعشرون: دراسة مغينة الأزرق، بعنوان :**"نشوء الطبقات في الجزائر"، (1978)** [(3)]

تبدأ الدراسة بخلفية تاريخية عن البنية الاجتماعية الجزائرية خلال الحكم التركي ثم التطور الذي طرأ على البنية الاجتماعية في فترة السيطرة الفرنسية وتدمير

(1) جهينة سلطان العيسى، **التحديث في المجتمع المعاصر** ، المرجع السابق ، ص:115.

(2) ن.م.، ص : 116 .

(3) يوسف خضور ، **التغير الاجتماعي بين النظرية والتطبيق** ، المرجع السابق، ص:302

نظام الملكية التقليدي، وقد اخذ الاستعمار الفرنسي- شكلاً استيطانياً، لذلك تبلورت الطبقات الاجتماعية. ثم يعالج التاريخ المعاصر والقضايا المعاصرة مثل التسيير الذاتي ومفهوم الحزب الواحد وطبيعة البيروقراطية الجزائرية. وتقوم الدراسة على استنتاج هو أن ديناميات الاستعمار قد ادت إلى ظهور نمط جديد من التطور البنيوي الاجتماعي رغم تباين طريقة السيطرة الاستعمارية المحددة من مجتمع إلى آخر ولكنها تشترك في الافتراضات " المتعلقة بتفوق القيم الغربية والالتزامات الاخلاقية لفرض جزء - على الأقل - من هذه القيم على افريقيا".

الثالث والعشرون: دراسة عبد الكريم النصار، بعنوان: **"التصنيع وأثره في حفز التغير الاجتماعي في مدينة بغداد "(1977)** [1]

تهدف هذه الدراسة إلى الكشف عن التغيرات الاجتماعية التي حدثت نتيجة لعملية التصنيع. وقد اختار ثلاثة مصانع بمدينة بغداد من اجل الدراسة، وقد اختيرت هذه المصانع من أصل (209) مصانع كانت قائمة آنذاك إبان القيام بتلك الدراسة. وقد تم اختيار (300) عامل كعينة ممثلة للمصانع الثلاثة السابقة موزعة على النحو التالي:

(150) عاملاً من شركة القطاع الاشتراكي.

(100) عامل من شركة القطاع المشترك.

(50) عاملاً من شركة القطاع الخاص.

وقد تم هذا التقسيم لاعتبارات منهجية وعلمية حسب رأي الباحث. وقد طبق استمارة بحث مؤلفة من سبعة وسبعين سؤالاً وظيفياً عدا عن أسئلة البيانات الأولية، مقسمة حسب الفروض التي وضعها الباحث، من أجل الكشف عن

---

(1) محمد الدقس، **التغير الاجتماعي بين النظرية والتطبيق** ، دار مجدلاوي للنشر والتوزيع، عمان، 1987، ص:276.

التغيرات الاجتماعية التي طرأت على العمال نتيجة العمل الصناعي في مجال القيم العمالية والتنظيم البيروقراطي وفي المجالات الاقتصادية المختلفة وغير ذلك.

وقد توصل الباحث في البداية إلى أن الفروق الفردية والظروف الاجتماعية والثقافية والاقتصادية تؤثر على حياة العامل وما يقدمه للمجتمع، وان التغير التكنولوجي قد أثر بشكل فعال في حياة المجتمع حسب درجة التطور الصناعي فيه.

ومن استقراء للبيانات الاحصائية يتبين أن المرأة - نتيجة للتصنيع- اخذت تشارك بفعالية في النشاط الاقتصادي، والتنمية الاجتماعية عامة. وهذه النتيجة تتفق مع ما ذهب إليه كل من نمكوف وأوجبيرن (Nimkoff & Ogburn, 1957) في هذا المجال.

وقد دلت الدراسة أن نسبة كبيرة من العمال هم من الشباب الذين كان لهم الدور الكبير في عملية التغير الاجتماعي، ومواكبة هذا التغير والأخذ به بعكس الفئات الكبيرة السن التي تقف عقبة أمام التغير الاجتماعي على حد تعبير وليم اوجبيرن.

وقد اتضح أن نسبة (58.3%) من عينة البحث قد قدمت من خارج مدينة بغداد، وهذا يدل بدون شك على أثر التصنيع في زيادة عدد المهاجرين نحو المدن من اجل العمل في المصانع، وكانت نسبة الشباب من فئة (18-25) سنة قد بلغت (41.7%) من المهاجرين مقابل 5% للذين تتراوح اعمارهم ما بين (42-57) سنة من نفس العينة.

وتبين أن (69.1%) من عمال العينة قد هاجروا بسبب انخفاض مستوى المعيشة، مما يدل أن التصنيع يسهم في ارتفاع مستوى المعيشة للأفراد بصورة ملحوظة، ويؤدي إلى الهجرة الكثيفة نحو المدن.

وقد بدأ تحول أو تغير بعض القيم الريفية نحو الأخذ ببعض القيم الحضرية،

كالعادات والتقاليد المتعلقة بالثأر والزواج وغير ذلك، فقد تبين أن (65%) غير راضين عن تلك العادات مما يعكس أثر التصنيع في تغير القيم. وتؤكد الدراسة أن الأمية ما زالت مرتفعة لدى العمال الصناعيين حيث وصلت إلى (32%) وقد كانت رغبتهم شديدة في تعليم أبنائهم نتيجة لمعايشتهم للواقع الحضري.

وقد لاحظ الباحث أن هناك تغيراً في انماط الحياة والظواهر الاجتماعية داخل المصنع. وفي مجال العلاقات الاجتماعية، والتنظيم البيروقراطي. فقد أكد (34%) من أفراد العينة وجود مشاكل مع الإدارة وبين العمال أنفسهم، نتيجة لعدم تحقق العدالة في تسيير شؤون العمل من قبل إدارة المصنع، وبقاء بعض الرواسب مثل المحاباة والإقليمية وغير ذلك. وعموماً تعتبر النسبة الباقية أن العمل إيجابي بمختلف المقاييس الأخرى. وقد أخذت القيم الصناعية تتضح لدى العمال الذين مضى على عملهم أكثر من أربع سنوات، وكانت نسبتهم (51.5%) [1].

وهناك تغيرات ايجابية اخرى نحو النظرة إلى مشاركة المرأة في الرأي، وخروجها إلى العمل ، فقد بلغت النسبة (92%) و (7، 78%) على التوالي .

وهي نتائج تعكس مدى التأثير الواسع للتصنيع على الحياة الاجتماعية للعمال، وهي مؤشر من المؤشرات المهمة نحو التحضر، وقد أبدى 83% من عينة البحث موافقة على الأنماط الحضارية السائدة.

وقد تبين أن (55%) من أفراد العينة قد تأثروا بالعلاقات الإنتاجية، وقد انعكس هذا التأثير في توجهاتهم السلوكية، والممارسات الاجتماعية التي تفتقر إلى القانون في حل المشكلات الاجتماعية، والاهتمام الواسع بالحصة، والتعليم ، والترقية .. وهذا يشكل جزءاً من التغيرات الاجتماعية لدى العمال الصناعيين. لقد توصلت الدراسة القيمة إلى أن هناك توافقاً لدى العمال مع متطلبات التحضر

---

(1) ن.م.، ص: 278.

نتيجة لتأثير الصناعة، وإلى تغيرات اجتماعية ايجابية تدعو إلى الاعتزاز بها وتدعيمها. من خلال معالجة بعض النواقص المتفرقة في حياة العمال الصناعيين.

الرابع والعشرون: دراسة أحمد النكلاوي، بعنوان: "**التغير والبناء الاجتماعي، دراسة نظرية ميدانية" (1970)** [1]

وقد اجرى هذه الدراسة في ثلاثة مصانع في منطقة القاهرة الكبرى، من أجل التعرف على التغير الاجتماعي المصاحب للصناعة.

وقد تم اختيار تلك المصانع لاعتبارات معينة منها: كثرة عدد العمال فيها، ولموقعها الجغرافي المتباعد. وقد طبق استمارة البحث على (300) عامل من مجموع (15953) عاملاً وقت إجراء الدراسة.

وقد توصلت الدراسة إلى عدة نتائج أهمها:

1- **فيما يتعلق بالمتغيرات النوعية :** تبين أن عينة البحث عينة شابة، في مجملها، وأن نسبة الأمية لا تتجاوز (7%) وتصل نسبة العمال المهاجرين إلى (55%) وهي متغيرات لها تأثيرها في عملية التغير الاجتماعي بوجه عام.

2- **إدراك العمال لأهمية دورهم في المجتمع:** فقد أخذ العمال يدركون بسهولة أهمية هذا الدور المنوط بهم جنباً إلى جنب مع سائر الفئات الاجتماعية الأخرى. وقد بدأ الإدراك ظاهراً من خلال واقع العلاقات بالرؤساء والمشرفين في العمل، حيث بلغت النسبة (92%) وهي نسبة معتبرة في ضوء واقع الصناعة الحديثة في المجتمع العربي. وترجع الدراسة سبب ذلك إلى مرحلة التحول والبناء الاشتراكي الذي منح العمال مكاسب عديدة.

وقد دلت الدراسة أن هناك تحولاً نحو اعتزاز العامل بانتمائه لطبقة العمال حيث وصلت النسبة إلى (95%) وهو تغير ملحوظ في القيم إذا علمنا أن العمل الصناعي

---

(1) ن.م.، ص:280

لم يكن يحظى بكل هذا التقدير حتى من قبل العامل نفسه. وقد ترجم هذا الاعتزاز بقيام العامل بممارسة مسؤوليات جديدة تخرج عن نطاق دوره التقليدي المحصور داخل مصنعه إلى الاهتمام بزيادة الانتاج، والمحافظة على العمل، والمشاركة في النشاطات الاجتماعية المختلفة.

ولذلك ظهر بوضوح الاتجاه الوظيفي الجديد، وتركزه في أهم العناصر اللازمة للتقدم والنمو الصناعي، من خلال المساهمة في ادارة المصنع والاحساس بالمسؤولية مع مضاعفة الجهد المبذول في العمل، وتنمية المهارة العملية. وهو تغير ايجابي في مجال الفهم الوظيفي لحدود وأبعاد الدور العمالي الجديد، ودليل على التطلع نحو تحقيق الرفاهية والرخاء، ويترسخ ذلك باتساع قاعدة التعليم بين العمال.

وقد أظهرت الدراسة مدى تنامي الإحساس بالمسؤولية باعتبارها ترجمة للمكاسب العمالية، حيث حصل العامل على سائر حقوقه في ظل النظام الاشتراكي وهي الحقوق التي حرم منها من قبل. وقد تبين هذا من خلال وعي العمال وادراكهم لهذه الحقوق، المتمثلة في تحديد ساعات العمل، والاشتراك في عضوية مجلس الإدارة، ومنع الفصل التعسفي، والحصول على التأمينات الاجتماعية والصحية وغير ذلك. وقد بلغت نسبة الإحساس بالمسؤولية لدى افراد العينة اكثر من (80%) فتوسع ادراكهم للحقوق والواجبات من خلال الوعي والممارسة، وهي تغيرات اجتماعية مهمة لدى العمال الصناعيين.

وتعلل الدراسة استشعار العامل للغيرية وذوبان الفردية بالتعاون بين العمال والتوجيه والنصح لتجنب السلوك المنحرف، واحترام المسؤوليات والاحترام المتبادل بينهم، ومن البديهي أن استشعار الغيرية يعتبر ترجمة لتكامل نسيج الحياة في المجتمع، وصياغة جديدة لطبيعة العلاقات التي تربط بين أفراده، وهي انعكاس صادق لمحاولة تذويب الفوارق والتناقض الاجتماعي بين الطبقات.

وأفردت دراسة النكلاوي (1970)، حيزاً لا بأس به للمرأة وما تواجهه من

شؤون وشجون، فكشفت الدراسة عن تغير في القيم العمالية بخصوص عمل المرأة، إذ أيد انخراط المرأة في العمل ما نسبته (80%) من أفراد العينة، بينما عارض ذلك الأميون وذوو الأصول القروية، وفي هذا ما يدل على ديمقراطية الفهم التربوي بشأن عمل المرأة والاعتراف بشخصيتها ودورها الوظيفي .

وقد بينت الدراسة أيضاً، أن نسبة العمال القرويين كانت أعلى من غيرهم في عدم منح الفتاة فرصة اختيار الزوج، وحرية الانتخاب، مقارنة بالعمال الحضريين، مما يمكننا القول : كلما تجذرت الصناعية (Industrialism) لدى العمال كلما زاد التقدير والاحترام للمرأة ومنحها حرية أوسع.

وقد دلت الدراسة على وجود تغير في بعض القيم المتعلقة بظاهرة الأخذ بالثأر وتنظيم النسل، فقد تبين أن (76%) من أفراد العينة (للظاهرتين) يرفضون عادة الأخذ بالثأر ويؤيدون تحديد النسل.

وبوجه عام، لقد أكدت دراسة النكلاوي (1970)، على أن هناك تغيرات اجتماعية مهمة لدى العمال الصناعيين يمكن إجمالها فيما يلي:

- استشعار العمال للمساواة الاجتماعية والتقارب الاجتماعي.
- اعتزاز العامل بمهنته وتقدير المجتمع لدوره المنتج، وإدراكه لمسؤوليته.
- وضوح الغيرية، وذوبان الفردية مع ما ترتكز عليه من دعامات اجتماعية واقتصادية.
- وضوح نمط التغير الإيجابي في كون العمال يعيشون حراكاً ثقافياً وظيفياً، ووعيهم الاجتماعي المتطور بعيدا عن العصبية والطبقية الجامدة وحراكهم الاجتماعي الاقتصادي الواسع.
- التغير الإيجابي نحو تأييد حق المرأة في العمل والانتخاب والاعتراف بدورها الوظيفي بوجه عام. والتوجه نحو تنظيم النسل والتخلي عن عادة الأخذ بالثأر مما يدل على الاعتراف بدور الحكومة في هذا الجانب. ولقد كان لمتغير البيئة الأصلية أثر واضح في هذه الاتجاهات عموماً.

الخامس والعشرون: دراسة محمد عاطف غيث :"**الأسرة والنظام الاقتصادي والجانب المادي للثقافة" (1966)** [1]

أجريت في ثلاث قرى تقع في محافظة الدقهلية في مصر- وبينت أن العامل الخارجي هو العامل الحاسم (وأحياناً الوحيد) في احداث التغير. ويرى "غيث" (1966)، ضرورة التفاعل بين سكان القرية الواحدة والأرض الزراعية كمفسر- هام للعمليات الاجتماعية.

السادس والعشرون: دراسة عبد الباسط حسن، بعنوان: **" التغير الاجتماعي في المجتمعات المحلية الصناعية" (1966)** [2]

قام عبد الباسط حسن بالإشراف على دراسة ميدانية، في شركة الغزل والنسيج بمدينة المحلة الكبرى عام (1966) . وكان الهدف من هذه الدراسة التعرف على التغير الاجتماعي الذي طرأ على العمال في العمل الصناعي.

وقد اجرى البحث على عينة مقدارها (300) عامل موزعين على أقسام الشركة المختلفة.

وقد اسفرت الدراسة عن نتائج أهمها:

1-المتغيرات النوعية: دلت الدراسة على وجود حراك جغرافي يتمثل في هجرة العمال الريفيين نحو المدن، حيث بلغت نسبتهم (73%) من أفراد العينة، وهي نسبة توضح بكل جلاء إلى أي مدى يعتبر التصنيع مسؤولاً عن جذب عدد كبير من الريفيين إلى المدينة، الأمر الذي يؤدي إلى ارتفاع معدل الكثافة السكانية فيها.

(1) يوسف خضور ، **التغير الاجتماعي بين النظرية والتطبيق** ، المرجع السابق، ص:296.

(2) عبد الباسط محمد حسن ، **علم الاجتماع الصناعي**، مكتبة الانجلو المصرية، القاهرة: 1972، ص:497

وقد تبين أن أعمار الغالبية العظمى من العمال (64.4%)، تقل عن عشرين عاماً عند هجرتهم، وهذه النتيجة تتفق مع ما توصلت إليه معظم الدراسات العربية في هذا المجال. وتبين أن سبب الهجرة يرجع إلى توفر الفرص العديدة للعمل في المدن، أي أن العامل الاقتصادي هو الأساس في الهجرة وليس مغريات المدينة بملاهيها ... وأن معظم أفراد العينة لم يكن لهم عهد بالصناعة من قبل.

ويتضح أن (19%)، من العمال اميون، وأن (81%)، يعرفون القراءة والكتابة، ويعني ذلك أن الأمية بين العمال محدودة النطاق.

2- **العلاقات العمالية** : نظراً للمشاكل العديدة التي يواجهها المهاجر في المدينة في مجال السكن والمواصلات والمشكلات المادية عموماً، فقد انعكس ذلك على حالتهم النفسية، وبالتالي على العلاقة فيما بينهم، مما جعلها تضعف الروابط الاجتماعية.

3- **الحراك المهني**: كشفت الدراسة عن أن الحراك المهني لدى العمال كان ضعيفاً، نظراً لكون (52%)، منهم يقومون بأعمال شبه فنية أو غير فنية ، مما يتطلب تكوينهم مهنياً من أجل ترقيتهم إلى أعمال أكثر أهمية.

4-**القيم الأسرية**: بينت الدراسة أن توجه العمال كان ضعيفاً نحو الأخذ بوسائل تنظيم النسل، حيث بلغت النسبة (23%)، أما الغالبية العظمى فكانت تمتنع عن استعمال تلك الوسائل لأسباب دينية واجتماعية اخرى، بمعنى أن الصناعة لم تؤد إلى تغيير يذكر في هذا المجال.

5- **الخدمات الاجتماعية** : لم يحدث تطور يذكر في مجال الخدمات الاجتماعية، حيث أن نسبة (18%)، فقط تستفيد من نظام التغذية بالشركة، رغم أن الوجبات كانت مناسبة من حيث الكم والجودة والثمن، ويعود ذلك إلى كون معظم أفراد العينة من المتزوجين الذي يفضلون تناول طعامهم في المنزل. كما أن الشركة لم تؤمن وسيلة للمواصلات أو المسكن رغم أن معظم العمال يشكون من مشكلة السكن بوجه عام. ومشكلة نقص الخدمات الاجتماعية في المصانع تكاد تكون عامة في المصانع العربية بوجه عام.

6- متغيرات أخرى: يقضي أغلب العمال وقت فراغهم في المنزل ، ويعود ذلك إلى انخفاض الأجور التي لا تتجاوز (20) جنيهاً شهرياً عند (98%) من أفراد العينة.

وبوجه عام، يلاحظ من نتائج هذه الدراسة أن الصناعة لم تحدث تغييرات مهمة لدى أفراد العينة، ولعل ذلك يعود إلى أن البيئة الاجتماعية بمدينة المحلة الكبرى لا تختلف كثيراً عن البيئة الفردية. كما أن الدراسة بطبيعتها لم تحاول أن تتعرض إلى متغيرات كبرى، وإنما اكتفت بالوصف من الخارج لبعض التغيرات الاجتماعية.

السابع والعشرون: دراسة حامد عمار بعنوان: **"التنشئة الاجتماعية في قرية مصرية" - سلوا - في محافظة اسوان(1965)** [(1)]

والتي تعتبر من اولى الدراسات التي عالجت القرية المصرية في علاقاتها المتغيرة بسبب تأثير المدينة والعوامل الخارجية الأخرى.

ركزت هذه الدراسة على نمو الفرد في القرية المصرية وبالذات في صعيد مصر فقد كانت التنشئة والتربية هي المحور الذي يمكن أن تدور حوله التغيرات الاجتماعية والثقافية المختلفة. وهناك عوامل أثرت في المجتمع الكبير أو الثقافة الكبرى أي في مصر ككل في القرن الماضي، حيث بدأ الاحتكاك بين مصر والغرب أثناء الحملة الفرنسية والاستعمار البريطاني، وبسبب موقع مصر المتفرد وما تبع ذلك من ازدياد في التحضر والتعليم ووسائل الاعلام وقيام مؤسسات جديدة ونمو فئات اجتماعية عدا الفلاحين نتيجة للتصنيع والتجارة الخارجية، والاهتمام بمحصول القطن . هذه العوامل كان لها تأثير واضح في عملية التغير الاجتماعي في مصر ولكن كان التأثير والتغير أكثر عمقاً وانتشاراً في المدينة منه في القرية، حتى حين يصل التغير إلى القرية فإنها تتأثر بالنواحي التي تغير الجوانب المادية ولكن يبقى التغير أبطأ في الجوانب غير المادية للثقافة مثل القيم والاتجاهات .

---

(1) حامد عمار ، **التنشئة الاجتماعية**، معهد الدراسات العربية، سرس الليان: 1960 ص:65.

مراجع الفصل السادس

أولاً: مراجع باللغة العربية:

- بركات ، حليم، **المجتمع العربي في القرن العشرين تغير الأحوال أو العلاقات**، مركز دراسات الوحدة العربية ، بيروت: 2000.
- بيلي، أحمد، **النظام السياسي والتغير الاجتماعي**، مكتبة النهضة المصرية، القاهرة:1999.
- حسن ، محمد عبد الباسط، **علم الاجتماع الصناعي**، مكتبة الأنجلو المصرية، القاهرة. 1972.
- خضور، يوسف، **التغير الاجتماعي بين النظرية والتطبيق**، منشورات جامعة دمشق: 1994.
- خيري، مجد الدين عمر، **الأسرة والأقارب**، منشورات الجامعة الأردنية، عمان:1994.
- الدقس، محمد عبد المولى، **التغير الاجتماعي بين النظرية والتطبيق**، دار مجدلاوي للنشر والتوزيع ، عمان:1987.
- الرمحي، محمد ، **مدخل لدراسة الواقع والتغير الاجتماعي في مجتمعات الخليج المعاصرة**، مؤسسة الوحدة، الكويت: 1975.
- الرميحي، محمد، **قضايا التغير السياسي والاجتماعي في البحرين**، مؤسسة النحدة الكويت: 1976.
- زايد، أحمد. علام، اعتماد، **التغير الاجتماعي** ، مكتبة الانجلو المصرية، القاهرة، 2000.

- الزعبي، محمد أحمد ، **التغير الاجتماعي** ، مطبعة الداوي ، دمشق: 2000.
- الشرابي، هشام ، **مقدمات لدراسة المجتمع العربي**، الأهلية للنشر والتوزيع، بيروت: 1985 .
- الشرابي، هشام، **النظام الأبوي وإشكالية تخلف المجتمع العربي**، مركز دراسات الوحدة العربية، بيروت:1991 .
- عمار، حامد، **التنشئة الاجتماعية**، معهد الدراسات العربية، سرس الليان: 1960.
- العيسى، جهينة باقادر أبو بكر، **أهمية النفط في إحداث التغير الاقتصادي والاجتماعي** ، الدار القومية للطباعة والنشر ، القاهرة، 1982.
- العيسى، جهينة سلطان سيف، **التحديث في المجتمع المعاصر**. شركة كاظمة للنشر والتوزيع والترجمة، الكويت: 1979.
- مدكور، إبراهيم بيومي، **معجم العلوم الاجتماعية**، الهيئة المصرية العامة للكتاب، القاهرة: 1975.
- المرنيسي، فاطمة وآخرون ، **صور نسائية** : ترجمة جورجيت قسطون، المكتبة العربية، القاهرة: 1996.
- الهمالي، عبد الله، **التحديث الاجتماعي**، الدار الجماهيرية، طرابلس الغرب: 1981 .
- وهبة، مراد، **الشباب والمثقفون والتغير الاجتماعي**، مكتبة الأنجلو المصرية، القاهرة: 1988.

قائمة المراجع

المراجع باللغة العربية:

- إبراهيم، سعد الدين، **الانتلجنسيا العربية**، منتدى الفكر العربي، عمان: 1988.
- أبو حوسة، موسى، **الاجتماعي في الريف الأردني**. جامعة الاسكندرية، الإسكندرية:1981.
- أبو زيد، احمد البناء الاجتماعي: **مدخل لدراسة المجتمع**، دار الكتاب العربي، القاهرة: 1967 .
- أبو طاحون عدلي, **في التغير الاجتماعي**. المكتب الجامعي الحديث, الاسكندرية: 1997.
- أبو عمشة، إبراهيم صقر، **الثقافة والتغير الاجتماعي**، بيروت: دار النهضة العربية: 1981.
- أبو لغد, ابراهيم, **التقويم في برامج المجتمع**. مركز التربية الأساسية. سرس اليان, القاهرة: 1960.
- اندرية فرانك، **البرجوازية الرثة والتطور الرث**، دار العودة، بيروت: 1973.
- بدوي، أحمد زكي، **معجم العلوم الاجتماعية**. مكتبة لبنان، بيروت:1982.
- البرتيني، ج.م.، **التخلف والتنمية في العالم الثالث**. دار الحقيقة, بيروت: 1980.
- بركات، حليم، **المجتمع العربي في القرن العشرين تغير الأحوال أو العلاقات**، مركز دراسات الوحدة العربية ، بيروت: 2000.
- بوتومور، ت.ب. **تمهيد في علم الاجتماع** ترجمة: محمد الجوهري، دار المعارف، القاهرة، 1980.
- بوتومور، ت.ب، **تمهيد في علم الاجتماع**. ترجمة: محمد الجوهري وزملائه، دار المعارف، القاهرة: 1982.

- بيلي، أحمد، **النظام السياسي والتغير الاجتماعي**، مكتبة النهضة المصرية، القاهرة:1999.
- التابعي، كمال، **تغريب العالم الثالث**، دار المعارف، القاهرة: 1993.
- تيمور, أحمد, **الأمثال العامية**. المكتبة الأهلية, بيروت: 1980.
- الجوهري، محمد ، **التغير الاجتماعي**. دار المعرفة الجامعية للنشر والتوزيع، القاهرة: 2000.
- الجوهري، محمد، مقدمة في علم الاجتماع التنمية. دار الكتاب للتوزيع، القاهرة. 1979.
- حجازي ، محمد فؤاد، **التغير الاجتماعي**، مكتبة وهبة، القاهرة: 1978 .
- حسن ، محمد عبد الباسط، **علم الاجتماع الصناعي**، مكتبة الأنجلو المصرية، القاهرة. 1972.
- حسن محمد عبد الباسط، **التنمية الاجتماعية**. مكتبة وهبة، القاهرة.1982.
- حسن، محمد عبد الباسط، **إشكالية التنمية في العالم العربي**، عمان:1985.
- الحسيني، السيد، **التنمية والتخلف: دراسة تاريخية بنائية**. دار قطري بن الفجاءة، الدوحة: 1986.
- الحلبي، علي عبد الرزاق وآخرون، **علم الاجتماع الثقافي**. دار المعرفة الجامعية، الاسكندرية: 1998.
- الخريجي، عبدالله, **التغير الاجتماعي والثقافي**. مؤسسة زامتان للتوزيع, جدة: 1983.
- الخريجي، عبد الله، **التغير الاجتماعي والثقافي**، جدة، 1983 .
- الخريجي، عبد الله، **التغير الاجتماعي والثقافي**، مؤسسة زامتان للتوزيع، جدة: 1983 .
- الخشاب، مصطفى، **دراسة المجتمع**. مكتبة الإنجلو المصرية، القاهرة، 1977.
- خضور، يوسف، **التغير الاجتماعي بين النظرية والتطبيق**، منشورات جامعة دمشق: 1994.

- خيري, مجد الدين, **العلاقات الاجتماعية في بعض الأسر النووية الاردنية**. مكتبة المعرفة, عمان: 1985.
- خيري، مجد الدين عمر، **الأسرة والأقارب**، منشورات الجامعة الأردنية، عمان:1994.
- الدقس، محمد عبد المولى، **التغير الاجتماعي بين النظرية والتطبيق**، دار مجدلاوي، عمان: 1987.
- الدقس، محمد عبد المولى، **التغير الاجتماعي بين النظرية والتطبيق**، دار مجدلاوي للنشر والتوزيع ، عمان:1987.
- الرشدان, عبد الله, **علم اجتماع التربية**. دار الشروق, عمان: 1999.
- الرشدان، عبد الله، **علم اجتماع التربية**. دار الشروق للنشر والتوزيع، عمان: 1990.
- الرشدان، عبد الله، **علم اجتماع التربية**. دار الشروق، عمان:1999.
- الرشدان، عبد الله، نعيم جعييني، **المدخل إلى التربية والتعليم**، دار الشروق للنشر والتوزيع، عمان:1999.
- رشوان ، حسن عبد الحميد احمد، **تطور النظم الاجتماعية واثرها في الفرد**، المكتب الجامعي الحديث، الاسكندرية، 1982.
- الرمحي، محمد ، **مدخل لدراسة الواقع والتغير الاجتماعي في مجتمعات الخليج المعاصرة**، مؤسسة الوحدة، الكويت: 1975.
- الرميحي, محمد, **معوقات التنمية الاجتماعية والاقتصادية في مجتمعات الخليج العربي المعاصرة**. دار السياسة, الكويت: 1977.
- الرميحي، محمد، **قضايا التغير السياسي والاجتماعي في البحرين**، مؤسسة النحدة الكويت: 1976.
- زايد ، أحمد، **البناء السياسي في الريف المصري**. دار المعارف، القاهرة: 1981.
- زايد، أحمد واعتماد علام، **التغير الاجتماعي**. مطبعة الأنجلو المصرية، القاهرة: 2000.

- زايد، أحمد. علام، اعتماد، **التغير الاجتماعي**، مكتبة الانجلو المصرية، القاهرة، 2000.
- زايد، أحمد، **الدولة في العالم الثالث**. دار الثقافة للنشر والتوزيع، القاهرة: 1986.
- زايد، أحمد، **علم الاجتماع بين الاتجاهات الكلاسيكية والنقدية**، دار المعارف، القاهرة: 1984.
- الزعبي، محمد أحمد ، **التغير الاجتماعي** ، مطبعة الداوي ، دمشق: 2000.
- الزغبي، محمد أحمد ، **التغير الاجتماعي**. دار الطليعة للطباعة والنشر، بيروت: 1980.
- الزغبي، محمد، **التغير الاجتماعي**، دار الطليعة للطباعة والنشر، بيروت: 1982.
- سعفان، حسن، **اتجاهات التنمية في العالم العربي**، مطبعة التقدم، الجزائر. 1973.
- سناء الخولي, **التغير الاجتماعي والتحديث**. دار المعرفة الجامعية, الاسكندرية (ب.ت).
- الشرابي, هشام, **مقدمات لدراسة المجتمع العربي**. الأهلية للنشروالتوزيع, بيروت: 1985.
- الشرابي، هشام، **النظام الأبوي وإشكالية تخلف المجتمع العربي**، مركز دراسات الوحدة العربية، بيروت:1991 .
- الشرابي، هشام، **مقدمات لدراسة المجتمع العربي**، الأهلية للنشر والتوزيع، بيروت: 1977.
- شعلان, ابراهيم أحمد, **الشعب المصري في أمثاله العامية**. الدار القومية, القاهرة: 1973.
- شكري، علياء وآخرون، **دراسات في علم السكان**، دار المعرفة الجامعية، الإسكندرية: 1992.
- صابر محي الدين, **التغير الحضاري وتنمية المجتمع**. مركز تنمية المجتمع في العالم العربي, سرس اليان, القاهره: 1962.
- صابر، محي الدين، **التغير الحضاري وتنمية المجتمع**. مركز تنمية المجتمع في العالم العربي، سرس الليان، القاهرة، 1962.

- العادلي ، فاروق محمد، **التربية والتغير الاجتماعي**، دار الكتاب الجامعي- القاهرة : 1990.
- العبسي، جهينة عيسى- سلطان، **التحديث في المجتمع المعاصر** . الكويت: شركة كاظمة للنشر- والتوزيع والترجمة، 1979.
- عفيفي، محمد الهادي، **التربية والتغير الثقافي** . مكتبة الانجلو المصرية ، القاهرة: 1970.
- عفيفي، محمد الهادي، **التربية والتغير الثقافي**، مكتبة الانجلو المصرية، القاهرة: 1972.
- عمار، حامد، **التنشئة الاجتماعية**، معهد الدراسات العربية، سرس الليان: 1960.
- العيسى، جهينة باقادر أبو بكر، **أهمية النفط في إحداث التغير الاقتصادي والاجتماعي** ، الدار القومية للطباعة والنشر ، القاهرة، 1982.
- العيسى، جهينة سلطان سيف، **التحديث في المجتمع المعاصر**. شركة كاظمة للنشر والتوزيع والترجمة، الكويت: 1979.
- العيسى، جهينة سلطان، **المجتمع القطري**، دراسة تحليلية لملامح التغير المعاصر، دار الثقافة، القاهرة، 1980 .
- الغزاوي، فهمي سليم، وآخرون، **المدخل إلى علم الاجتماع**. دار الشروق، عمان:1992.
- غيث ، محمد عاطف، **التغير الاجتماعي والتخطيط**، دار المعارف. القاهرة، 1966.
- غيث، محمد عاطف، **دراسات في علم الاجتماع**. دار النهضة العربية، بيروت: 1985.
- غيث، محمد عاطف، **علم الاجتماع: دراسات تطبيقية**، دار النهضة العربية للطباعة والنشر، بيروت : 1974.

- غيث، محمد عاطف، **قاموس علم الاجتماع**، الهيئة المصرية العامة، القاهرة: 1980.
- فوستر, جورج, **المجتمعات التقليدية والتغير التكنولوجي**, مكتبة النهضة العربية, القاهرة: 1980.
- فوكاياما، **نهاية التاريخية وخاتم البشر**. ترجمة: حسين احمد أمين، مركز الأهرام للترجمة والنشر، القاهرة: 1993.
- لنتون، رالف، **دراسة الانسان**: ترجمة: "حسن عبد الباسط"، مكتبة غريب، القاهرة: 1972.
- ليلة، علي، **كفاءة الاتجاه الوظيفي**، دار النهضة العربية، بيروت، 1972.
- ماكيفروبيج، **المجتمع**. ترجمة: علي أحمد عيسى، مكتبة النهضة المصرية، القاهرة، 1952.
- محمد علي محمد وآخرون، **دراسات في التغير الاجتماعي**، دار الكتب الجامعية، الإسكندرية: 1974.
- محمد علي محمد وآخرون، **مجتمع المصنع**، الهيئة المصرية العامة للكتاب. الإسكندرية: 1975.
- مدكور، إبراهيم بيومي، **معجم العلوم الاجتماعية**، الهيئة المصرية العامة للكتاب، القاهرة: 1975.
- المرنيسي، فاطمة وآخرون ، **صور نسائية** : ترجمة جورجيت قسطون، المكتبة العربية، القاهرة: 1996.
- مصطفى، الخشاب، **دراسة المجتمع**. مكتبة الانجلو المصرية، القاهرة: 1997.
- مور، ولبرت، **التغير الاجتماعي**. ترجمة: " عمر القباني" ، دار الكرنك، القاهرة: 1970.
- الموسوي، نضال حميد، **علم الاجتماع وقضايا اجتماعية**، منشورات ذات السلاسل، الكويت. 1998.
- ناصر، إبراهيم، **علم الاجتماع التربوي** ، دار الجيل عمان: 1991.

- النجيحي، احمد، **التغير والبناء الاجتماعي**. مكتبة القاهرة الحديثة، القاهرة. 1968.
- النجيحي، محمد لبيب، **الأسس الاجتماعية للتربية**. مكتبة الانجلو المصرية، القاهرة: 1976.
- الهمالي، عبد الله، **التحديث الاجتماعي**، الدار الجماهيرية، طرابلس الغرب: 1981 .
- همشري، عمر أحمد، **التنشئة الاجتماعية للطفل**، دار صفاء للطباعة والنشر، عمان: 2003 .
- هولتكرانس، ف. ، **قاموس الانثونولوجيا:** مادة الاختراع، الهيئة المصرية العامة، القاهرة، 1981 .
- هولتكرانس، ف. ، **قاموس الفولكلور**، الهيئة المصرية العامة، القاهرة: 1981.
- هيرسكوفيتش، **ملفيك، الانثروبولوجيا الثقافية**، ترجمة "محمد طلعت عيسى"، دار النهضة العربية، القاهرة 1975.
- وهبة، مراد، **الشباب والمثقفون والتغير الاجتماعي**، مكتبة الأنجلو المصرية، القاهرة: 1988.
- يونس، زكي الفاروق، **التغير الاجتماعي**. دار النهضة العربية، بيروت، 1974.

المراجع باللغة الإنجليزية

- Alland A., **Adaptation in Cultural Evolution**. McGraw- Hill Book CO., N.Y., 1970.
- Alland A., **Adaptation in Culture Evolution**, McGraw – Hill Book Comp., N.Y.: 1970.
- Allen, Hart & Others, **Technology of Social Change**, Applenton Century, New York., 1960.
- Barnet, H. **Socity in Transition**. N. Y.: 1939.
- Beals, Allan R., d others, **Culture in Process**. The Free Press., Glencoe: 1972.
- Bengston, V.& Others, **Time Aging of the Continuity of Structure**. The Dorsey Press, Illionois. 1975.
- Cuber, John ,**Sociology**, Harber & Rew, N.Y., 1973.
- Dorothy Lee, **Freedom and Culture**. Free Press, N.Y., 1965.
- Emmanuel, **A. Unequal Exchange, New Left Books**, and London: 1972.
- Etzioni, Amitai, **Social Change**, Basic Books Inc., N.Y. , 1964.
- Foster G. **Traditional Societies and Technological Change**. Harper &Rew, N,Y., 197
- Foster, George, **Traditional Societies & Social Change**.
- Giddings, A. **Sociology**. Polity Press, Cambridge. 1989.
- Ginsberge, **M., Essays in Sociology & Social Philosophy**, Heinmann, London: 1961.
- Gordon, Child, **Man Makes Himself**. London ., 1956.
- Hagen, E.E.. **On the Theory of Social Change: How Economic** Growth. Begins Dorsey Press wood, 1962.
- Harris, M., **The Rise of Anthropological Theory**. Crowell Comp., N.Y: 1968.
- Herbert, Lion Berger, **Adoption of New Ideas Practices**. N.Y., 1961.
- Herskovits, M. **Culture Anthropology**, Indian Press, Bombay:1969.

- Herskovits, Melivik, **Cultural Anthropology**, Mc Graw Hill Book Co., N.Y., 1970
- Horton & Hunt P.B.& Hunt, **Sociology**, The Indian edition, Bombay: 1970.
- Horton ., Hunt., B . **Sociology**. Mc- Graw Hill Book Company, N.Y., 1972.
- Horton, Paul ,and Hunt, Chester, **Sociology**. PrenticeHall, N.J., 1972.
- Huntington, **E.Main Springs of Civilization**, John Wiley & Sons, N. Y: 1945.
- John Eric Nordskog and others: **Social Change** : The Idea of Progress. McGraw- Hill. N.Y., 1960.
- Johnson, H., **Sociology, Asystematic Introduction**, the Indian edition, Bombay. 1970.
- Kingsley, Davis, **Human Society** Mcmillan Co., N.Y., 1950.
- Kingsley, Davis, **Human Society**, Mcmillan Comp., N.Y.: 1950.
- Koeing Samuel, **Sociology**. Columbia University Press, N.Y., 1980.
- Lapiere, R.T., Social Change . **McGraw – Hill Book Company**, N.Y: 1986.
- Linton, R., **The Tree of Culture**, Alfred Knopf, N.Y., 1956.
- Linton, Ralph, **The Tree of Culture**, Alfred. A. Knoph, N.Y., 1957.
- Loomis, Chartes, **Rural Sociology** .Mc-Graw Hill Book Comp., N.Y., 1980.
- Martindale, D., **The Nature & Types of Sociological Theory**. Houghton Mifflin Company , Boston: 1981.
- Marx & Engels, **Basic Writings In politics' & Philosophy**. Anchor Books, N.Y.: 1959.
- Mcclelland, D.C. Etal., **Motivating Economic Development**. Free Press N.Y.:1973.
- Mitchel G. Duncan. **A Dictionary of Sociology**. Routledge & Kegan Paul , London, 1968.
- Moore, W.E., **Social Change**, Englewood Cliffs, N.Y., 1974.
- Murdock, George, **Uniformities of Culture**, American Sociological Review, 5, (1940).

- O'Brien, Robert W. & others, **Reading in General Sociology Houghton-** Mifflin Comp., Boston: 1957.
- Ogbrun, w., **Technology &Social Change**, Appleton crofts, Co., N.Y.,. 1957.
- Ogburn , W., & , Nimkoff,. H., **Handbook of Sociology**. London,: 1960.
- Ogburn; W. **Social Change**. Macmillan Company, N.Y., 1:1922.
- Parson, T." **Evolutionary Universals**", American Sociological Review, Vol :xxIx, No. 3,1964.
- Parsons, Talcott, **The Social System**, Indian edition, NewDelhi, 1972.
- Reynauld P., **Economic Generalization**. Crevin Co., Paris, 1962.
- Rioux, Jean Pierrr, **La Revolution Industrielle**(1980-1880). Editions, du seuil, Paris. 1971.
- Rocher, Guy , **Changement Social. HMH**., Paris: 1981.
- Rogers, Everetta others, **Communications of Innovation**, Free Press, N.Y., 1971.
- Rogers., E.M and others:"**Communications of Innovations**, Free press, N.Y.1971.
- Shoe Maker, F., **Communication of Innovations** , Free Press, Glencoe: 1967.
- Shoe Maker, F., **Communication of Innovations** . Free Press, Glencoe; 1967.
- Smith, R.,& Preston, F., **An Introduction to Sociology**. Martin Press, N.Y.: 1977.
- Tylor, E. B., **Primitive Culture**, John Murray, London: 1871, P:70.
- Vago, S., **Social Change**, Holt Rine Hart Winston. N.Y., 1980.
- Weber, M., The Protestant Ethics & **The Spirit of Capitalism Scribness**. N.Y: 1985.